人力资源管理实战型系列教材

丛书主编 罗 帆 孙泽厚

# 人力资源风险管理

罗 帆 朱新艳 编著

科学出版社

北京

# 内 容 简 介

本书系统地介绍和探讨了组织人力资源风险的内涵、表现形式、成因与演化过程，并深入地研究了人力资源风险管理的主要内容、运作流程以及进行人力资源风险识别和评估的方法。同时，针对人力资源管理的九大模块（包括人力资源规划、人员招聘、员工培训、绩效管理、薪酬管理、人员流失、企业文化、员工关系、跨国管理）中存在的管理风险，进行了详细的阐述，提出了相应的管控方法和措施。本书研究的内容具有一定的前沿性，编写框架结构系统，技术和方法的可操作性较强。

本书既可用做人力资源管理、工商管理、劳动与社会保障等专业的本科生教材，也可用做企业管理、工商管理等专业的硕士研究生参考教材，还可用做企业管理者的参考用书。

**图书在版编目（CIP）数据**

人力资源风险管理 / 罗帆，朱新艳编著. —北京：科学出版社，2016.3
人力资源管理实战型系列教材
ISBN 978-7-03-047614-2

Ⅰ.①人… Ⅱ.①罗… ②朱… Ⅲ.①人力资源管理–教材 Ⅳ.①F241

中国版本图书馆CIP数据核字（2016）第047367号

责任编辑：张 宁／责任校对：葛小双
责任印制：徐晓晨／封面设计：蓝正设计

科学出版社 出版
北京东黄城根北街16号
邮政编码：100717
http://www.sciencep.com

北京厚诚则铭印刷科技有限公司 印刷
科学出版社发行 各地新华书店经销

\*

2016年 3 月第 一 版　开本：787×1092　1/16
2017年 5 月第二次印刷　印张：15 1/2
字数：363 000

**定价：39.00元**

（如有印装质量问题，我社负责调换）

# 人力资源管理实战型系列教材
## 编 委 会

# 总　序

二十六年前，当我们开始学习组织行为学时，即被其以人为本的内涵所吸引。虽然，当时国内很少有人关注这一学科，甚至有人批驳它是伪科学，但我们相信，这门由心理学、社会学、人类学、经济学等有关行为的学科组成的交叉学科一定会在管理中有重大的应用价值。

从主讲组织行为学或管理心理学课程，到探讨其在劳动人事管理中的应用，我们默默地耕耘，直到五十而知天命。随着劳动人事管理向人力资源管理方向发展，武汉理工大学形成了工商管理专业人力资源管理方向，毕业生受到了人才市场的欢迎。九年前，我们创办了人力资源管理专业，毕业生就业率一直在本校名列前茅。2005年，我们的教学研究成果获得了湖北省教学成果一等奖；2008年，"人力资源管理"被评为湖北省精品课程；2013年，"组织行为学"被评为湖北省来华留学生品牌课程。我们主编的《人力资源管理——理论与实践》和《组织行为学》教材，深受社会各界好评。一路走来，充满艰辛，我们付出了许多心血，也获得了无限喜悦。

人力资源管理是蓬勃发展的新兴专业，实践性非常强，教材建设是专业建设的重要组成部分，是教学质量工程的建设重点。为此，在科学出版社的支持下，我们精心策划，联合有关高校的师资力量，组织企事业单位的人力资源管理人员，共同编写了工商管理类人力资源管理实战型系列教材，主要面向人力资源管理、工商管理、劳动与社会保障等专业的本科生和研究生（包括 MBA、EMBA），也可作为企事业单位在职培训的教材，以及各类管理人员的参考用书。

这套系列教材的特色主要体现在三个方面。

### 1. 统筹规划的系统性

作为湖北省教学研究项目"人力资源管理专业实践教学体系创新研究"的重要成果，该系列教材经过精心规划和系统设计，涵盖了"绩效管理""薪酬管理""工作分析与职位管理""人力资源风险管理""职业生涯管理""人力资源法""人力资源管理战略规划""人员测评与选拔""人力资源开发与培训""组织行为与人力资源管理实训"等核心课程和特色课程，体系完备，重点突出。同时，该系列教材注重理论教学与实践教学相结合，纸质教材与电子课件、课程网络资源相结合，各种教学方法和手段优化组合，系统性强。

2. 领先前沿的创新性

罗帆、孙泽厚、桂萍、赵富强、卢少华、彭华涛等主编人员具有在美国、英国等发达国家知名大学留学的经历，了解人力资源管理的国际学术前沿和发展动态，将所主持的国家自然科学基金项目、国家社会科学基金项目的最新研究成果纳入教材。《人力资源风险管理》是国内外第一本相关领域的教材，包含人力资源风险预警管理、新生代农民工管理等内容，具有显著的创新性。该系列教材所采用的混合式教学、原创性案例、情景模拟、角色扮演和实训等方法，新颖独到。为了适应互联网＋时代教育信息化的发展趋势，我们在书中插入二维码，读者用手机扫描即可观看关键知识点教学录像、最新案例和阅读材料。

3. 需求导向的实战性

我们在全国范围内针对企事业单位人力资源管理人员、高校人力资源管理教师和学生分别进行了问卷抽样调查，对目前人力资源管理教材建设中的问题进行了诊断，了解了三方对人力资源管理教材的需求和期望，以需求为导向进行人力资源管理教学改革，所编写的教材强调实战性。以《组织行为与人力资源管理实训》为代表，综合反映实践教学创新的成果，致力于提高学生将来从事人力资源管理所需的综合素质，强化人力资源管理的战略视角、业务技能和实际操作能力。

该系列教材的主编主要来自武汉理工大学、中南财经政法大学、华中师范大学、武汉科技大学、湖北经济学院、中南民族大学等高校，是多年教授人力资源管理相关课程的任课教师，积累了丰富的教学研究和实战经验。参编人员还有来自美国明尼苏达大学、日本帝京平成大学、上海金融学院、中山大学、上海交通大学、华南理工大学及企事业单位的人力资源管理人员。人员队伍结构合理，优势互补，不仅在人力资源管理理论研究方面有新突破，而且具有丰富的人力资源管理咨询或实践经验。该系列教材充分体现了集体智慧和多方经验，涉及面广，受益面大。

在编写系列教材的过程中，我们吸收了国内外学者的研究成果以及众多人力资源管理者的实践经验，得到了科学出版社、湖北省教育厅、湖北省人力资源学会、武汉理工大学等高校的大力支持和帮助，在此我们深表谢意！

罗帆　孙泽厚<br>2016 年 1 月

# 前　言

据零点研究集团调查，人力资源风险已经成为企业目前最常面临的风险之一。它贯穿于人力资源管理的各个环节，表现为薪酬风险、绩效风险、培训风险、招聘风险、劳动风险和员工离职风险等多种形态。这些风险既可能来自于"人"本身的特性，也可能来自于"人力资源管理"的属性，还可能来自于复杂多变的外部环境。鉴于人力资源风险的客观和普遍存在，有必要运用风险管理的理论和方法，对人力资源管理过程进行风险识别、评估、预警和控制，防范风险发生，或者对已经发生的人力资源风险进行补救以减少损失。人力资源风险管理首先是一种组织的自查机制，通过指标监测，让组织在运行过程中自我发现问题、查找问题，在人力资源隐患尚未浮出水面时就及时解决，防患于未然；其次，通过预先识别人员行为风险的征兆，针对行为异常的员工对症下药，积极疏导、改善管理，使员工打开心结，缓解其与组织的矛盾冲突，提升员工对组织的归属感和满意度。此外，人力资源风险管理针对组织的潜在危机进行管理，这些潜在危机往往就是管理的薄弱之处，管理者瞄准靶心来做决策，有助于提高人力资源管理的水平。

人力资源风险管理属于组织风险管理的主要组成部分。组织风险管理发轫于20世纪60年代，当时美国学者率先提出对企业遭遇经营危机进行事后紧急应对管理，进而转变成对企业经营风险开展预防性管理。截至目前，国内外对企业经营和财务风险管理的研究已经卓有成效，但是在如何预测、避防和减少人力资源风险的研究上，国内外的研究都比较薄弱，研究成果主要局限于人事风险和人力资源组织问题，缺乏完整的理论体系和深入的实证调查。现阶段，国内外均无人力资源风险管理的教材出版。然而，与学术研究滞后相比，管理实践中却面临着越来越多、越来越频繁的"人才流失""激励无效""劳资冲突"等风险。面对知识经济的挑战，研究如何构建组织的人力资源风险管理系统，如何对人力资源危机征兆进行识别和诊断，如何开展有效的预警分析和预控对策，已经迫在眉睫。

怀揣对我国人力资源管理发展的责任感和使命感，这本《人力资源风险管理》付梓出版。它作为湖北省教学研究项目"人力资源管理实践教学体系创新研究"的主要成果，依托于湖北省精品课程"人力资源管理"建设，结合作者主持、参与的国家自然科学基金项目和企事业单位管理咨询项目之研究成果，具有比较扎实的理论基础、教改经验和实践支撑。本书的特色如下。

（1）前沿性强。本书涉及人力资源风险管理的学术前沿，反映了国内外最新研究成果。

（2）系统性强。本书体系科学合理，理论层面系统全面，技术和方法层面具体可行。

（3）可操作性强。本书结合科研课题，提供大量的实践素材，启迪学习者针对不同情境、运用不同的方法进行人力资源风险评估、预警和管控的操作。

本书由武汉理工大学管理学院的罗帆教授拟定大纲并组织撰写，各章的编写分工如下：第一章罗帆、盛艳；第二章赵荔、刘莉；第三章罗帆、盛艳；第四章罗帆、曹婉莹；第五章彭倩、梅军飞；第六章朱新艳；第七章胡雅琪、石康；第八章石康、刘曼；第九章刘曼、石康；第十章朱新艳；第十一章刘小平、黄冰倩；第十二章郭剑、黄冰倩、汪绪普；第十三章姚官丽、曹婉莹、Gary Mclean。罗帆负责全书的统稿，朱新艳负责校对和修改。在试用的过程中，尚欧洋、肖琴、杨霄、詹蓓、李健韬、杨鑫等研究生对教材进行了校对，并修改了部分案例。作为主讲教师，罗帆、朱新艳拍摄了部分关键知识点的录像，读者通过扫描二维码即可在线学习。

在撰写过程中，作者参阅了国内外的有关文献，借鉴和吸收了多位专家和学者的研究成果，在此表示诚挚的谢意。

罗帆、朱新艳

2016 年 1 月

# 目 录

# 第一章

# 人力资源风险管理导论

## 本田汽车零部件制造有限公司的罢工事件

2010年5月，本田汽车零部件制造有限公司连续爆发罢工事件，导致其在中国的几家组装工厂停产，给本田公司带来了严重的经济损失。

5月17日，本田汽车零部件制造有限公司近百名员工抱怨工资过低、福利过差及中日员工薪酬待遇差距过大，决心罢工一天，公司管理人员承诺一周内给予答复。

5月20日，本田汽车零部件制造有限公司开始第一次与员工谈判，最终谈判并未达成共识。次日，因传言公司将采取不给老员工加薪、计划招聘新员工的政策，员工开始第二轮罢工，并且罢工员工部门有所扩充。

5月22日，本田汽车零部件制造有限公司以广播的方式宣布解除与2名停工者的劳动合同，理由是这2名员工参与集体怠工、停工、集会，无正当理由不服从公司命令。当天下午停工员工由于内心畏惧被解聘而复工。

5月25日，本田汽车零部件制造有限公司发布《本田汽车零部件制造有限公司的劳工争议》，劳资双方谈判再一次破裂。

5月27日，本田在东京的股价下跌0.8%。

5月31日，本田汽车零部件制造有限公司同意在24日协商的增薪55元的基础上将增薪调整为366元，使员工平均工资增幅达到了24%。

6月4日，劳资双方正式达成协议，工人们将在之前1 510元工资的基础上，加薪500元（300元基本工资+66元补贴+134元特别奖）。

6月5日，本田汽车零部件制造有限公司恢复了正常生产，此次罢工事件以工人的胜利宣告结束。

思考题：

1. 本田汽车零部件制造有限公司员工罢工的主要原因有哪些？

2. 本田汽车零部件制造有限公司在处理此次罢工事件的过程中有哪些需要改善的地方？

3. 本田汽车零部件制造有限公司应该如何做好人力资源风险管理？

# 第一节　什么是风险管理

"风险"（risk）一词最早出现在 14 世纪的欧洲，本与自然灾害相关，后来与人的认识和实践发生了关联，不单纯针对一种类似于地震、海啸等自然灾害的现象，而是强调人与外在世界之间的一种可能的损害关系。

## 一、风险管理的内涵

### （一）风险管理的定义

有关"风险"的定义，最早是由美国学者 Willet 在 20 世纪初提出来的。他将风险表述为事情发生的不确定性。由此可知，风险是具有概率的。美国经济学家莱特随后进一步将风险的定义补充为未来收益的不确定性，并认为风险虽然具有概率，但其概率是在一定范围内的。这一观点为现代风险预测和管理奠定了基础。随着风险管理的发展，越来越多的学者提出了风险的定义。归纳上述定义，本书将风险定义为：某种与预期结果产生偏差的事件发生的可能性，且其偏差程度可以预测。因此，风险可以从两个维度进行衡量，即风险发生的可能性及损害程度。

20 世纪 50 年代，风险管理作为一门重要学科在美国得到了广泛的应用研究，随后在西方各国得到了快速的发展。"风险"一词与企业经营联系在一起，最初出现在法国著名的管理学家法约尔所著的《一般管理与工业管理》一书中。对于风险管理的系统研究始于 20 世纪 60 年代美国《企业风险管理》（1963 年）和《风险管理与保险》（1964 年）两本著作的出版。书中将风险管理定义为通过对风险的识别、衡量与控制，以最低的成本达到最好的风险控制效果的科学管理方法。20 世纪 70 年代，随着企业面临的风险越来越复杂，事故损失越来越大，法国和日本也相继开展了风险管理的研究。我国的风险管理研究起步相对较晚。

关于风险管理的定义，不同学者有不同的看法。美国国防部（United States Department of Defence，DOD）将风险管理定义为处理风险的一系列活动或实践，包括风险计划、风险识别与分析、风险解决方案、风险监督以及风险管理方案的归档等。我国学者陈秉正将风险管理表述为对风险进行识别、衡量与控制，以实现用最小的成本使风险降到最低的管理活动。

理想的风险管理，是一连串排好优先次序的过程，使当中可能引致最大损失及最可能发生的事情得到优先处理，而风险相对较低的事情则延后处理。但因风险和发生的可能性通常并不一致，现实情况中优化的过程往往很难决定，需要权衡两者的比重，才能做出最合适的决定。风险管理亦要面对有效资源运用的难题，这牵涉到机会成本的因素。把资源用于风险管理，可能使运用于回报活动高的资源减少；而理想的风险管理，正希望能够花最少的资源化解最大的危机。

综上所述，不难发现，长久以来，风险管理的研究对象集中在潜在的损失风险，也称下侧风险，使得风险管理的发展在一定程度上受到了限制。

随着经济的迅速发展和社会的不断进步，企业风险管理已经进入了全面风险管理阶段。2004年，全美反虚假财务报告委员会（The Committee of Sponsoring Organizations of the Treadway Commission，COSO委员会）正式发布了《企业风险管理——整合框架》（Enterprise Risk Management—Integrated Framework，即ERM框架），全面风险管理理念在世界范围内得到广泛认同。

2006年，我国国务院国有资产监督管理委员会（简称国务院国资委）也顺应全面风险管理浪潮，指导其出资企业（简称中央企业）开展全面风险管理，并根据《中华人民共和国公司法》《企业国有资产监督管理暂行条例》等法律法规制定了《中央企业全面风险管理指引》，以促进企业的可持续发展。

ERM框架给出了企业全面风险管理的定义：企业在制定战略和生产经营的各项活动中，由董事会、管理层和其他员工共同参与，确认可能影响企业的潜在事项，并控制风险在企业风险容量内，从而保证企业目标实现的一个过程。

## （二）风险管理的构成要素

根据ERM框架的内容，企业风险管理的构成要素主要包括风险管理目标、全面风险管理要素以及风险管理层级。具体而言，企业风险管理目标包括战略目标、经营目标、报告目标以及合规目标；全面风险管理要素分为内部环境、目标设定、事件识别、风险评估、风险应对、控制活动、信息与沟通以及监控八大要素；而企业风险管理层级分别为企业整体层次、职能部门、业务单元以及下属分公司，如图1-1所示。

1）内部环境

内部环境是组织实施风险管理的基础，它可以引导组织内人员正确认识和对待风险管理，包括风险管理理念、风险容量、所处经营环境、诚信和道德价值观。

2）目标设定

管理者必须在确定潜在事件之前确定目标，再根据目标识别影响其实现的潜在事件。风险管理可为管理者设定目标的程序及方法提供保障，使选定目标支持并切合组织的使命，并符合它的风险偏好和风险容量。

3）事件识别

根据影响因素不同，可将影响组织目标实现的潜在事件分为内在事件与外在事件，从而明确其影响组织目标的作用路径；还可以将其分为风险与机会，从而方便企业对风险加以控制，对机会加以利用。对潜在事件分类，可以加强组织的风险管理意识。

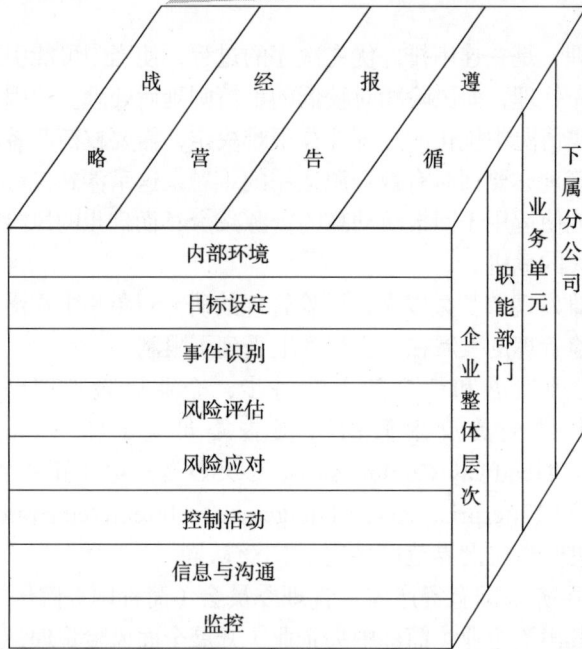

图 1-1　ERM 框架示意图

4）风险评估

风险评估是在立足于固有风险和剩余风险的基础上，分析风险的可能性及影响，并将分析结果作为管理决策依据的过程。

5）风险应对

风险应对包括风险回避、风险承受、风险降低和风险分担。管理者采取一系列风险应对行动以保证风险在组织的风险容量以内。

6）控制活动

控制活动是为确保风险应对有效实施而制定并执行的一系列政策与程序。

7）信息与沟通

风险管理可通过某种形式或时间结构识别、掌握并传递有助于管理决策的相关信息，如帮助管理者确定员工履行其职责的方式和时机的信息。有效沟通是风险管理不可或缺的要素，包括信息在主体之间向上、平行或向下流动。

8）监控

通过个别评价、持续的管理活动或者两者结合的形式，全面监控并修正风险管理的整个过程，以保证系统充满活力。

企业风险管理是一个动态的过程，其每个构成要素几乎都能影响其他构成要素，但风险管理并非是顺次的影响，即一个构成要素只影响其下一个构成要素，接连下去，它是一个多方向的、反复的过程。

## 二、风险管理的作用

风险管理不仅可以帮助组织以最经济的方法预测潜在的危害，还可以减轻组织和个人对潜在损失的烦恼和忧虑，保证运营的连续性。下面以企业为例，说明风险管理的具体作用。

**1. 风险管理可以保证企业的生存和经营的连续性**

企业风险管理同企业的计划、组织、决策、控制职能一样，是管理活动中的一项交叉性、复合性职能，并与企业管理的其他职能紧密相关，贯穿于企业管理活动的全过程，从而形成全方位的管理职能体系。风险管理可以健全和完善企业的内部控制。一个良好的内部控制环境能够保证经营方针和计划的贯彻与执行，维护企业的安全与完整。从某种意义上可以说，企业的生存和持续发展水平取决于企业的风险管理水平。

一位中央企业负责人曾感慨说："企业竞争力过去靠成本，现在靠科技，未来靠风险管理；但管理是软的东西，也是最难实施的，如何通过科技手段把管理落到实处才是最管用的。"以中国电力投资集团公司为例，其新建立起来的信息化风险控制平台最大的特点是个性化的业务功能，根据实际情况进行需求分析，依据分析结果配置、搭建、运用可独立运行的平台。该平台可与财务公司通过业务系统接口模块进行互联，财务公司的结算、信贷、授信、投资、拆借等业务信息可与集团信息互通，避免"信息孤岛"存在；而且，对于风险的识别、量化、预警等功能也可以通过系统的自定义计量模型来实现。

**2. 风险管理有利于企业增强活力、提高经济效益和价值**

企业的生产经营活动不会是风平浪静的，只有正视风险并把握各种机会进行创新、开拓，企业才有出路；如果一味地忽视或回避风险，就会失去发展的机会，从而使企业丧失活力。这是因为，机会和风险总是并存的。企业在寻找和利用机会的同时，必须重视风险管理，才能使企业站稳脚跟。

把每一次风险管理活动都看做一次投资，不仅能够减少损失或损失发生的可能性，而且极有可能为企业创造盈利的机会。北京九恒星股份有限公司董事长解洪波认为，要想实施企业的整体经营战略，就需要在经营过程中结合风险管理，识别并控制风险，以避免企业因失误或灾害而遭受巨大损失。

**3. 企业的风险管理可以整合组织的核心资源**

组织核心资源包括市场扩展战略、信息技术、人力资源等。有专家表示，成熟的风险控制管理系统可为企业提供三方面功能：第一，系统可通过测算，估算出企业对外部因素的最大容忍度；第二，系统可以定义一组资产与负债的取数规则，预测该组资产或负债受利率、准备金率、汇率等变量的影响程度；第三，系统可通过调整相关触发变量及定义未来数值变化预测值，自动计算企业现有资产负债组合的估值变化情况及相关收益、成本等。

企业的风险控制、流动性管理、成本及收益管理以及相应的指标计量都可以通过信息化手段来进行有效的控制。与此同时，信息化平台也可以满足企业实施风险管理的要求。

另外，从管理手段方面，风险控制管理系统还对各类关键业务项下的具体业务的定义功能有影响。企业可以实现在现有实时头寸及业务计划的基础上自动计算短期、中期、长期资金缺口，并据此制订新增计划或调整计划来弥补未来头寸缺口。

**4. 加强企业风险管理有利于分散金融风险**

信用风险是我国金融业所面临的主要风险，而信用风险最突出的表现是不良贷款数额巨大。企业经营管理不善，效益低下，是造成银行大量不良贷款的主要原因。企业缺乏竞争优势，产品销售不出去，必然造成大量的信贷资金沉淀呆滞。加强企业风险管理，可以从根本上分散金融风险。

**5. 加强企业风险管理有利于国民经济的协调发展**

企业的兴衰同国民经济的萧条和繁荣休戚相关，企业的成败严重影响着国民经济的协调发展。纵观当今国有企业存在的问题，从根本上说，还是由企业在生产经营过程中所承担的各种风险所造成的。因而，只有从风险管理的角度去认识，企业才能摆脱困境，整个国民经济才能步入良性循环的轨道。

# 第二节　什么是人力资源风险管理

## 一、人力资源风险的定义

一般而言，风险包括三个要素，即事件、概率、后果。从这个角度解释，人力资源风险就是人力资源管理过程中发生的错误或意外损失的事件、事件在实际运作中发生的概率、事件发生后所产生的后果或造成的影响。概括起来，人力资源风险是指因管理不善和制度上的缺陷而导致员工对企业利益造成损害的可能性和严重程度。

作为企业管理的主要风险之一，人力资源管理风险可分为理念风险、制度风险和技术风险三个层次，其成因主要来源于人力资源本身的特殊性和人力资源管理过程的特殊性。具体而言，人力资源风险发生的原因有直接的和间接的，有来自内部的或外部的。例如，部分员工不认同企业文化或管理风格，组成一些非正式的"圈子"或"派别"，用集体的力量来争取他们认为应该得到的权利，这是内在的人力资源风险；部分员工因受不了外在竞争厂家的高薪诱惑而集体出走或盗取商机，这是外在的人力资源风险。

人力资源风险存在于人力资源管理的各个环节中，具体分为薪酬风险、绩效风险、培训风险、招聘风险、劳动风险和员工离职风险等方面。

## 二、人力资源风险的特点

人力资源风险一般具有以下特点。

### 1. 破坏性

人力资源是企业的核心资源，一旦风险发生，将会给企业带来有形和无形的损失，这种损失不单单是指物质资源上的损失，还有可能造成企业战略的彻底失败。以罗凯公司为例，其近来很不平静，公司上下人心惶惶。首先，公司为激励骨干人员（技术人员和中层管理人员）而决定实行额外津贴制度。根据该制度的标准，管理干部是否享受津贴的主要依据在于其级别，技术人员按百分之二十享受津贴。该政策宣布后在公司引起了轩然大波，技术人员纷纷表达对公司领导的不满，并表示应该让获得津贴的人多干活。公司迫于压力不得不调整津贴政策，最终决定分助工、工程师和高级工程师几个等级来发放津贴。这样，虽然人人都有奖金了，但是效果却不大，相反一些技术人员开始不信任公司。有大量倒班工人知道技术人员涨工资后，认为自己也该涨工资，于是立即有人打电话给公司领导，提议增加津贴，领导表示此事仍需商榷。倒班工人于是集体商讨，决定再次找领导理论，随后连续几天，公司总部都被工人围得水泄不通。一段时间后，公司只好宣布增加倒班工人津贴。不久，此事才平，又起一事。公司此前决定在开发区与房地产商合作集资兴建数百套住房给无房员工，部分工龄较长、职务较高的干部员工可以享受，但一部分在市内有房的员工也想获得集资房，于是联合起来闹事，最终厉害人如愿以偿，而老实人却吃亏。一系列的事件使员工得出了结论：不管有理无理，只要我们闹起来，我们的需求终会得到满足。这种只顾个人利益的行为倾向对企业的利益具有严重的破坏性。

2. 流动性

人力资源风险的流动性，是指员工的流动倾向给组织带来损失的可能性。知识型员工已然成为现代的主流劳动者，其流动倾向很高。这种倾向与人力资本的稀缺性、依附性以及劳动者的能动性有关。从人力资本的稀缺性来看，在知识经济时代，人力资本与土地、货币等资本一起成为生产的主要驱动力。人力资本是新经济条件下的稀缺资本，且具有边际收益递增的特性，它打破了马尔萨斯和李嘉图关于经济增长极限的某些预言，成为刺激经济持续增长的新引擎。知识型劳动者作为人力资本的拥有者，凭借资本稀缺的优势，为将理想转化为现实，有向更高利润领域流动的意愿。而且，高存量人力资本供给远远小于需求，竞争十分激烈，因此要求人力资本的流动频率加快，以达到资源优化配置的目的。

人力资本与知识型劳动者存在着密不可分的联系。人力资本对知识型劳动者有天然依附性，因此知识型劳动者在发挥资本效能时有主观能动性。当人力资本所有者的心理效能达到最大化的时候，人力资本在生产过程中的效能才得以充分发挥。然而，人才的多方面、多层次心理需求是不容易被识别并满足的，且当今知识型劳动者具有追求工作挑战、重视个性释放、渴望自我超越以及强自主性的显著特点。当管理者设置的激励结构与知识型劳动者的保有存量和发展增量的诉求不相匹配的时候，劳动者便会选择向更为有利的发展空间拓展，导致流动。

3. 正相关性

人力资源风险与投入呈正相关，即人力资源开发的投入越大，承担的风险就越大。对高级技术人员和高层管理人员的开发耗费很大，其潜在的风险也很大；相反地，对普通员工的开发耗费很小，开发风险也就随之变小。由此可知，高级技术人员或高层管理者作为企业的中坚力量，其开发所需的直接费用、间接费用、机会成本都远远大于普通员工，因此所需承担的风险也远远大于普通员工。再加上对高层员工的开发过程中，企业往往因缺乏必要的约束力量而导致成本难以控制，从而引发更大的风险。

4. 可化解性

对于国家政治、经济、法律等外部环境因素的变化，组织只能迅速做出反应，采取相应的措施和方法，尽量减少外部环境风险。而人力资源管理风险并不是完全不可控的，因为人力资源管理是由具体人员操作实践的，所以人力资源管理者的能力大小、政策水平的高低等都将直接影响风险发生的可能性。由此可知，人力资源风险在开发计划符合实际、制度合理、管理严格、实施到位的条件下是可以化解的。

## 三、人力资源风险管理的内涵

人力资源风险管理，是指运用风险管理的理论和科学的方法，对人力资源管理过程中可能存在的风险进行识别、衡量和控制，防范人力资源管理风险的发生，或是对已经发生的人力资源管理风险进行补救以求风险损失或伤害降到最低的管理工作。

人力资源风险管理贯穿在企业运作的各个环节，任何看似不足以构成威胁的风险都可能会引发企业的轩然大波，如果不及时对风险加以管理，极可能使企业陷入危机。企业对人力资源风险破坏性的了解逐渐深入，如何运用风险管理理论与方法构建企业人力资源风险管理体系已成为当务之急。ERM框架综合体现了对风险管理的系统整合优势，将ERM理念融入企业人力资源风险管理体系是企业进行人力资源风险管理的有效途径。基于ERM的人力资源风险管理体系强调的是风险对于整个人力资源系统，而非单个模块的潜在冲击，是通过在人力资源的各个环节执行风险管理的基本流程，以保证最终目标的实现。

理解人力资源风险管理的内涵，要注意以下几点。

（1）明确人力资源风险管理的对象是谁。人力资源风险管理作为一种特殊的管理功能，其对象是组织当中的人员，考虑到人力资源风险管理的职位相关性，管理的主要对象为参与人力资源管理全过程的管理者和组织的核心员工。

（2）人力资源风险管理一般由风险识别、风险评估、风险控制、管理效果评价等一系列行为构成。其中，人力资源风险识别是指人力资源管理人员在分析大量信息资源的基础上，根据企业的风险因素，判断企业人力资源风险的类型、性质及其可能的发展动态。对潜在人力资源风险的识别是人力资源管理人员防范风险的前提。人力资源风险评估是指企业对待人力资源风险的态度，判断人力资源风险对企业造成危害的可能性和严重性，以便做出相应的风险管理对策。人力资源风险控制是指根据人力资源风险制定防范对策，实施人力资源风险管理，结合企业自身情况采取不同的策略，防范与控制相结合，将风险的危害降到最小。人力资源风险管理效果评价可用实施人力资源风险管理所发生的效益与实际支出的比值进行衡量，比值越大，则效果越好。

（3）人力资源风险管理贯穿于人力资源管理的招聘、工作分析、职业规划、绩效考核、薪酬管理、福利、员工培训等各个环节，是实现减少损失、提高效益的一种方式。

（4）人力资源风险管理可以作为一种系统分析，识别并分析现实和潜在的风险，为管理者做出决策提供支持。

（5）人力资源风险管理的目标是通过一系列的管理行为来避免组织遭受损失或将损失程度降到最低。

# 第三节　为什么要进行人力资源风险管理

随着社会的不断发展，企业内外部经营环境日益复杂，各种不确定性因素相互作用，导致企业时刻面临着巨大的威胁。人力资源管理的严重失误和不良波动，可能导致企业陷入困境，甚至遭受灭顶之灾。然而在规避和防范风险方面，不少企业常常把注意力集中在对付经营风险和财务风险上，对人力资源风险的重视略显不足。人力资源作为企业的核心资源，相对于其他资源更容易受到来自企业内外部环境因素的影响，使得企业人力资源管理的实践与预期的目标发生偏离，从而形成人力资源风险。在互联网时代，中国企业面临着前所未有的变革和激烈竞争，因此更需要有一个良好的外部环境和内部秩序，以免引起不必要的风波和震荡。加强对人力资源风险的监控和防范势在必行。

组织开展人力资源风险管理，归根到底，是为了防止人力资源管理不善而导致的组织结构瘫痪、功能失常、无法完成组织使命等问题。但就组织的微观领域来说，人力资源风险管理的意义有以下五个方面。

## 1. 有助于组织实现战略目标

人力资源战略的出发点和落脚点，是从人的角度支持企业战略目标的实现。人力资源战略管理是一个与企业战略动态匹配的过程。企业面对复杂多变的环境，存在很多风险。人力资源战略要真正支持企业战略，就应该具备风险管理意识。人力资源风险管理是人力资源战略得以实现的必要支持，是实现战略目标的重要保障。

## 2. 有助于改善人力资源管理效果

组织在长期的发展中，已经形成了一套较为完备的管理体系，但同时也容易让员工产生依赖性，对组织的管理漏洞视而不见，久而久之形成一种僵化的、独断的机制。人力资源风险管理就是要建立一种组织的自查机制，通过一些指标的监测，让组织在运行中自我发现问题、查找问题，在人力资源隐患浮出水面之前及时解决，避免因为漏洞太大而导致整个组织的垮塌。

## 3. 有助于提高人力资源管理系统的免疫能力

风险管理有助于提高人力资源管理系统的免疫能力。在进行人力资源风险管理时，建立未雨绸缪的风险预警管理体系能使企业时刻关注进程的变化，防患于未然，减少损失。从信息的采集到风险的监测、状态、分析、判断、工具技术的选取，再到管理的实施与评价等，一系列的程序能为企业的经营者提供合理的决策依据，从而加强企业人力资源管理系统对外界干扰的免疫能力。

### 4. 有助于减少人力资源决策失误

组织领导进行人力资源决策，如中高层管理者的聘用、新进员工的甄选、不同工作性质员工晋升通道的设计等，都需要一定的参考依据。以往我国很多企业的领导者通常是凭借经验、主观评价等做出决策，但是随着企业的日益壮大，这种粗放的人力资源管理已不能适应新的形势，企业领导者迫切需要一种科学的、有说服力的决策依据。而人力资源风险管理本身就是针对企业潜在危机的管理，可以把企业的危机征兆识别出来，及时发现人力资源的行为风险，判断员工对企业的信任感、归属感和满意度。这些都可以在一定程度上成为企业领导制定人力资源决策的参考依据。

### 5. 有利于缓解员工与企业的矛盾冲突

组织管理是否科学合理，员工会根据个人的价值观、工作经验等做出一定判断。当员工发现组织不认可个人的工作业绩，不能获得期望的薪资报酬，就可能产生离职的意向，知识型的核心员工还可能带走组织的机密文件、专利设计等，给组织造成无法估量的损失。人力资源风险管理通过预先识别人员行为风险的征兆，如观测到人员行为出现异常，或者某个部门某个预警指标超限等，让员工自由申诉，缓解其与组织的矛盾冲突，在人员还未发生"身体上的撤离"行为时，通过积极的疏导，把人员流失风险降到最低。

## 案例讨论

### 辉虹公司的人员甄选问题

人才的去留与企业的兴衰息息相关。比尔·盖茨曾表示，若微软公司 TOP 20 的员工被挖走，微软公司也将变得无足轻重。由此可看出，人才对于企业发展的重要性。人才甄选是人力资源管理的第一步，选择正确的人才不但可以为企业创造价值、节约成本，而且可以减少离职率、增强企业的凝聚力。

人才甄选的目的就是从满足企业需求的人才中筛选出最适合、最利于企业发展的人才。人才能力超乎企业能够承受标准的容易出现"池塘过小，鱼儿过大，将鱼儿养死或者导致鱼儿跳出池塘"的情况；而能力过弱者不能给企业带来效益，严重影响企业的发展壮大。从面试者是否符合企业标准和接受与拒绝两个维度来进行定位，可以将人才甄选决策过程中出现的四种情况分为正确拒绝、正确接受、错误接受、错误拒绝。在以上四种情况中，如何避免后两种情况是企业人力资源部的难题。

辉虹公司是一家从事电脑、手机等电子产品零件生产制造的中等规模公司，于2000年起步，刚起步时的效益很好，一直跻身于行业前50强。然而，其产品近三年销售业绩一路下滑，员工离职率不断升高，到2014年达到了30%，三年内牵扯处理的劳资纠纷高达50多起。公司迫于形势压力，要求人力资源部门展开一系列调查工作，了解员工跳槽的原因。辉虹公司的人力资源部请外部专家对公司的人力资源管理现状进行诊断，在外部专家的协助下，诊断结果指出辉虹公司的人员甄选存在问题，可能是出现了"错误拒绝"和"错误接受"的现象，导致公司目前人才缺乏。同时，现有人力资源素质和能力存在问题，不利于公司的发展。

针对人才甄选过程中出现的"错误拒绝"和"错误接受"现象，专家指出要避免出现"错误拒绝"现象，主要需要注意以下几个方面：①在筛选人才时是否将某些硬件设置得过强（学历、证书、工作经验等）；②面试时是否出现晕轮效应等，仓促下了结论；③对面试者的背景调查了解是否足够；

④笔试题目是否过难及笔试题目设置是否恰当合理，是否会漏掉了部分有能力的人。而对于"错误接受"则需要注意以下几个方面：①防止被面试者"忽悠"；②谨防受面试者示好效应的影响；③不能过分注重笔试成绩；④不能过分看重硬件条件，将其作为筛选人才的必要标准。

专家指出把不合适的人员招聘到企业，可能给企业造成以下几个方面的风险：第一，法律风险（匆忙签订劳动合同，引发劳资纠纷）；第二，不胜任风险（人才不能满足企业需求，最终影响公司的业绩与发展）；第三，离职风险（增大了招聘成本，导致企业人力资源的浪费）；第四，文化不匹配风险（出现人员与岗位不匹配或人员与组织不匹配，员工很难融入企业文化而最终离职等）；第五，道德风险（甄选过程对面试者履历、诚信等考察不够引发工作中的道德风险）。

讨论题：

1. 你是否赞同外部专家对辉虹公司出现上述问题的诊断？问题的原因可能有哪些？
2. 针对辉虹公司出现的人才甄选问题，你觉得应该如何进行风险识别和评估？
3. 辉虹公司应该如何做好人力资源风险的应对与防范工作？

## ➤课后习题

1. 什么是人力资源风险？
2. 什么是人力资源风险管理？其与人力资源管理有什么关系？
3. 请分享一个你所知道的与人力资源风险管理相关的实例。
4. 请论述人力资源风险管理对企业有什么重要意义？

参 考 文 献

刘岩，孙长智 . 2007. 风险概念的历史考察与内涵解析 [J]. 长春理工大学学报（社会科学版），（3）：28-31.

刘仲凯，潘燕强 . 2005. 人力资源风险管理探究 [J]. 中国科技信息，（18）：375-380.

任旭 . 2010. 工程风险管理 [M]. 北京：北京交通大学出版社 .

王健 . 2011. 企业风险管理中的人力资源风险管理探索 [J]. 贵州水力发电，（4）：82-84.

杨智，罗帆 . 2012. 后危机时代企业用工风险成因分析及预控策略 [J]. 商界导刊，（8）：58-59.

张琴，陈柳钦 . 2009. 企业全面风险管理（ERM）理论梳理和框架构建 [J]. 当代经济管理，（7）：25-32.

Fayol H. 1925. Administration Industrielle Et Générale[M]. Pairs：Dunod.

Luo F, Lu Y. 2011. Study on the prevention and control measures for job burnout of seamen[C]. 2nd IEEE International Conference on Emergency Management and Management Science.

Mehr R I，Hedges B A. 1963. Risk Management in the Business Enterprise[M]. New York：Richard D. Irwin, Inc.

The Committee of Sponsoring of the Treadway Commission. 2004. Enterprise Risk Management-Integrated Frame Work[S].

Willet A M. 1901. Economic Theories of Risk and Insurance[M]. New York：Richard D. Irwin.

Williams C A，Heins R M. 1964. Risk Management and Insurance[M]. New York：McGraw-Hill, com.

# 第二章

# 人力资源风险分析

## "水土不服"引发人力资源危机

ZT科技公司是一家知名的系统集成商，位于某沿海发达省份。2012年，通过向ZT公司注资，GH公司成为了ZT公司的绝对控股股东。GH公司对ZT公司进行了小幅度的人事调整，委任甘先生为ZT公司的总经理，其他决策层领导不变。甘先生对ZT公司实行的是分权管理模式，从不过多干预公司的经营活动。除此之外，他还调高了员工的薪酬水平，增加他们的收入。

但是半年以后，ZT公司在企业营运的过程中出现了一些问题：客户管理严重缺位；员工工作自由散漫，工作现场管理混乱；有不少的员工利用公司资源在工作之外做其他项目来赚外快；公司的财务管理混乱，多数部门甚至项目组都设有小金库。

面对这样一些问题，甘经理不顾其他人的反对，决心恢复ZT公司原本的薪酬体系，并且还要完全套用GH公司的内部管理制度和企业文化模式，甚至连指纹考勤制度和衣着礼仪规范都完全照搬。甘经理还收回了分管副总的财务控制权，加强了对应收账款的管理和对存货的清理，彻底清理各个部门的小金库。他还重新梳理了客户关系，进一步完善了客户资料。

然而，甘经理的政策却引发了"水土不服"的人力资源危机：恢复ZT公司原本的薪酬制度，直接降低了员工的收入水平，员工受了"硬伤"；完全照搬GH公司的内部管理制度，尤其是指纹考勤制度，让习惯于以项目模块方式自由工作的员工倍感束缚；而对客户关系的重新梳理和对财务管理的重整，使曾经从"管理漏洞"中获利的一些管理层人员和核心员工感到十分恐惧。这导致5位决策层领导集体辞职，30多名核心员工相继离去。

思考题：

1.ZT公司人力资源危机的成因有哪些？

2.ZT公司应该如何化解和预防这种人力资源危机？

# 第一节 人力资源风险的分类

从不同角度对组织中的人力资源风险进行分类，不仅可以从多个角度全面了解人力资源风险的特点，还可以针对其特点找出应对策略。

## （一）从人力资源管理模块功能角度分类

人力资源管理通常可以分为六大模块，即人力资源规划、招聘、培训、绩效、薪酬和员工关系管理。从模块功能的角度分类，可以将人力资源风险分为人力资源规划风险、人力资源招聘风险、人力资源培训风险、人力资源绩效考核风险、人力资源薪酬管理风险以及人力资源劳资关系管理风险。

### 1.人力资源规划风险

在人力资源规划过程中，与组织总体战略脱钩，对组织需求和外部供给缺乏把握，规划方法不当，规划执行不力等造成的风险，被称为人力资源规划风险。例如，人力资源规划的总量不够，可能会给企业带来人才短缺的风险，可能导致组织无法进行正常的运作；人力资源规划的总量过大，企业大量招聘新员工，造成企业人员规模过大，人浮于事。

### 2.人力资源招聘风险

人力资源招聘风险是指组织在招聘新员工的过程中，因组织的招聘标准或招聘者自身等因素，导致招聘的员工与实际工作岗位不符，从而给组织带来损失的可能性和严重程度。人才招聘也就是组织员工的"进口"过程，相当于人力资源这种特殊"原材料"的采购工作。如果组织所需要的人才不能及时得到"供应"，就会造成"原材料"短缺；如果组织招聘的人才质量不过关，就相当于"原材料"的质量有问题，最终也会影响到组织的"生产"。

### 3.人力资源培训风险

人力资源培训风险是指组织在培训的过程中，由于观念、技术、环境等负面影响对组织造成直接或间接损失的可能性。例如，企业为了提高员工的技能对员工进行相关方面的培训，但是员工却在培训之后跳槽到竞争对手的公司。企业为别人做嫁衣裳，培训努力付诸东流，无疑浪费了企业的资源。

### 4. 人力资源绩效考核风险

人力资源绩效考核风险是指组织在对员工进行绩效考核的过程中，实施过程流于形式，不公平、不规范，不仅没有对员工起到激励作用，反而因为考核方式不当，浪费了组织的人、财、物资源，甚至降低组织的运行效率，从而给组织带来风险。

### 5. 人力资源薪酬管理风险

人力资源薪酬管理风险是指组织在薪酬管理的过程中，因薪酬过低导致员工的薪酬满意度低，薪酬过高增加企业的经营成本，或者管理者感情用事，不能做到公平、公开、公正分配，从而给组织带来的风险。

### 6. 人力资源劳资关系风险

人力资源劳资关系风险是指员工与组织在劳动合同的订立、变更、终止等各个环节中可能发生的风险。例如，A公司在2009年6月18日招收谢某为财务部总监，双方签订了5年期限的劳动合同，合同中约定试用期为3个月。3个月的试用期过后，公司觉得应该再延长1个月试用期，并且在未征得谢某同意的情况下，12月25日公司以不符合录用条件为由与谢某解除劳动合同。谢某向劳动仲裁委员会提出申诉，要求公司继续履行劳动合同。相关法律规定，企业判定员工是否符合录用条件，能否转正，必须在试用期内通知，因此谢某胜诉。企业组织必须遵循劳动合同相关规定，避免劳资关系风险。

## （二）从风险损失中是否造成人身伤害分类

人力资源风险从风险损失中是否造成人身伤害分类，可以分为人身伤害风险和非人身伤害风险。人身伤害风险是指因人力资源自身伤害而给组织造成损失的可能性，其中包括生病、伤残或死亡等。非人身伤害风险则是指除了人身伤害风险以外的其他风险，这种风险的发生不会对人身造成伤害，如人才流失风险。

人力资源风险对于组织或个人都可能造成经济损失，包括因服务价值损失造成的收入损失，以及风险产生的额外支出，如劳动生产能力的伤残、死亡或失业所造成的额外的费用支出等。

## （三）从造成风险损失时人力资源的动机分类

导致人力资源风险发生的动机也有不同类型，一种是为了达到自己的目的而损害组织利益的利己动机，这种行为动机所导致的风险被称为道德风险或有意风险；另一种是无意的，如工作的疏忽或自身能力的不足而导致的人力资源风险，这类风险则被称为能力风险或无意风险。例如，在招聘时招聘到了与岗位胜任力不匹配的人，这是能力风险。当然，如果是招聘者明知其能力无法胜任岗位，但由于个人原因（如受贿）将其聘用，这就应当属于招聘者的道德风险。

## （四）从企业职能分类

根据企业的职能，结合职能特点分析企业各个部门人力资源的独特性，可以将人力资源风险分为财务系统人力资源风险、营销系统人力资源风险、管理系统人力资源风险、技术系统人力资源风险、生产系统人力资源风险等。不同职能的人力资源风险可根据其特点找到不同的应对策略。

## （五）从风险可测程度分类

根据风险可预测的程度，可以把人力资源风险分为可预测风险、部分可预测风险及不可预测风险三类。可预测风险的预测准确性将直接影响应对策略的有效性和管理成本，包括人力资源总量、受教育水平、人力资本市场价格等因素所带来的风险。部分可预测风险是指组织掌握一部分信息，但由于信息不完全、缺乏数据样本等因素，无法直接进行风险预测，而只能通过趋势外推或其他方法进行推测。例如，企业需要以科技进步速度为依据预测产品开发人才的需求，但企业关于科技进步速度这一指标所掌握的信息是有限的，因此在开发人才的招聘方面就会存在这样的风险：如果过高地估计科技进步速度，会导致企业盲目招聘，人才储备过多，人力成本增大；如果过低地估计科技进步速度，则会导致企业在开发新产品时无人可用，企业战略无法实施。不可预测风险包括自然灾害、委托培训机构倒闭等人力无法预测的风险。组织人力资源风险管理的重点集中在可预测风险和部分可预测风险。

## （六）从人力资源管理全过程角度分类

如果将企业看做一个系统，那么人力资源的使用全过程就包括人力资源流入、在系统中培养与使用以及人力资源流出三个过程。由此可以将人力资源风险划分为流入风险、使用风险和流失风险。流入风险是指在人力资源招聘录用的过程中因为企业的录用标准或招聘者能力等原因使不合格的人员被录用，从而给企业带来的风险；使用风险是指在培养与使用过程中，因为培养使用不当或因为人力资源本身的各种原因而对企业造成损害的可能性；流失风险是指因为人力资源流出而给企业造成损失的可能性，如企业中关键人物的流出很可能导致企业秘密的泄漏，从而使企业竞争力下降。这三类风险也是相关性很强的风险，一般情况下，很高的流入风险会导致很高的使用风险，而很高的使用风险往往伴随着很大的人才流失风险。

按照不同标准对人力资源风险的分类如表 2-1 所示。

表 2-1 人力资源风险分类

| 分类标准 | 风险因素 |
| --- | --- |
| 按人力资源管理模块功能 | 规划风险、招聘风险、培训风险、绩效考核风险、薪酬管理风险、劳资关系风险 |
| 按是否造成人身伤害 | 死亡风险、伤残风险、年老风险、疾病风险、失业风险等 |

续表

| 分类标准 | 风险因素 |
|---|---|
| 按造成损失时的人力资源动机 | 能力风险或无意风险、道德风险或有意风险 |
| 按企业职能 | 管理系统人力资源风险、技术系统人力资源风险、财务系统人力资源风险、生产系统人力资源风险、营销系统人力资源风险 |
| 按风险可测程度 | 可预测风险、部分可预测风险、不可预测风险 |
| 按人力资源管理全过程 | 流入风险、使用风险、流失风险 |

# 第二节　人力资源风险的表现形式及成因

## 一、人力资源风险的表现形式

地震前我们可以发现天气的变化和动物的异常，如同大自然的规律一样，任何风险都会有征兆。通过分析组织人力资源风险的成因，我们可以发现组织人力资源风险也有一些特殊的外在表现，这就是组织人力资源风险的表现形式。组织人力资源风险的表现形式包括以下几种。

### 1. 员工健康水平和安全保障水平下降

这经常表现在：员工频繁请病假；员工中有大量的烟民或酗酒者；员工因为健康状况导致劳动生产率下降，甚至给企业造成经济损失；工作现场存在安全事故隐患，员工抱怨其工作安全得不到保障；企业内常有要裁员的流言；等等。

### 2. 员工工作效率下降

一项研究数据表明，员工实际的工作效率只有其能力的 40%~50%，也就是说员工的工作效率有很大的提升空间，如何提高员工工作效率也是组织十分关心的问题。员工的工作效率代表了员工被利用的程度，对于企业来说，是员工对于企业业绩的有效贡献程度。企业拥有的一切资源，包括人力资源都不是无偿拥有的，需要付出成本。而企业是以营利为目的的组织，因此如何以最低的成本换取最高的收益是所有企业都在找寻的答案。在资源条件一定的情况下，人力资源的工作效率与企业业绩呈正相关关系，即人力资源的工作效率提高，企业的业绩就会随之提升；相反，人力资源的工作效率下降，企业的业绩也会随之下降。

人力资源的工作效率下降的主要表现有：①严格制度下的消极怠工。例如，钻规章制度的空子，上班时间聊天、做私事、偷工减料，出工不出力；或是做事无精打采，频繁请事假，无故请病假；或是在工作场合抱怨公司奖惩制度不公平，分配不合理；等等。这种情况是因为企业没有调动起员工工作的积极性，从而导致工作效率的下降。②反映员工工作效率的指标值持续下降。例如，按往常指标布置给员工的任务没有完成，或者完成的质量无法保证；公司的核心员工的工作效率突然降低；企业人均劳动生产率骤减，部门目标实现率骤降；等等。

### 3.人际关系不和谐

这常常表现在：企业内团队精神不强，交流减少，小道消息盛传，非正式组织作用小，集体活动参与度不高，企业内部气氛紧张，部门之间缺乏良好的沟通，领导与下属之间也缺乏交流，领导许下的承诺不兑现，员工消极怠工，劳动者对企业满意度不高，抱怨企业的制度不合理、待遇不公平或是有不正当行为等。

### 4.组织吸引力和效率下降

组织外部竞争力下降，形象受到损害，在招聘过程中无法吸引人才，导致招聘不到合适的员工，岗位出现空缺；组织的销售额、人均劳动生产率、利润、市场占有率等指标下滑，低于行业平均水平。

### 5.组织人才流失

人力资源是组织最重要的资源，也是组织的核心竞争要素。组织之间的竞争在很大程度上是人才的竞争，因此人才的流失是人力资源风险表现形式之一。

由中国惠普有限公司、清华大学公共管理学院和零点研究集团三家单位联合，对京沪地区资产规模在500万元以上的企业进行抽样调查。调查结果显示：员工的高离职率和中高层管理者的意外离职或解聘是人力资源流失风险最主要的现象。例如，原方正集团助理总裁周险峰率领方正科技近30名技术骨干集体加盟海信；同方销售经理郝毅在同月携3名优秀大区经理跳槽长城电脑；中国著名服装品牌南极人也遭遇了20余名高层职业经理人集体跳槽波司登的厄运；太平洋网的严峰等员工也在其市场总监秦刚离职后纷纷跳槽至www.IT.com.cn旗下；据韩国媒体报道，韩国Grigon Entertainment集团旗下的SealOnline核心开发团队仅剩1人，其余人员集体投奔了Sonogong公司。根据IBM在《全球人力资源研究报告》的数据显示，亚太地区中高层管理者的离职率居世界最高（14%）。由此可知，员工尤其是核心员工的流失现象普遍，如果处理不当，员工流失可能会给企业造成巨大的损失。

### 6.官司纠纷

在招聘过程中，存在歧视、言语伤人等，组织可能会触犯法律；在工作场所发生暴力事件或安全问题，导致员工工作时受到人身伤害，组织也难辞其咎；或因发生性骚扰等侵犯人身权利的事情，组织可能会因为管理不当而连带受责。

## 二、企业人力资源风险的表现形式调查

为了更清晰地掌握企业人力资源管理风险的表现形式，为企业人力资源预警管理提供科学的对策依据，本书主编对湖北省、江西省、河北省、广东省、辽宁省、天津市等地的近200家企业进行了抽样调查，共回收有效问卷348份，有效率58%。本次调查主要涉及工业企业（含冶金、机械、电子、化工、纺织、医药等企业）、建筑、交

通、军工、信息、商业、外贸等行业；按照经营状态分类，盈利企业占64.65%，持平企业占22.14%，亏损企业占13.21%；按企业性质分类，国有企业占78.73%，三资企业占9.48%，集体企业占3.44%，民营企业占3.44%，其他企业占4.89%。其调查结果如下。

1. 企业人力资源组织存在缺陷

人力资源管理组织存在结构缺陷是企业人力资源管理风险的表现形式之一，具体表现为管理层次太多、权责分工不清、人员配备不当、科室机构设置重叠、劳动定额不合理等。其中，国有企业最为突出的问题是管理层次太多（51.82%）、职责分工不清（35.04%）及科室机构设置重叠（27.74%）。这是因为目前许多国有企业的组织机构沿袭自计划经济体制下的模式，更多的是行政调配，不能适应目前市场在组织结构和人员配置上的需要，缺乏应变能力。

2. 企业人力资源开发与管理问题突出

绩效考核工作不力是企业在人力资源开发与管理方面的首要问题。其主要体现在人际关系的影响过大、考核方法不合理、考核人员受主观因素左右、评价标准不稳定、考核人员水平低、经理人员不重视等方面。其他问题还包括选拔或招聘人才不当、员工培训效果不佳、人事制度不健全等。选拔或招聘人才不当（45.62%）和人员流动过少（17.52%）是目前国有企业在这方面最为突出的问题，而人员流动过频（17.15%）的问题则少于其他类型的企业。

3. 企业人力资源激励机制低效

人力资源激励机制低效具体表现为工资激励制度缺乏力度、奖惩不够公平合理、权利与责任不对称等。与其他类型的企业相比，国有企业在这方面较为突出的问题是工资激励制度缺乏力度（57.66%）和缺乏有效的精神激励。

4. 企业领导者的能力匮乏

调查结果显示，高达六成的人认为领导者应加强创新能力。这也体现了目前企业领导者创新能力的缺乏。领导者欠缺的其他能力依次为协调能力、组织能力、计划能力、技术能力、控制能力等。

5. 企业人才流失

人才流失是使企业陷于困境的重要原因。调查结果表明，造成人才流失的原因依次为工资待遇不高、不受重用、企业前景不佳、用人机制僵化等。与其他类型企业相比，用人机制僵化（35.77%）和工作乏味（10.58%）是国有企业最为突出的问题，也是导致国有企业人才流失的主要原因。

## 三、人力资源风险的成因

引发人力资源风险的因素有很多，其根本原因可以从员工个人因素、组织因素、社会因素三方面去理解。

## （一）员工个人因素

从员工个人因素的角度来看，人力资源特有的属性是导致组织人力资源风险的原因。人力资源特有的属性表现为人在心理、生理以及思维和行为上的复杂性。具体来说，可以归结为以下几个方面。

### 1. 个人与组织之间的信息不对称

根据有限理性假说的观点，人们在进行某些有目的行为决策时，不一定能找到有关方案及后果的完整信息，因此人们的生产经营活动普遍存在风险。组织的人力资源管理中也存在信息的不对称。例如，企业在招聘人才时存在着信息不对称，而人才进入企业后仍然存在信息不对称。尤其是从事创造性工作的知识型人才，企业无法对大量脑力劳动过程进行监控。在利益和机会主义的驱使下，道德风险发生的可能时时存在。假设企业与人才签订合作协议，在协议生效过程中人才存在两种情况：一种情况是人才诚信，努力工作，严格遵守双方协议，并充分发挥自身能力；另一种情况是人才不诚信，工作偷懒，能力也有所保留，甚至泄露商业机密等。同样地，企业在履行协议过程中也存在两种情况：一种情况是履行所有对人才关于工作条件的各项许诺；另一种情况则是没有履行所有对人才关于工作条件的许诺。利己动机对于经济主体而言是普遍存在的，而只有在信息不对称时，这种动机才可能行为化。如若信息对称，人才的能力、才华和行为都会被管理者获知，管理者为消除这种利己动机会采取相应的激励性或惩罚性措施；而当信息不对称时，员工的付出很难被管理者察觉，由此，管理者与员工之间就很容易产生非协作、非效率情况，从而导致人力资源风险。

### 2. 个人目标与组织目标的不一致

人是具有主观能动性的复杂的高级动物，组织中的每个人在选择岗位时所遵循的原则有所不同。组织中每个个体都会有目标，这个目标可能与组织相同，也可能相悖。当出现个人目标与组织目标相悖时，个体就有可能牺牲组织利益从而实现个体目标。2008年，美国的次贷危机最终导致了全球性的金融危机，华尔街排名前五的投资银行一夜之间竟然垮掉了三家。我们从企业人力资源风险管控的角度分析，可以发现华尔街的高级金融管理者们与银行的目标不一致是引发此次金融危机的主要原因。历经上百年的磨砺以及数次经济危机的深刻教训，美国的金融风险管控体制，不论是技术层面还是制度层面，都可以说已经日臻完善。然而，此次金融危机还是从美国开始并波及全球。由此可知，并非技术和制度的问题，其根本是人的问题。华尔街的高级金融管理者们，往往都是以自我为中心，严重挑战道德和正义的良知，挑战社会"最基本的价值观"，以牺牲银行的利益为代价，力求自己的利益最大化，个人目标与组织目标严重不一致。

### 3. 人力资源思维的复杂性

人力资源思维不像如今的计算机一样只有逻辑思维模式，其虽然也储存了大量的信息，但是人的大脑还有直感形象思维模式。在处理信息的过程中，采取什么思维往往是一次关于背景或意境的函数，因此采取的思维模式不同，对于同样的信息，人处理的行为也会大相径庭。例如，拥有管理学学位的人在实际生活中会做一些与管理学原理相违背的事；有些领导在教导下属时头头是道，可是自己却做了些与自己要求相悖的事。

**4. 人力资源素质的动态性**

人力资源素质的动态性主要表现在人力资源的自适应性或者说是学习特征。人们在从事组织经营活动的过程中会自觉地学习理论知识或是跟同行学习，或是从实际工作中获取经验。人力资源素质的动态特性对组织来说也是个不确定性因素，它可以使组织获得收益。例如，员工可以通过学习加强其能力，提高工作效率；它也可以使组织蒙受损失，如员工在学习适应工作的过程中学会了偷工减料、逃避惩罚的方法，所谓"上有政策，下有对策"。又如，员工经过组织的培训，却选择离开企业，给企业带来损失。

**5. 人力资源行为的动态特征**

人力资源的行为由于受生理和心理因素的影响，具有动态特性。人力资源与机器设备等资源的最大差别在于人不能分毫不差地按照所有指令执行任务，人的行为会由于种种因素的影响与预期结果有所偏差。因此，有了人的参与，即使是程序化的工作，也存在结果与预期目标不一致的可能，而人的行为的动态性在非程序化工作中体现得更加明显，从而形成人力资源风险。

**6. 人生中遭遇灾难的可能性**

人在成长的过程中，经历不同时期，其生理及心理的承受能力是不同的。不同的人生经历会练就不同性格的人。人的生命周期从幼儿、少年、青年、中年到老年，或多或少地会遭受灾难、挫折，这些灾难或挫折很有可能导致企业人力资源的流失。特别是当企业的核心人力资源受到伤害时，如伤残、突然死亡等，会给企业带来重创。

**（二）组织因素**

**1. 组织管理者对人力资源管理的忽视**

有些管理者不重视人的因素，对人力资源管理的重视程度不足，缺乏对人力资源的正确认识以及对员工的管理技巧，短期行为严重。企业在生命周期之初，规模较小，人力资源数量有限，人力资源管理的作用显得不是那么重要，企业即使没有完善的人力资源管理制度也可以运营。然而，随着企业逐渐发展壮大，人力资源规模扩大、市场复杂、竞争加剧，人力资源管理的缺失将导致企业对人才吸引力不足，原有人才外流，外部人才招聘不进来，进而限制企业关键业务领域和管理层的发展。

**2. 人力资源管理不合理**

企业中目前存在的不合理的人力资源管理现象主要有：缺乏对人才需求的预测与分析，导致企业的人力资源配置信息不对称，造成人和岗位不匹配，人的能力得不到发挥；招聘过程中，缺乏对职业道德的评估，只注重专业技能，导致某些新进员工缺乏责任感；

招聘的人才能力高于岗位胜任力要求，导致员工工作过程中缺少压力和成就感；企业与员工之间缺乏有效的约束，容易造成人员流失；分配制度不合理，员工的付出与回报不呈正比例关系，相同的回报条件下，员工的付出要比别人多，而福利待遇又基本没有差别，员工对产品的创造型贡献得不到承认，造成员工工作积极性受到打击，工作效率降低；除此之外，还有很多诸如培训、考核、晋升等方面因素也是导致人力资源风险的主要内部原因。

### 3. 组织文化建设落后

忽视对企业文化的建设。很多中小型企业都缺乏良好的企业文化，员工对企业的目标缺乏了解，价值观与企业不一致，缺乏对企业的认同感。这是中小型企业留不住人才的一个重要原因。

### 4. 组织的发展前景和组织形象不佳

组织的发展前景不明与组织形象不佳，导致人才对组织缺乏信心、凝聚力不高。企业经营遇到困难时，如果不能团结员工、鼓舞士气的话，员工往往会对企业失去信心，导致人才流失，引发人力资源风险。

## （三）社会因素

### 1. 经济发展形势和行业发展趋势

引发人力资源风险的主要外在因素是国家经济发展形势和行业发展趋势。一般来说，国家经济繁荣，人民收入水平提高，将促进国民经济消费，企业业务量增加，就业率提高，失业率降低；或者新兴产业崛起，市场需求旺盛，又会带动就业率的提升。因此，要预先做好人力资源的储备，以防陷入人力资源短缺的风险；相反地，如果国家经济萎靡，或者行业形势不景气，失业率不断提高，从而可能会引发人际关系、安置成本等方面的风险。

### 2. 劳动力市场状况

劳动力市场是企业进行外部招聘的一个主要渠道，因此劳动力市场状况对于企业的人力资源也是一个很重要的外部因素。劳动力市场的变化常会影响组织人力资源的变化。当劳动力市场状况为供不应求时，企业可能很难从外部招聘到合适的人才，从而引发企业的人力资源招聘风险。

### 3. 竞争对手的人力资源策略

影响企业人力资源的另一个外部原因是竞争对手的人力资源策略。所谓"知己知彼，百战不殆"。如果竞争对手采取比自身更好的薪酬福利策略，提供较好的职业发展前景和人性化管理手段等，企业应当及时调整自身策略，以防引发人力资源流失风险。

### 4. 工会组织的影响

工会往往代表雇员利益与企业进行交涉，必要时还会组织罢工、谈判等活动。这些将直接影响到企业人力资源的供给。

# 第三节　人力资源风险的演化

人力资源风险是指组织内部人员的行为偏离组织目标和预期，使企业遭受损失的可能性。在这种情况下，如果组织的人力资源管理继续失控，人力资源状况不断恶化，最终将给组织造成重大损失，从而导致人力资源危机。

## 一、组织人力资源风险演化的诱因

### （一）叠加效应

风险由事故发生的可能性及其后果的严重程度来衡量。从风险的定义可以看出，风险不仅只是风险 R 事件发生的可能性 P 的函数，而且也是风险事件所产生的后果损失 C 的函数。如果一个风险发生的概率很大，但其产生的后果损失很小，那么风险有可能是比较小的；相反，如果一个风险发生的概率很小，但是产生的后果损失却很大，则风险也可能很大。因此，风险发生的概率 P 和后果损失 C 的关系可以用公式表示为 R（风险）=$P \times C$。

由于组织人力资源外部环境的变动及内部系统的不确定性，不同的风险源会触发不同的风险事件，从而引发相应的风险后果，给组织造成损失。风险源是指风险事件发生的条件，不同的风险事件，其发生概率不同，对风险后果的损失影响程度也不同。人力资源风险后果的损失相互叠加达到一定程度之后，就可能给组织带来不利影响。例如，AT 公司员工的薪酬水平略低于行业平均水平，大部分员工对此表示不满，但是由于公司员工有比较明确的晋升通道，很多员工还是在公司兢兢业业地工作，以期能够晋升。2011 年，新的人事总监上任，他一改公司之前内部晋升的惯例，对于很多空缺的管理岗位，都是从外部招聘合适的人来填补岗位空缺。这一举措让很多公司骨干觉得晋升无望，于是纷纷跳槽，公司一个正在进行的项目也因此流产。员工薪酬满意度低是 AT 公司潜在的人力资源风险，加上新的人事总监忽视对员工职业生涯的规划，导致公司人力资源危机的发生。员工希望工资越高越好，企业出于成本的考虑，却是希望能用最低的工资找到最合适的人，这是员工和组织目标的核心矛盾，加上企业的人力资源管理不合理这一组织因素，两个人力资源风险的叠加效应最终导致 AT 公司的人力资源危机。

### （二）耦合效应

耦合效应是物理学的概念，是指两个或两个以上体系或运动形式通过各种相互作用而彼此影响的现象。在企业人力资源管理的过程中，由于人力资源各环节存在功能相互关联的关系，加上不同风险性质的匹配关系，从而导致各风险事件相互影响、相互作用，最终改变风险流量和风险性质。在人力资源管理的过程中，绩效管理与薪酬管理紧密联系，一方面如果绩效考核不能做到客观、公正，付出较多的员工的回报反而不如付出较少的员工，不能体现多劳多得的分配原则，员工就会觉得不公平，那么薪酬管理就不能达到它设想的目标，不仅不能激发员工的积极性和主动性，甚至有可能引发员工不满，从而导致员工的离职。另一方面，如果薪酬设计不考虑员工绩效，干多干少一个样，那么员工就不会主动提高自己的绩效来获得更高的薪酬，如此恶性循环，将降低企业的竞争力。绩效和薪酬管理的关系体现了组织内人力资源管理两个因素的耦合作用给企业可能带来的人力资源危机。

### （三）传导效应

人力资源风险传导是指在人力资源管理过程中，由于不可避免地受到内部和外部不确定因素的干扰和影响，使得在人力资源管理过程中，某个环节，初始时刻的微小偏差或不确定性，依附于某些有形物质或无形效应，被传递到组织人力资源管理过程中的一系列的节点及面，或随着时间指数、放大效应等被逐级放大甚至演化为危机，进而导致组织的人力资源管理过程严重偏离目标的一系列过程。当有一小部分员工的薪酬满意度不高时，如果企业不能找到问题的原因，妥善处理，随着时间的推移，可能导致大部分员工的薪酬满意度降低，工作积极性下降，致使人力资源危机的发生。

### （四）突变效应

突变是生物学的概念，是指细胞中的遗传基因发生的改变。在企业人力资源管理的过程中，突变是指由于内部、外部或者员工本身的条件、状态的突然改变引发的人力资源危机，给企业带来不利影响。富士康和华为都是知名企业，两个公司在深圳仅一街之隔，对人才的争夺很激烈。2011年，华为组建云计算部门，计划招聘超万名工程师，富士康很多技术人员在华为的高薪引诱下，纷纷辞职，跳槽华为，导致富士康计算机部门的大批核心员工离职。富士康的员工薪酬水平远低于华为，这是不争的事实，一直以来很多员工把富士康当做跳板，等待在合适的时候去工资更高的企业。华为组建云计算部门，不仅员工需求量大，薪酬也非常可观，在这一突变因素的影响下，富士康遭遇了人力资源危机。

## 二、组织人力资源风险演化的过程

人力资源风险与人力资源危机既相互区别又相互联系。人力资源风险不一定对组织造成严重伤害，而危机则对组织已经造成伤害，是事实存在的损失。人力资源风险在一定条件下，可以转变为人力资源危机。从风险到危机的转变是一个过程，认识到人力资源风险的演化过程，可以将危机扼杀在萌芽状态，避免人力资源危机的发生。

由于内外部环境的不确定性和变动性，加上人力资源本身具有的特点，组织面临各种各样的风险源。人力资源风险源在叠加效应、耦合效应、传导效应和突变效应的影响下，会导致人力资源危机发生的可能性和严重性增加，从而出现危机征兆。面对这种状况，如果人力资源管理者忽视危机或者对危机的处理不当，人力资源风险就会演变成人力资源危机。在一定条件下，外部因素的诱导也能使人力资源危机征兆演变成人力资源危机，给组织造成事实上的损害。这一人力资源风险演化的过程，可用图 2-1 表示。

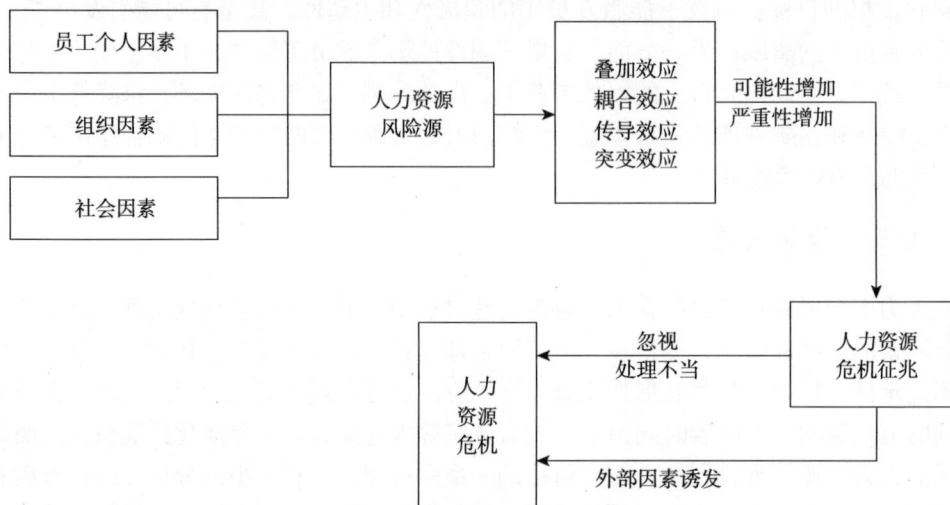

图 2-1　人力资源风险演化机理

## 三、人力资源危机发生的阶段性环节

人力资源危机主要有两种表现形态，即内隐形态和外显形态。内隐形态是指员工本人及劳动关系尚留在企业，但是对现有工作不满意，工作积极性不高。外显形态是指员工本人及劳动关系都与组织脱离。目前企业都比较注重外显形态危机的管理，把重点放在了如何"留才"上，但往往内隐形态危机对人力资源造成的伤害反而更大。

人力资源危机都经历了由内隐形态到外显形态转化的过程，这个过程一般分为四个阶段，即抱怨、倦怠、抗拒和离职。当员工出现抱怨的现象时，人力资源危机过程就开始了。通常员工会通过某些渠道发泄他们的不满，目的是引起管理者的注意，此时他们还愿意相信管理者可以出面解决问题，员工在抱怨阶段只是对组织存在不满，但还没有离职的意愿，工作任务也能够完成；如果管理者对员工的抱怨始终置之不理或解决措施不能达到员工预期要求，则到了倦怠阶段，员工会产生职业倦怠，工作效率降低，工作积极性受挫，会严重影响绩效水平。员工这样做是为了引起管理者重视，如果管理者此时能够适当干预，也能够有效地控制；然而，如果管理者没有分析员工工作倦怠的深层原因，仅仅通过惩罚的手段来加以控制，往往会使危机升级为抗拒阶段，此时员工不再信任管理者，甚至与管理者保持对立。员工的抗拒情绪逐渐外显出来，并开始萌发离职的意愿，但仍没有下定离职决心。这时如果管理者可以与员工坦诚相待，则还有回旋的余地，但如果管理者的行为不当则会坚定员工离职的决心。外部条件一旦具备（有更适合的公司愿意聘用员工），员工则会向管理者表明离职意向，如若管理者不加挽留，员工离职行为就会很快实施。

抱怨、倦怠、抗拒与离职这四个阶段，表面上看是人力资源外在危机发生之前的过渡环节，然而其实质是人力资源危机的征兆。从作用关系的角度来看，人力资源危机征兆的根本原因是人力资源管理的实践活动引发的。

## 案例讨论

### 从伊利到蒙牛的牛根生

提起牛根生，伊利公司员工都会竖起大拇指，他以独特的为人处世方式和人格魅力为伊利员工所熟知。牛根生是伊利公司第一等的功臣，他所在的事业部创造了伊利公司当时 80% 的利益，他是伊利集团原生产经营副总裁。

在伊利工作 16 年后，牛根生体会到了某种特殊的变化。在 1998 年，牛根生在调动一小部分资金时受到很多部门的反对。后来，他发现自己就算只是买把扫帚都得打报告审批。基于以上极端情况，牛根生先后提交了 3 次辞呈，辞呈在前 2 次被劝回后，他的情况并未好转，反而略有恶化。最后在第 3 次递交辞呈时，董事会表决，通过了牛根生辞去副总裁职务的决议。

牛根生辞职后，他原来的老部下也相继遭到免职。后来，除人事和财务外，其他各个事业部的一把手领导都跟随了牛根生，希望他能重新指导他们，重振雄风。在 1999 年，"蒙牛乳业有限责任公司"也因此诞生。此后，许多伊利公司的老员工也慢慢投奔到牛根生的蒙牛公司，前前后后总数达几百人。牛根生也嘱咐老员工们在加入前深思，不要"弃明投暗"了，他对于蒙牛的光明未来也无法保证，但是老员工们依旧义无反顾地选择加入蒙牛的团队。整个事件过程如图 2-2 所示。

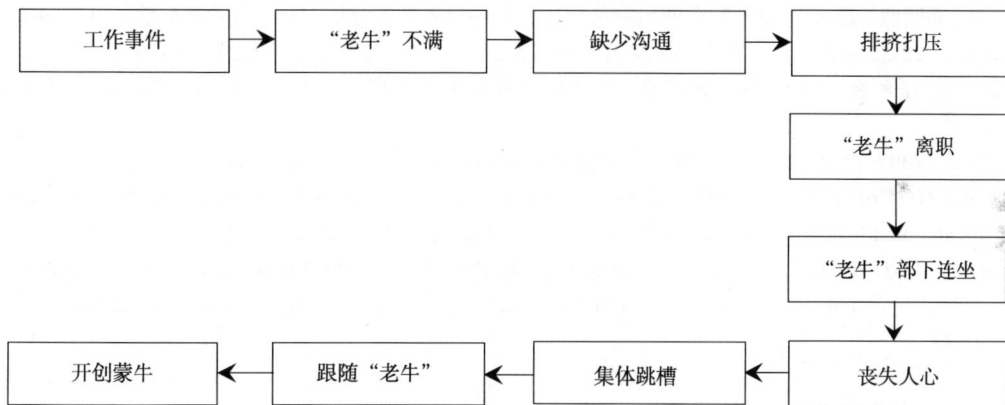

图 2-2　牛根生出走的过程图

有关专家对伊利公司的此次员工流失进行了分析，认为其主要原因有：第一，伊利公司的企业领导胸怀不够宽广，对威望较高的员工产生了妒忌之心；第二，伊利公司领导的危机意识与危机处理能力差，在牛根生提交辞呈前后未与之进行有效沟通；第三，伊利公司的领导决策错误，选择了让人心寒的"连坐"思维，导致一大批老员工的离开；第四，伊利公司领导们对核心员工的关注度不够，导致一些高层管理者纷纷弃大就小；第五，牛根生在伊利的口碑使他赢得了老部下的信任，跟随牛根生走向蒙牛。

讨论题：

1. 从牛根生和部下的离职事件来看，伊利公司存在哪些人力资源风险？

2. 为什么会存在这些人力资源风险？

3. 伊利公司应该采取哪些措施以预控这些人力资源风险？

▶课后习题

　　1. 请选择一个角度对人力资源风险进行分类？

　　2. 组织人力资源风险的成因有哪些？

　　3. 组织人力资源危机产生的原因有哪些？

　　4. 组织人力资源危机的征兆有哪些？

## 参 考 文 献

代晓静 . 2011. 民营企业人力资源管理风险分析 [D]. 山西财经大学硕士学位论文 .

樊厚 . 2009. 我国商业银行员工行为风险控制研究 [D]. 中国科学技术大学硕士学位论文 .

李华兵 . 2010. 人力资源管理中的风险管理 [J]. 科技传播，（23）：48.

李伊，程静 . 2011. 企业人力资源风险管理的流程和策略 [J]. 中国劳动，（11）：40-42.

刘明辉，汪寿成 . 2010. 人力资源内部控制与风险管理——理论实务案例 [M]. 大连：大连出版社 .

刘铁明 . 2011. 人力资源管理风险与防控文献综述 [J]. 湖南财政经济学院学报，（1）：129-132.

龙英晓 . 2011. 企业核心员工的人力资源流失风险管理研究 [J]. 青岛酒店管理职业技术学院学报，（10）：54.

马丽波 . 2008. 心理契约、组织信任与行为风险之关系 [J]. 大连海事大学学报（社会科学版），7(6)：75-79.

魏光兴，秦星红，覃燕红 . 2011. 企业人力资源风险管理：富士康 12 连跳的启示 [J]. 商业研究，（6）：65-67.

夏喆，邓明然，黄洁莉 . 2007. 企业风险传导进程中的耦合性态分析 [J]. 上海管理科学，（1）：4-6.

张艳丽 . 2011. 企业人力资源管理风险的预警与控制研究 [J]. 人力资源管理，（9）：96-97.

张永安，王丽娜 . 2010. 基于风险叠加原理的企业技术创新阶段总风险度量 [J]. 中国市场，（22）：25-27.

朱向洪 . 2008. 企业人力资源管理中的风险识别与防范 [J]. 才智，（7）：49-50.

Coffey M, Coleman M. 2008. The relationship between support and stress in forensic community mental health[J]. The International Journal of Human Resource Management，（5）：71-75.

Tumley W H, Feldman D C. 2000. Re-examining the effects of psychological contract violations : unmet expecfions and job dissatisfaction as mediators[J]. Joumal of Organizational Behavior，（21）：25-42.

# 第三章

# 人力资源风险管理原理

## 谁来阻止拉手网"集体跳槽"？

知名团购网站拉手网在2011年5月爆发两次员工集体跳槽事件，引发社会各界关注。第一次是在5月中旬，拉手网多地区的城市经理携核心骨干共260余名员工，集体跳槽窝窝团；事后几天，重庆地区再次传来拉手网员工集体跳槽的消息，涉及人数达60余人。至此，拉手网的部分城市站点已沦为"空城"。

### 一、拉手网重扩张轻员工

《IT时报》记者就拉手网员工集体跳槽事件进行了深入调查。据了解，集体跳槽事件最早发生在南京，主要原因是员工不满当前的薪酬激励与员工福利制度，据内部员工表示"华东大区的业绩是整体业绩的30%，但员工却连1%的期权激励都拿不到""员工的薪酬连保障基本生活需要都困难"。业内人士透露，拉手网将获得的巨额融资都用在了广告投入上，用于员工福利和股权激励的仅占很少的一部分。

另外，窝窝团证实了确实接受了200多名拉手网员工，其公关部发言人表示"窝窝团会给员工更多的期权激励，以让其在此平台上发展得更好"。但她否认了窝窝团恶意挖角的言论，并强调拉手网员工是主动加盟窝窝团的。拉手网员工阿明（化名）表示，跳槽去窝窝团的以前同事，现在的待遇比自己高2~3倍。

### 二、资本推动薪酬"虚高"

近年，大量涌现各种团购网站，在不断膨胀发展中，融资、多轮融资、疯狂融资已经成为团购企业引发新闻的焦点，同时也让其陷入困境而不能自拔。易观分析师陈寿送表示："团购企业在资本市场的刺激、怂恿下，不断开出高薪吸引人才，直接导致团购企业之间的恶性竞争。"与此同时，目前团购企业的薪酬虚高现象严重，这是员工稳定性不高、频繁跳槽的原因之一。

大众点评网的相关人员也表示，团购网站在建立之初没有稳定的商户资源，全靠销售人员的业绩积累。可以说，销售人员的数量直接决定了网站商户的数量。因此，要想留住销售人员，就必须给出稳定优厚的薪酬待遇，否则，销售人员就会跳槽到同行企业。

拉手网的集体跳槽事件引发了团购行业的人才大战。陈寿送表示，目前团购行业的人员流动性很大，高薪也未必一定能留住人才，究其原因还是缺乏人才储备以及行业恶性竞争导致的。

### 三、"深喉"倾诉："黑名单"推动集体跳槽

阿明（化名）是拉手网杭州站的中层管理人员，他对记者表示："很多人都不是自愿离开的，都是被逼走的。"记者大吃一惊。阿明解释，事发前一天大家都还在一起吃饭唱歌，气氛很融洽，没有异常。事后了解才知道，是有人越级上交了一份"跳槽窝窝团人员名单"给总部，大多数杭州站的管理人员，包括阿明都在名单内，阿明对此表示很愤怒，认为这是有人在蓄意排除异己、为搏上位。而拉手网总部对名单的反应则是，抢在员工"辞职"之前先开除了部分员工。

拉手网杭州站一直以来保持50名左右员工，事发之后，"黑名单"上的员工陆续都离职了，有的跳槽到了窝窝团，有的干脆在家休息。不少新入职员工表示很迷茫，不知是该继续留在拉手网，还是跟着上级跳槽。而最出人意料的是，递交"黑名单"的员工却晋升为代理站长。

大客户经理华仔（化名）也是"黑名单"中的一员。他透露新晋代理站长上任后，人员大量流失，对公司业务造成了很大的影响。"我们拉来的业务，她却卡住不让上线，我们就没有任何提成收入。"

华仔接到离职通知时完全不知所措："我根本就没有动过跳槽的念头，事情传开后，很多客户都来问我是不是离职了，我只能说在休假。"

拉手200名员工集体跳槽窝窝团的消息，源于5月19日窝窝团肇庆站的微博，并在随后得到了窝窝团的确认。阿风（化名）告诉记者，现在，窝窝团杭州站的人已基本换成了原拉手网杭州站的人。但让阿风和华仔想不通的是，到底200多名同事是被窝窝团挖角主动跳槽，还是被"黑名单"迫害后无奈跳槽？自己的"被离职"是一次简单的人事倾轧？还是遭了某种外来因素的"黑手"？

"黑名单"事件发生后，很多杭州站员工纷纷发邮件给拉手网CEO吴波反映情况。5月25日，拉手网总部派相关人员前往杭州站了解离职内幕，前述刚上任不到2周的代理站长、"黑名单"的始作俑者已离职，而此前在家休息的部分管理层正陆续回到原有工作岗位。

思考题：

1.你认为拉手网在人力资源管理方面存在哪些风险？

2. 如果你是公司领导，面对员工的集体跳槽，你将采取哪些对策？

3. 你认为企业应该如何防范员工集体跳槽的风险？

# 第一节　人力资源风险管理的研究进展

人力资源是企业最核心的资源，人力资源风险存在于人力资源实践的各个环节，是一个由量变到质变的积累过程，风险一旦发生，往往会导致企业受到严重的损害。学术界对人力资源风险管理的研究起源于企业风险管理的预警和防范。

现代意义上的风险管理思想出现在20世纪前半期，如法约尔的安全生产思想、马歇尔的"风险分担管理"观点等；但是风险管理作为一门学科得到系统的发展则是始于20世纪中叶：1950年，加拉格尔在《风险管理：成本控制的新阶段》的论文中，提出了风险管理的概念。风险管理真正作为一门学科的出现，是以 Mehr 和 Hedges 1963 年的《企业风险管理》、C.A.Williams 和 Richard M. Heins1964 年的《风险管理与保险》的出版为标志。Williams 和 Heins 认为，"风险管理是通过对风险的识别、衡量和控制从而以最小的成本使风险所致损失达到最低程度的管理方法"，风险管理不仅仅是一门技术、一种方法、一个过程，更是一门管理科学。

1992 年"企业预警管理"的概念首次出现，特指对企业经营失败、管理失误等现象进行早期警报和早期控制的一种管理活动。企业预警管理的理论研究用于揭示企业逆境现象的客观活动规律以及逆境同顺境之间的矛盾转化关系，进而探索企业在顺境状态下如何识错防错和在逆境状态下如何治错纠错的系统方法。国内企业预警管理理论于1993年由佘廉教授提出。在 1999 年出版的《企业预警管理》中，他比较完整地讨论了基于企业管理失误的企业预警理论，从技术创新的风险管理、企业灾害的风险管理、对外贸易的预警管理、企业改革的误区与预警、企业营销的预警管理等方面做了较详尽的论述。

与财务风险和营销风险相比，人力资源风险在风险管理中尚属于较新的研究领域。从研究成果上看，国内外学者都对其展开了研究，但研究普遍停留在定性方面。研究主要从人力资源风险的成因、表现、分类、危害以及防范等角度对人力资源风险管理加以阐述。Schuler 和 Huber 认为，人力资源管理受到两个方面的影响：一个是内部环境，包括高层管理的目标和价值观、企业的战略、企业文化、技术、结构和规模；另外一个是外部环境，包括经济、市场、人的多样化、价值观、法律和竞争对手。曹细玉等认为人力资源管理中的信息不对称是导致人力资源风险的主要原因；孙泽厚认为人力资源风险可归纳为员工思想道德素质低下引起的风险、管理和制度上的疏漏造成的风险、人力资源选择失误造成的风险、本职能力不足形成的风险、激励制度缺乏造成的风险及人事变动引起的风险；王薛刚、魏融等认为人力资源风险可按使用全过程划分，包括人力资源录用风险、使用风险、流失风险等；蒋新、杨乃定、贾晓霞认为企业外部环境中存在人力资源社会风险，包括政治、经济、社会和技术风险，并从决策层、制度层和法律层三个方面提出了相应的对策。近来，还有研究多根据企业性质细分其人力资源风险，李天勇等分析了国有企业的人力资源风险并提出了管理对策；张德荣分析了高新技术企业的人力资源风险；张光宇、李华军分析了跨国公司的人力资源风险；孙航针对中小企业特点构建了其风险防范体系；贾作广等以风险投资（venture capital，VC）背景的创业企业为对象，构建了人力资源风险指标体系。大量的理论研究有助于为企业实践提供指导依据，并加强其管理效果。

目前，基于全面风险预警对人力资源风险进行研究的成果较少，学者的研究侧重于分析整个企业的风险，通过人力资源实践协调企业资源，从而化解企业风险，并提出了相应的风险管理流程；而国内学者多将风险预警与危机管理相结合，认为人力资源各个环节都存在潜在的风险，应从人力资源实践活动入手进行微观风险预警管理。

人力资源预警在我国还是一个较新的领域，针对人力资源风险预警的系统研究比较少。国内对于人力资源预警系统的研究早期主要是定性的研究，后来逐步转向定量研究。罗帆、佘廉根据问卷调查统计结果，分析了我国企业人力资源管理存在的主要问题，阐明了人力资源管理的危机征兆，在此基础上提出人力资源管理预警系统的模型并构建了企业人力资源管理预警指标体系；曾德明等从企业人力资本风险投资角度构建了人力资源风险预警指标体系；刘家国、刘娟构建了企业人力资源危机预警系统的理论模型，提出了人力资源危机预警系统中危机预警管理理念、预警规划、危机日常监控、危机决策与行动、危机行动总结五个基本功能；李健进行了人力资源开发中的预测预警系统研究，重点在于区域人才资源开发方面；丁娟娟等研究了高新技术企业的员工离职预警管理问题；贾作广等在分析创业企业的特点的基础上提出了创业企业人力资源风险预警指标体系；罗帆、赵荔基于抽样问卷调查，分析了目前我国航空公司人力资源管理的现状及存在的不足，对航空公司人力资源危机的征兆、表现形式及危机诱因进行了剖析，构建了航空公司人力资源危机预警管理系统，探讨了该系统的运行流程和工作方式，以实现警报、矫正和免疫三大功能；朱新艳探析了国有航空公司飞行员流失的预警管理，针对飞行员职业的特殊性分析了其流失的原因和特点；黄钟仪构建了人力资源决策预警体系，对部分体系引进了指标和预警线的概念；巩艳芬建立了人力资源评价指标体系，由3个一级指标、8个二级指标和18个三级指标构成，根据最大隶属度原则得到了综合评价结论；张明亲、谢立仁建立了企业人力资源管理风险预警指标体系，并给出人力资源风险的模糊综合评判方法；闵惜琳探讨了人才资源管理危机预警系统中的预警分析和预控对策两大模块，结合当前评价国际人才的主要标准，归纳了人力资源管理危机预警的评价指标体系，并运用多级模糊综合评判模型进行了评判。翁晓玲、寇琳选择多层次灰色理论，建立了人力资源预警模型；张兰霞将人工神经网络中的BP[①]网络引入人力资源风险预警研究，并构建了风险预警模型；黄孝鹏、李德强以灰色关联理论和熵权法构建了人力资源风险评估体系；秦湘灵等构建了人力资源风险评估的云模型；别俊容等基于物元分析法建立了人力资源风险评估模型。

国内人力资源风险预警管理正逐步深入，研究领域从一般性企业进入有针对性的行业，研究深度从单纯的理论探索进入实证分析和模型建立等。由此可见，将风险意识融

---

① BP，back propagation，即反向传播算法。

入人力资源管理中，积极探索人力资源实践各环节中的风险表现及管理模式，已经成为人力资源管理者责无旁贷的职责，同时是企业人力资源管理理论和实践研究的新趋势。

# 第二节　人力资源风险管理的理论基础

## 一、人力资源风险管理的基本理论

人力资源风险管理是伴随着企业风险管理的发展而发展来的，其基本理论也是从风险管理的基本理论中总结得出的。理论是实践的先导，人力资源风险管理体系的有效运行离不开理论的指导。人力资源风险管理可以基于全面风险管理理论、委托代理理论、控制论和系统论加以阐述。

### 1. 企业风险管理理论

进入 21 世纪后，学术界对风险管理的研究主要聚焦在企业风险管理方面，研究包括企业风险管理的内涵和目标、企业风险管理实现目标的作用机理、企业风险管理的实施动因及企业风险管理的组成因素等。1992 年，Kent D. Miller 对企业国际化经营中的不确定问题的来源和表现进行了分析，提出了整合风险管理的思路，在学术界第一次较为详细地研究了整合风险管理的概念。后来，学者们逐渐用企业风险管理的定义来泛指那些使用全面、综合的方法处理企业面临的风险问题。

COSO 2004 年发布了一个权威的企业风险管理定义，基本思想和原理是：在企业经营管理的各个实践活动中，以企业价值最大化或股东财富最大化为目标，识别各个活动中潜在的风险事件，利用风险可以相互抵消、相互关联或相互影响的特点，采用一套科学的管理流程对风险进行管控，从而为企业的健康发展提供保证。

人力资源风险管理即运用了企业风险管理理论的思想，只是将管理对象缩小到人力资源实践的各个环节，并与其他风险管理子系统协同发挥作用，共同构成企业的人力资源风险管理体系。

### 2. 委托代理理论

随着股份有限公司的兴起，委托代理理论在企业管理中得到普遍的应用。当今经济社会，到处都存在着委托代理关系，而企业与员工就是委托代理关系的典型代表。委托代理理论认为委托人与代理人会因为各自想要实现利益最大化的目标而产生矛盾，委托代理管理中存在着严重的信息不对称——通常代理人掌握着更多的信息，导致委托代理关系中存在逆向选择和道德风险的问题。

根据委托代理理论可知，企业和员工之间会由于目标的不同和信息不对称而产生道德风险，增加了企业的代理成本。就人力资源风险而言，风险管理能够降低企业人力资源的代理成本，避免企业因人力资源管理的失误而承受损失。因此，企业有必要制定一套完善的人力资源风险管理体系，对企业人力资源管理活动进行监控，从而控制委托代理中的道德风险。

3. 控制理论

控制理论分为经典控制理论和现代控制理论。经典控制理论研究的是单输入—单输出的、采用反馈控制的闭环控制系统；而现代控制理论研究的则是多输入—多输出的、线性或非线性的参数系统，并通过控制策略使指标达到最优。内部控制理论应用了控制论的原理，将控制论从技术研究延伸到企业管理，通过对企业运营过程中的活动进行内部控制，并测试其运行效果，从而发现问题并予以解决，最终达到企业运营状态最优。

人力资源风险管理应用了控制理论的思想，对企业内部的人力资源风险加以控制，识别人力资源风险并提出解决策略，从而将风险控制在企业的容忍范围内，保证企业能够正常的运行。

基于上述理论，可以画出企业人力资源风险管理的理论模型图，如图3-1所示。

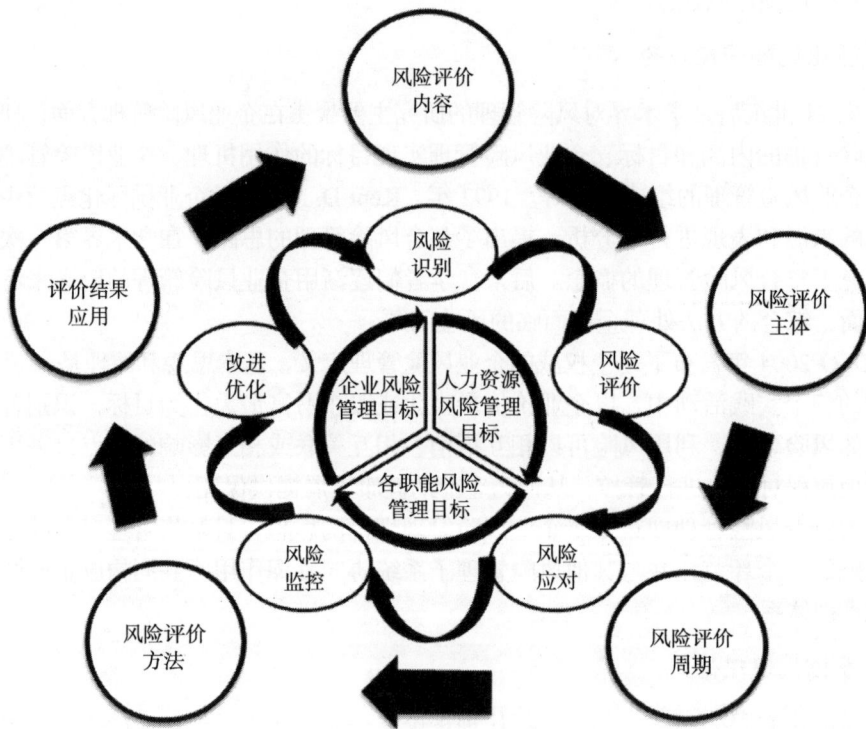

图 3-1 组织的人力资源风险管理模型

首先，树立风险管理理念，明确人力资源风险管理的目标及层次。在《全面风险管理——整合框架》中，将ERM设计为一个三维立体框架，主要包括目标体系、管理要素和主体单元三部分，而且将目标层面提高到指导企业经营活动的高度。基于ERM的理念，人力资源风险管理的目标层应包括（图3-1中最里面一环）：企业风险管理目标，是较高层次的目标，与企业的战略相关联并支撑其战略目标的实现；人力资源风险管理目标，是企业风险管理目标分解到人力资源的目标，保证企业层面的目标能够实现，为企业开展有效的人力资源风险管理提供依据；各职能风险管理目标，是指人力资源各职能模块的风险管理目标，实质是人力资源风险管理目标在人力资源的各个环节上的目标。在企业资源风险管理框架中，企业要想长期保持人力资源优势，必须把风险管理目标作为首要考虑的目标，并以此为根本进行目标的分解。合理制定人力资源风险管理的目标及其层面，将是后危机时代人力资源风险管理的重要前提与基础保障。

其次，规范风险管理流程，形成人力资源风险管理的动态循环。ERM 理念强调的是包括风险识别、风险评价、风险应对、风险监控和改进优化等基本环节的周而复始的循环（图 3-1 中间一环），而并非一个独立的有始有终的过程。当前，企业的人力资源风险管理的重点在于事前的风险防范和事中的风险监控；企业需完善数据记载机制，加强数据分析与合理利用；企业必须强化事前风险防范意识，通过密切的效果监测和持续的系统优化以确保人力资源风险管理系统的有效运转。该模式要求公司内部要对在职人员，特别是重要岗位员工进行公开的定期、不定期的业绩考核或心理测试，加强对员工职业素养的培训与提高，完善新员工的培训机制和在职员工的考核机制。企业还可聘请专业调查公司对重点岗位员工进行定期保密调查。

最后，建立健全风险管理体系，明确人力资源风险评估构成要素。企业人力资源风险管理中最严重的几类问题包括黑单、泄露公司机密、劳动关系纠纷等。这类风险事件主要是因为企业没有建立必要的人力资源风险管理体系。风险评价是风险管理中最为重要的一环，因此建立健全风险管理体系的必要条件就是完善风险评价的各个构成要素。基于 ERM 的人力资源风险评价要素包括风险评价内容、风险评价主体、风险评价周期、风险评价方法以及评价结果应用等方方面面。在评价内容方面，人力资源风险评价的内容包括对风险事件发生的可能性和严重程度的评价；在评价主体方面，人力资源风险评价的主体应包括各层管理人员以及部分技术人员，企业应将人力资源风险管理看做企业整体、各部门以及各业务单元全员参与的一项活动，这就要求企业应充分重视风险管理制度建设，合理界定不同主体在人力资源风险管理中的责任，建立相应的问责机制；在评价周期方面，企业应根据自身所处环境及企业能力来确定，评价周期过短可能会导致近期误差，而评价周期过长则会降低人力资源风险管理系统的敏感性；在评价方法方面，人力资源风险管理应更强调风险的整体测量与管理，企业可在借鉴 ERM 方法和技术的基础上整合多种风险管理方法和策略，积极、有效地应对不同形式的人力资源风险；在评价结果应用方面，企业应以风险评价的结果为依据，制定相应的风险管理制度和防范措施，以保证良好的风险管理效果，从而实现人力资源风险管理的目标。

## 二、人力资源风险管理的运作流程

人力资源风险管理的运作流程如图 3-2 所示。

```
                      ┌─────────────────────┐
                      │  人力资源风险管理系统  │
                      └─────────────────────┘
                                 ↓
                      ┌─────────────────────┐
                      │    明确风险管理目标    │
                      └─────────────────────┘
                                 ↓
                      ┌─────────────────────┐
         ┌───────────→│     实时信息监控      │
         │            └─────────────────────┘
         │                       ↓
         │            ┌─────────────────────┐
         │            │   建立风险预警数据库   │←──────────┐
         │            └─────────────────────┘            │
         │                       ↓                        │
         │            ┌─────────────────────┐            │
         │            │      风险识别        │            │
         │            └─────────────────────┘            │
         │                       ↓                        │
         │            ┌─────────────────────┐   ┌──────┐ │
         │            │      风险分析        │   │ 可能性 │ │
         │            └─────────────────────┘   └──────┘ │
         │                       ↓               ↗        │
         │            ┌─────────────────────┐──┤         │
         │            │      风险评估        │   ↘        │
         │            └─────────────────────┘   ┌──────┐ │
         │                       ↓               │ 严重性 │ │
      ┌──────┐              ◇─────────◇          └──────┘ │
      │ 正常状态 │←───────────┤  判断   │                   │
      └──────┘              ◇─────────◇                   │
         ↑                  ┌────┴────┐                   │
         │          ┌──────┐          ┌──────┐            │
         │          │ 警戒状态 │         │ 危机状态 │          │
         │          └──────┘          └──────┘            │
         │              ↓                 ↓               │
         │          ┌──────┐          ┌──────────┐  ┌────┐│
         │          │ 预警信号 │         │建立危机管理小组│  │优化││
         │          └──────┘          └──────────┘  │改进││
         │              ↓                 ↓          └────┘│
         │          ┌──────┐          ┌──────────┐    ↑   │
         │          │ 风险控制 │         │  分析原因  │    │   │
         │          └──────┘          └──────────┘    │   │
         │              ↓                 ↓            │   │
  ┌──────┐      ◇─────────◇  ┌──────┐ ┌──────────┐   │   │
  │良性趋势│←────┤ 效果检验 ├→│恶性趋势│ │  风险应对  │───┘   │
  └──────┘      ◇─────────◇  └──────┘ └──────────┘       │
                                          ↓               │
                                       ┌──────────┐       │
                                       │  风险控制  │───────┘
                                       └──────────┘
```

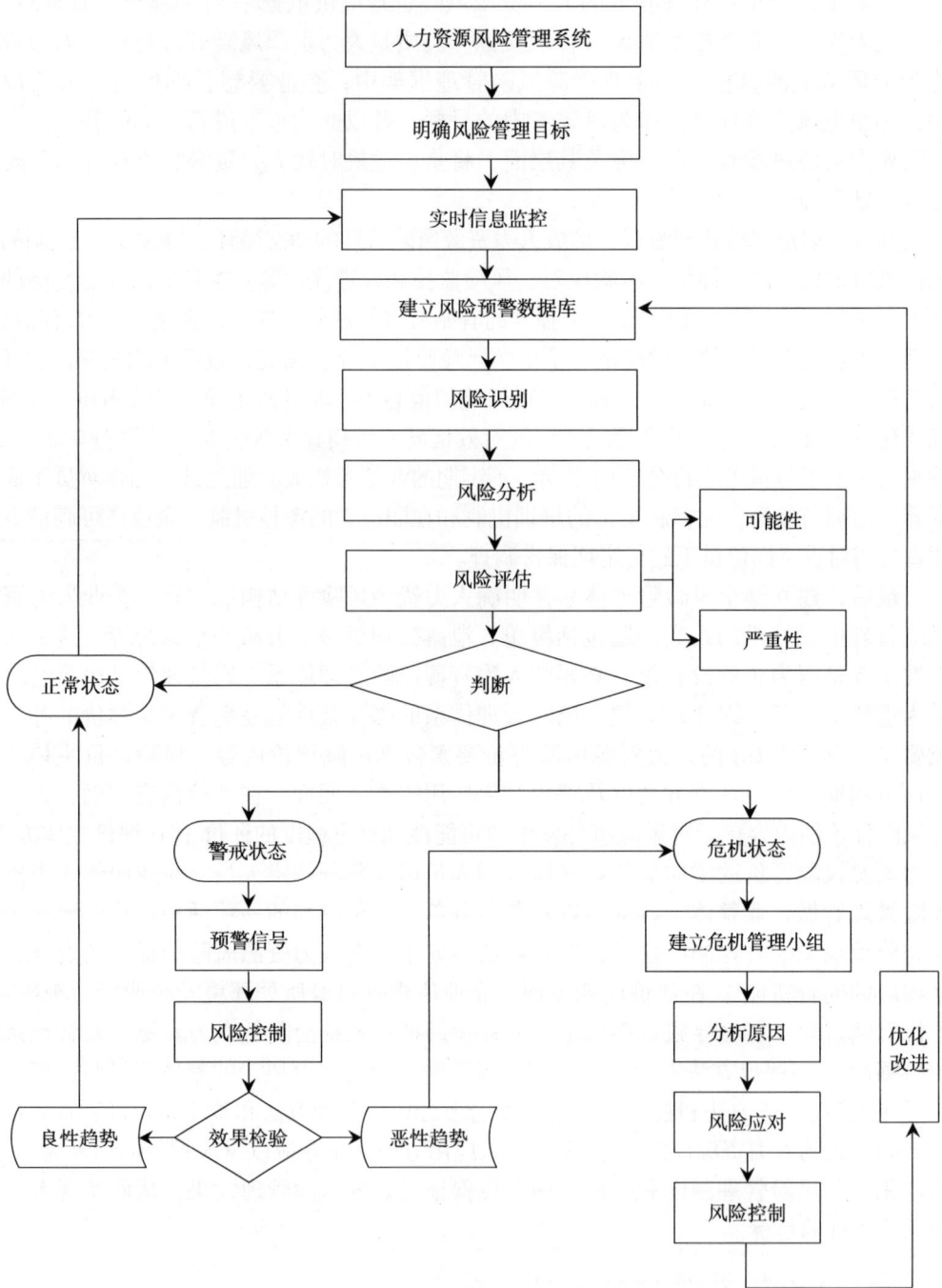

图 3-2  人力资源风险管理的运作流程

企业首先要建立自己的人力资源风险管理体系，包括明确管理主体、管理方式及管理功能等，通常由人力资源管理部门负责构建。接着根据企业战略目标的分解，明确人力资源风险管理目标，这是企业组织进行人力资源风险管理的必要前提。明确目标后，开始对人力资源管理过程进行风险识别与风险分析，选择需要重点监控的风险构建风险预警数据库，并对此数据库进行实时监控。风险要从可能性与严重性两个维度进行评估，若评估值为正常，则继续进行实时监控；一旦评估结果超出正常值，要先判断其异常状态，若是警戒状态，要发出预警信号，并采取相应控制措施，直到其评估值恢复正常为止；若是危机状态，则要建立危机管理小组，针对风险分析其发生原因，采取相应风险应对措施，通过组织、领导、协调与控制等职能将人力资源风险降到最低。制定相应的风险防范制度，将结果予以反馈，一并更新风险预警数据库，系统开始运行下一个风险管理循环。

# 第三节　人力资源风险管理的原则和内容

## 一、人力资源风险管理的原则

开展人力资源风险的预警管理需要遵循以下原则。

### 1. 科学性原则

人力资源风险管理具有一定的科学规律，要在各种科学原理的指导下，对所搜集的信息进行科学的分析与综合，找出导致组织风险的主要、次要因素和内外环境因素及内在的客观规律，在尊重科学的基础上，实施可行的预防和补救措施。

### 2. 系统性原则

人力资源风险管理是一个系统，它不能独立于组织其他预警管理系统而存在，它与其他预警系统应该是相互支撑的关系。另外，这一系统中也存在多个相互之间有机联系的要素，这些要素互相依存、互相影响。组织在实施人力资源风险管理时，应该充分考虑与之有影响的内外部因素，如组织的战略使命、组织结构、人员的需求层次分析、价值观等各个方面，才能使整个系统功能达到最优。

### 3. 预见性原则

人力资源风险管理本身就具备预测和预报的功能，以防止人才流失、组织动荡等风险。因此，在事态发生之前应建立起应对的程序，通过指标监测，对组织风险进行识别、诊断和评价，及早地做出预警、预控对策准备。

### 4. 可行性原则

人力资源风险管理归根到底是为了预防组织危机、降低组织人才管理风险而建立的。因此，必须根据组织的实际情况，有针对性地开展预测预报工作，并且保证每项数据或信息的搜集和监测都便于操作，而不能使管理成本超出危机发生带来的损失，否则得不偿失。

## 二、人力资源风险管理的主要内容

人力资源风险管理的主要任务和内容包括风险识别、风险评估、风险应对及日常监控几个部分，如图 3-3 所示。

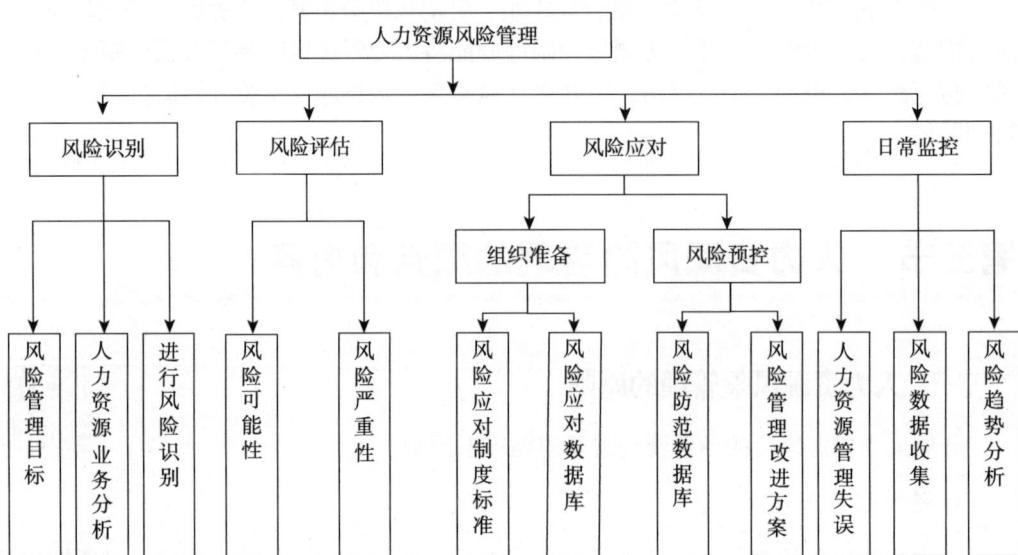

图 3-3　人力资源风险管理的主要内容

### 1.人力资源风险识别

人力资源风险识别是组织进行人力资源风险管理的重要部分，是人力资源风险应对的基础保证。识别是通过对监测信息的分析，应用预警指标对组织人力资源管理和风险状态进行判别，主要可以分为确定风险管理目标、进行人力资源业务分析以及识别人力资源风险三部分内容。

### 2.人力资源风险评估

人力资源风险评估对已被确认的风险和危机征兆进行损失性评价，明确组织在这些现象冲击下会遭受什么样的打击。诊断和评价是技术性的分析过程，为组织采取预控对策或危机管理提供科学的判识依据。

信息化管理越来越广泛地应用于人力资源管理中，人力资源风险管理也要借助这一高效的工具。人力资源风险管理信息系统包括信息采集、指标体系、信号输出和对策库等几大模块。信息采集是该系统的基础，用于全面、及时记录和收集组织人力资源管理过程中波动和失误的发生背景、发展过程与后果影响，并列出各种现象的分布领域和作用范围，然后将其表述为逆境现象的主要特征量。然后，应用科学的指标体系进行监测并实现程序化、标准化、数据化。因此，预警指标是对警情状况进行测度的基本工具。由于多数预警指标具有模糊性，可采用多级模糊评价法进行综合评价，对体系中的各指标赋权，将其综合评价值转化为图形的形式，比较直观地表述出来，这就是预警信号输出。

### 3. 人力资源风险应对

人力资源风险应对是根据预警分析的结果，对组织人力资源管理问题的早期征兆进行及时矫正与控制的管理活动，包括组织准备和风险预控两个部分。

#### 1）组织准备

组织准备包含对策制定与实施活动所需要的制度、标准、机制等软环境。其目的在于为预控对策提供必要的组织手段，也为人力资源风险管理提供组织训练及模拟危机管理。组织建设将服务于整个预警系统的全过程。例如，为防范人才流失，制定人员流失风险管理的制度和办法，为预控对策活动及危机管理提供组织保障。

#### 2）风险预控

人力资源风险管理涵盖早期的风险预控到晚期的危机管理的全过程，特别是在人力资源陷入危机状态时，风险的预控显得尤为重要。此时的危机管理是指日常监控活动无法有效扭转人力资源管理问题的恶性发展，组织陷入危机状态而采取的一种特别管理活动。它是在组织人力资源管理系统已经失去控制下，以特别的危机策略、管理手段、应急措施参与到组织的人力资源管理活动之中，其主要内容是危机策略的制定、危机状态的管理机制与应急对策的实施和完成。在处理危机时要遵循以下主要原则，即未雨绸缪原则、快速反应原则、真诚坦率原则、维护信誉原则。要有事前危机调查和危机预测的计划，拟订好危机管理方案；成立危机控制和检查小组；确定可能受到影响的人员；为最大限度减少危机对企业声誉的破坏，建立有效传播渠道；在指定危机应急计划时，可倾听外部专家的意见；把有关计划落实成文字，并不断进行演习；平时还要对有关人员进行特殊训练。

### 4. 人力资源风险日常监控

人力资源风险日常监控是对风险预警分析出的问题进行日常监测与控制活动，具体可包括人力资源管理失误、风险数据收集及风险趋势分析等。其主要任务之一是对人力资源风险管理中的非优状态进行规避和化解，防止其扩展蔓延，并促使其恢复到正常状态。日常监测主要是针对绩效考核、培训教育以及人才流失等方面进行监测。例如，绩效考核工作不力是许多企业人力资源管理中的普遍问题，需要采取标本兼治的方法，综合采用定性和定量的多种方法，建立敏感、可靠的评价标准，提升绩效考核的准确性。日常监测还包括人力资源危机模拟，如果在日常监控中发现问题并难以控制，人力资源管理问题可能继续恶化，导致危机出现，可对其进行假设和模拟，并提出针对性对策方案，为组织未来的危机管理做好充分的准备。

# 第四节　人力资源风险评估指标体系

## 一、人力资源风险评估指标选取原则

### 1. 针对性强

要求指标提炼那些对特定员工需要重点监控的、针对性极强的指标，充分体现监控对象的性质和特点，有效反映员工在职状况。

### 2. 灵敏度高

要求指标能准确敏感地反映人力资源行为风险，及时反映人才安全方面的真实状态。

### 3. 含义明确

要求设计的指标在描述时用词准确、含义清楚、避免歧义，同时应该指出指标的监测方法和如何验证其真实性及有效性。

### 4. 可比性强

设计的指标能对同一个员工不同时间段进行纵向比较，对同工种不同员工在同一时间段可以横向比较。这样可以得出监测对象的相对安全值域。

## 二、人力资源风险评估指标体系的构建

针对可能引发人力资源风险的影响因素，可以从人力资源组织、人力资源开发和人力资源管理三个方面来提炼评估指标。当然这只是评估指标的第一层面，还有第二层面及第三层面等，视组织的具体状况和预警精度等具体需求而定。越到深层，指标的操作性也越强，监测效果越明显，越能反映出组织人力资源管理的状态。

本书通过对国内 200 多家企业进行问卷调查，设计了被企业管理人员认可的人力资源风险评估指标，并将之按认可的比例依次排列，如图 3-4 所示。

## 三、评估指标设计的含义及测量方法

根据各个组织的实际情况差异，人力资源风险评估指标在数量和含义上应该有所不同。而且，并非每一个指标都可以量化。虽然定量指标的预警值域可以根据历史数据等进行确定，但不能仅以数量这一维度作为监测标准，还要综合考虑时间维度、成本维度等。另外，同样是员工，可能因为其年龄、工作年限、职务等级等的不同需要不同的监测指标。评估指标在不同的部门、不同的阶段，监测的重点也不同。这就需要组织结合自身的实际，确定出有针对性的指标，对需要重点关注的员工进行监控，而不是面面俱到、舍本逐末，浪费人力物力。表 3-1 是人力资源风险评估指标的含义及测量方法。

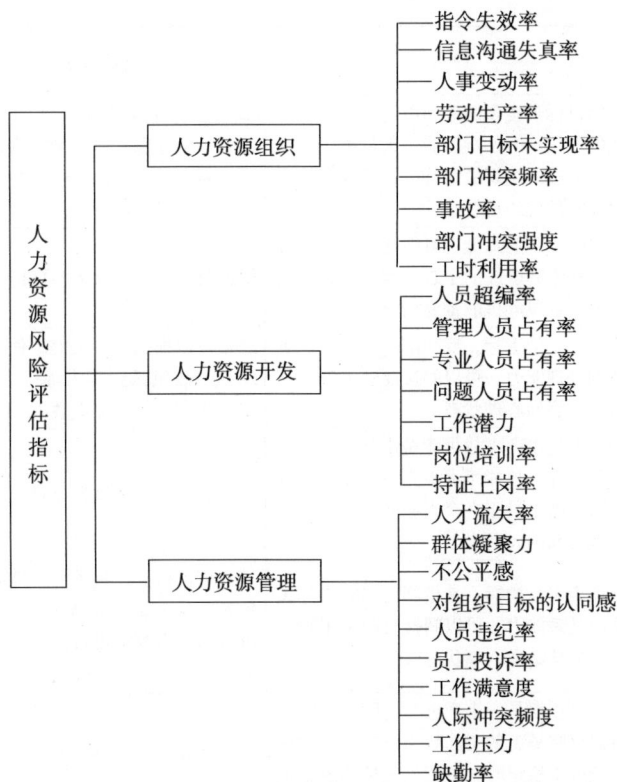

图 3-4　企业人力资源风险评估指标体系

表 3-1　人力资源风险评估指标的含义及测量方法

| 一级指标 | 二级指标 | 说明 | 测量方法 | 值域范围及性质 |
|---|---|---|---|---|
| 人力资源组织 | 指令失效率 | 指令失效是指公司的领导或管理者发出的工作指令不能得到有效落实，这可能是因为员工感到自身利益受损、信息传达失真或员工因为工作不满意而故意产生的抵触行为。该指标可以反映出员工对管理层的信赖程度 | 可以采用关键事件记录法，对重大的指令失效事件进行记录 | 1~5 定性指标 |
| | 信息沟通失真率 | 该项是指员工传达或汇报工作信息时人为地造成故意延误、删减内容等，一般是因为员工对工作不满意的报复行为或工作心不在焉而导致信息沟通失真 | 可以定性地考察员工传达信息的准确性、及时性，考察员工是否在规定时间内把相关信息传达给相关人员 | 1~5 定性指标 |
| | 人事变动率 | 该项为定量指标，主要用于测评组织在一定时间内关键岗位发生的非客观原因造成的人事变动情况，如人员流失、其他岗位发生空缺而零时调动等 | 人事变动率＝关键岗位人事变动人次数／关键岗位总人数 ×100% | [0，100%] 定量指标 |

续表

| 一级指标 | 二级指标 | 说明 | 测量方法 | 值域范围及性质 |
|---|---|---|---|---|
| 人力资源组织 | 部门目标未实现率 | 部门目标未实现的原因可能由于外部环境的变化，但是也可能是人员由于工作不满造成的主观故意行为，这是衡量人力资源危机的重要指标 | 部门目标未实现率＝部门目标与总目标的差额（可以换算为财务指标，或者利用打分的方法得出数值）／总目标×100% | [0，100%] 定量指标 |
| | 劳动生产率 | 劳动生产率的降低也可能是由于人员由于工作不满造成的主观故意行为，是衡量人力资源危机的重要指标 | 根据公司的相关财务指标得出 | [0，100%] 定量指标 |
| | 部门冲突频率 | 该项为定量指标，反映部门之间合作关系的处理能力，可以间接反映主管、员工的情绪和心理状态 | 通常可以根据一些关键事件如公开争执、故意诋毁别人等行为得出，表示为"部门冲突次数／月或年" | 根据历史资料确定值域 定量指标 |
| | 事故率 | 公司发生生产事故可能是由于工作人员玩忽职守、技能培训不到位等。该指标可以反映出员工在个人职业道德、工作技能方面的问题 | 采用关键事件法进行记录 | 1~5 定性指标 |
| | 部门冲突强度 | 该项为定性指标，是指部门之间人际关系的处理能力，可以间接反映出主管、员工的情绪和心理状态 | 通常可以根据一些关键事件如公开争执、故意诋毁别人等行为得出，可设为5个等级进行监测，分别是低、较低、一般、较高、高 | 1~5 定性指标 |
| | 工时利用率 | 工时利用率是一个产出与时间的比值，可以反映员工的工作效率，当工作效率降低或不稳定时，可能是人员的思想发生波动或有离职倾向 | 根据公司的相关财务指标得出 | [0，100%] 定量指标 |
| 人力资源开发 | 人员超编率 | 是考察公司是否人浮于事、机构臃肿，该指标是一个相对指标，需要根据公司的具体情况做出判断，也可以通过试验来考察人员是否满负荷工作 | 可以通过问卷调查人员的工作负荷、工作潜力等，间接反冗员情况 | [0，100%] 定量指标 |
| | 管理人员占有率 | 该项是一个相对指标，即管理人员与整个组织运行的适应性，具体情况必须参考企业实际和业内普遍状况 | 通过调查、外部专家咨询和员工的反映得出与组织运行相对适应的一个管理人员数量 | [0，100%] 定量指标 |
| | 专业人员占有率 | 该项是一个相对指标，即专业人员与整个组织运行的适应性，具体情况必须参考企业实际和业内普遍状况 | 专业人员占有率＝专业人员人数／总人数，再通过调查和咨询进行修正 | [0，100%] 定量指标 |
| | 问题人员占有率 | 该项是一个相对指标，是指那些与公司的发展理念严重违背、故意诋毁公司领导层等不利于公司发展的人员。该指标不易测量，但可通过观察人员的风险行为得出 | 通过匿名调查、领导谈话等发现此类人员 | [0，100%] 定量指标 |
| | 工作潜力 | 该指标是指工作的难度如何、工作内容与员工的能力的匹配性如何，一般情况下，如果工作要求远在员工能力之上，则容易让员工感到工作压力过大，而如果没有挑战性，则容易造成人才流失 | 可以通过相关员工对工作挑战性的主观感受评断得出评价 | 1~5 定性指标 |

| 一级指标 | 二级指标 | 说明 | 测量方法 | 值域范围及性质 |
|---|---|---|---|---|
| 人力资源开发 | 岗位培训率 | 该指标是指企业为员工提供的知识、技能培训的频度和效果，反映企业对员工可持续发展、避免"精力枯竭"的投入程度，可以成为吸引和留住员工的重要因素 | 可以参考企业提供的培训的频度、培训范围、培训水平和效果等，但培训并不是越多越好，而是有针对性，注重效果 | 1~5 定性指标 |
| | 转正上岗率 | 该指标是指对技术型员工的要求程度，如果员工不能达到技术要求而上岗，轻则造成人员压力大、出错多，重则可能造成生产事故 | 转正上岗率＝单位时间内转正上岗人数／总人数 ×100% | [0，100%] 定量指标 |
| 人力资源管理 | 人才流失率 | 该指标反映公司不正常的人才流失情况，是人力资源危机的重要指标 | 人才流失率＝人才流失人数／关键岗位人才总数 ×100% | [0，100%] 定量指标 |
| | 群体凝聚力 | 该指标是一个定性指标，反映组织内部人员相互之间的信赖程度、团队合作精神等 | 可以通过问卷、谈话等调查部门内部、部门之间人际关系情况 | 1~5 定性指标 |
| | 不公平感 | 该项为定性指标，是员工对个人所得与他人所得比较后的主观感受 | 可通过问卷调查、访谈等方法对员工进行调查，设置弱、较弱、一般、较强、强 5 个等级来进行测评 | 1~5 定性指标 |
| | 对组织目标认同感 | 该指标反映员工对组织的认同。高的认同感可以提高工作效率，低的认同感容易产生人员流失 | 可以通过问卷调查、领导谈话等反映 | 1~5 定性指标 |
| | 员工违纪率 | 该指标反映员工主观故意违纪的情况，是人力资源危机的敏感指标 | 员工违纪率＝员工违纪人次数／总人数 ×100% | [0，100%] 定量指标 |
| | 员工投诉率 | 该指标反映员工对公司不满意的申诉情况。通常良好的申诉渠道可以缓解员工与组织的矛盾冲突，降低人力资源风险 | 员工投诉率＝员工投诉人次数／总人数 ×100% | [0，100%] 定量指标 |
| | 工作满意度 | 该项为定性指标，是反映员工对工作的整体评价，包括各种物质所得、人际关系及物理环境等 | 可设置问卷、满意度量表进行测评，并把员工的满意度分成不满意、不太满意、一般、较满意和满意 5 个等级进行测评 | 1~5 定性指标 |
| | 人际冲突频度 | 该项为定性指标，是指员工的人际关系的处理能力，可以间接反映出与员工的情绪和心理状态 | 通常可以根据一些关键事件如公开争执、故意诋毁别人等行为得出。可设为 5 个等级进行检测，分别是低、较低、一般、较高、高 | 1~5 定性指标 |
| | 工作压力 | 该指标反映员工的工作负荷情况，如果压力过大，可能导致人员流失 | 可设置问卷、压力度量表进行测评 | 1~5 定性指标 |
| | 缺勤率 | 该项为定量指标，是对员工到岗情况的反映 | 缺勤率＝（缺勤天数／工作天数）×100% | [0，100%] 定量指标 |

对具体组织而言，人力资源风险评估指标体系还要根据组织所在行业的特殊性进行筛选和完善，使指标体系以最小指标集合反映出最完善的信息。另外，监测的周期要合理，太短不能反映状况，太长则可能使监测值由警戒区域进入危机区域，给企业带来不

必要的损失；对于评价等级也要根据具体情况设置，及时采取预控对策，才能避免人力资源管理风险叠加放大。

## 案例讨论

### 万里运输集团公司的人力资源管理

万里运输集团公司成立于 1996 年，是从事经营旅客运输、货物运输、集装箱运输、城市出租车、汽车维修、驾驶培训、房地产开发等业务的全民所有制大型企业，注册资本为 4 500 万元。机关设有行政办公室、经营处、客运部、财务处等 12 个科（处）室。

### 一、企业人力资源的基本现状

#### （一）企业人员概况

万里运输集团公司在编职工总数 1 760 人，其中离退休 540 人。目前在岗职工 670 人，其中高层领导 15 人、中层领导 100 人、一般管理人员 120 人、工人 435 人。在岗专业技术人员有 150 人。目前不在岗职工共 1 090 人，其中办理内部退休人员 120 人，进入再就业中心 430 人。

#### （二）企业干部团队结构

**1. 年龄结构**

企业中年龄在 35 岁以下的干部将近占三成，36~45 岁的干部超过四成；55 岁以上干部占 17%，30 岁以下的干部偏少。

**2. 学历结构**

企业中有 1 个文化程度在本科以上的干部，大专文化的占 36%。员工们反映，大学毕业生不愿到本企业工作，来了的也留不住。干部中高中文化程度的占 26%，初中文化程度的占 13%。

**3. 职称结构**

企业中有职称人员占全体干部的 46%，高级职称的仅有 1 人，中级职称人员仅占一成。

### 二、企业干部任用现状

#### （一）干部任免与考察规定

《万里运输集团干部任免和管理规定》明确了选拔任用干部的原则：党管干部原则；德才兼备、任人唯贤的原则；群众公认、注重实际的原则；公开、平等、竞争、择优的原则；民主集中制的原则；依法办事的原则；能上能下原则。该规定还强调了选拔任用干部的条件：拥护党的领导，拥护党的基本路线，能执行党的方针、政策，遵纪守法；有较强的事业心和责任感，有较强的改革意识、竞争意识、信息意识和效益意识，有实践经验；有胜任岗位的组织能力、专业水平和专业特长；能实事求是，开拓创新，做出实绩；一般要有中专以上的文化水平；一般要求逐级提任，并在下一级岗位上任职 2 年以上，但表现优秀或工作特殊需要可以破格提任。该规定宣布了任免干部的方式：党群干部采取委派和选举方式，分公司经理以下管理干部采用聘任方式；干部职数和职级由党委会根据经理办公会批准设置的机构和工作需要确定；聘任干部一般为 2~3 年，职务变动依据工作需要和个人表现决定。

#### （二）员工竞聘上岗办法

万里运输集团下属客运中心公司根据生产经营和结构调整，成立以总经理为组长的竞聘上岗和人员安置工作小组，开展岗位竞聘和员工分流工作。明确了岗位设置，定岗 170 人，应聘岗位 100 人。采取文化考试（占 30%）、职工代表测评（占 30%）和组织考评（占 40%）相结合的办法，综合总分后以岗位为类别，从高分到低分，择优录取，并将竞聘者的各项分数张榜公布。这次竞聘是对原有员工选拔制度的变革，体现了"公平、公正、公开"的原则，选拔出一批较高素质的基层干部和员工。但有的职工反映，副处级以上的中层干部，也应该竞聘上岗。

### （三）企业干部任用情况

万里运输集团公司选拔任用中层以上干部，主要考察三点：一是实际工作能力，如二级公司经理最重要的是能否完成生产经营指标；二是交际能力，尤其是对外社会交往的能力；三是对企业决策层的忠诚。

有的干部反映，企业在任用中层干部的问题上有失误。例如，个别领导认为在站务管理上"只有流氓才管得住流氓"，曾任命某劳教人员担任原站务公司副经理，此人与社会上三教九流来往密切，引起了内部员工的不满，造成了不良的社会影响。经调查，了解到二级公司的用人权下放，二级公司经理有权任用下属干部；目前没有公车，而私车挂靠实难管理；站务管理对象庞杂，公司已没有稽查权，靠正常的管理手段难以奏效；此人虽有过劣迹，但"上任后有敬业精神，工作力度较大"。后来，在组织部门对干部考核的过程中，由于发现此人与黑社会有瓜葛，有欺行霸市的行为，群众反映强烈，故予以免职处理。

总体来看，企业在因岗配人时缺乏客观依据，存在靠关系、走后门晋升的现象。虽然有些岗位经过竞聘上岗，但在实际操作中，对有的未达到聘任条件的对象，往往以种种理由搞迁就照顾，降低聘任条件。

## 三、企业员工绩效考核现状

### （一）机关干部实行工作责任制考核

机关干部实行工作责任制考核，有定期和不定期两种考核方式。对于共性目标，如果"按时保质保量完成机关考核组对各处室提出的当月（季）专门任务"没有完成，则处室主要负责人和责任人共同承担责任，每人当月工资下浮 10%；如果是其他共性目标没有完成，则责任人承担主要责任，处室负责人连带受责，具体为发现一次责任人扣 10 分，主要负责人扣 5 分；对于个性目标，实行百分制考核，具体为每少一分，责任人和主要负责人当月工资下浮 0.5%；如果处室的各项指标全部达标，则会给予奖励，具体标准由经理办公会议决定；至于考勤管理，如会议缺席、上班迟到、早退、溜岗或是旷工等行为，对责任人和主要负责人进行罚款处理。根据调查，在实际执行过程中，标准有些松动，如上班迟到 15 分钟以内不算，经处室负责人同意外出"办事"不算。

### （二）二级公司实行经营目标责任考核

二级公司实行经营目标责任考核。例如，货运公司会与各车队签订一份目标责任书，大致包括上交额、安全生产、作业率及社会治安综合治理和计划生育等指标。考核实行百分考核制，具体分配是上交额按 60 分考核，安全生产四大指标按 15 分考核，作业率按 10 分考核，社会治安综合治理和计划生育按 15 分考核。公司会根据年终考核结果进行奖惩分配。

### （三）客运中心公司站务员试行星级服务考评

2001 年，万里运输集团下属客运中心公司发布了《站务员试行星级服务考评办法的通知》，明确规定客运中心公司站务员试行星级服务考评的共性指标，以及高客服务组、站前秩序、普服组、票房、广播组、行包房、运量组、总服务台、调度组、保安队等的个性考核指标、标准分和考核标准。

站务员星级服务制将站务员分为见习、一星级、二星级、三星级、四星级、五星级六个等级，实行百分考评制度，其中包括考核（50%）、考试（30%）和评议（20%）三部分。其中，考核部分主要从服务质量、环境整洁、举止仪容、工作纪律、业务技能等五方面进行考核；考试部分主要由站务基础理论和操作技能实践考试两部分组成；评议部分由班组互评与评议小组打分共同组成。考核部分共性标准占70分，个性标准（业务技能）占30分。

将考核、考试与评议三部分分数按比例加权，得出最终考评总分。考评标准为见习60~69分；一星级70~79分；二星级80~89分；三星级90~99分；四星级100~109分；五星级110分以上。对于申报四星级、五星级的员工，需参加公司统一组织的普通话、哑语、英语、礼仪知识考试，而且具有电脑或英语等相关专业证书还可以相应加分。星级服务制实行滚动管理制度，根据每次的考核结果决定星级。在试运行过程中，也发现了星级服务制度的一些不足，如共性标准过多，对于有些岗位针对性不够等。但星级服务制度促进了员工之间的竞争与合作，激发了员工的工作积极性，使客运中心管理秩序井然，业绩不断提升。

万里运输集团公司针对不同层次的员工，采用了不同的绩效考核制度和办法，在一定程度上进行了绩效考核的改革创新。然而，在实际实施过程中，还是存在一些问题的。例如，企业内部员工"近亲繁殖"，一家几口人都在公司就职，加之主管局、工商、税务的关系盘根错节，出现人际关系泛化现象；虽然有考核指标与标准，但在考核过程中，领导碍于情面，即使发现问题也没有扣分，导致考核制度难以落实；对机关干部的考核方法过于简单，流于形式；进行考核的员工本身素质不佳，考核时难以客观公正地评价员工的工作绩效；等等。

## 四、企业员工激励现状

### （一）上层领导实行年薪制

《2009年集团岗位工资标准的调整及考核办法》制定了集团领导的收入标准：总经理、党委书记月岗位工资4 070元，年风险工资22 500元，风险押金22 500元；副总经理、党委副书记月岗位工资3 240元，年风险工资18 000元，风险押金14 400元。以总经理为例，年薪为75 000元，其中风险工资占30%，风险押金占30%，年底完成经营目标后，才能得到风险收入。

### （二）机关干部员工实行岗位工资制

机关干部员工实行岗位技能工资制度，中层以下干部实行岗位工资制，标准目前调整为：正处级3 250元，副处级2 950元，管理人员分别为700元、600元和500元。例如，财务处处长等正处级干部，每月工资均为3 250元，只要达到基本工作要求，就可以拿到工资，但干得再好，也没有奖金；年终奖基本上是正处级1 500元，副处级1 000元，其他管理人员500元。

### （三）二级公司实行经营目标责任制

二级公司经营负责人按上缴公司的资产管理费、折旧费、社会统筹费等全部上缴的数额计提工资，具体标准是：

1年上交费额300万元以上，计提率1%，年收入最高限额10万元，月发岗位工资3 500元，年风险工资为计提后的工资总额减年发岗位工资额。

2年上交费额150万~299万元，计提率1.5%，年收入最高限额5万元，月岗位工资3 500元，年风险工资为计提后的工资总额减年发岗位工资额。

3年上交费额1万~149万元，计提率2%，年收入最高限额45 000元（保底39 000元），月发岗位工资3 250元，年风险工资为计提后的工资总额减年发岗位工资额。

二级公司的其他管理人员年初签订经营目标责任制，工资、奖金按集团规定执行；年底完成任务按交款额的0.4%进行奖励，所超款额，按实际到位资金对责任单位按10%奖励。

## （四）客运中心公司站务员试行星级工资

万里运输集团下属客运中心公司试行《站务员试行星级服务考评办法》，将工作考核、考试、评议相结合，得出考评总分，确定星级；站务员将按不同星级得到相应的工资奖金，其标准如表3-2所示。

表3-2　各星级站务员工资奖金分配标准

| 级别 | 岗位工资／元 | 奖金系数 | 工资浮动考核系数 |
| --- | --- | --- | --- |
| 见习站务员 | 350 | 0.5 | 0.6 |
| 一星级 | 450 | 0.8 | 0.8 |
| 二星级 | 550 | 1.0 | 1.0 |
| 三星级 | 900 | 1.1 | 1.1 |
| 四星级 | 1 250 | 1.2 | 1.3 |
| 五星级 | 2 000 | 1.3 | 1.5 |

星级评审程序公开，形成了公平竞争的氛围，拉开了各星级收入的标准，改变了干好干坏一个样的弊病，不仅能使站务员得到物质上的奖励，而且激发了他们的荣誉感。星级服务考评制度的试行，使企业向规范化管理迈出了可喜的一步。

讨论题：

1. 万里运输集团公司干部团队结构对企业经营管理会有什么影响？
2. 请对万里运输集团公司人力资源风险进行识别和评价。
3. 请提出企业人力资源风险管理的对策方案。

## ➤课后习题

1. 人力资源危机处理的原则是什么？企业应该如何运用危机处理的原则处理危机？请结合实际案例进行说明。
2. 请简述企业进行人力资源风险的流程，并结合实际企业谈谈进行人力资源风险管理的必要性。
3. 案例分析题。

### 富士康粗放管理引发的冲突

2012年以精细管理闻名的富士康郑州工厂传出数千名员工停工的消息。为何富士康这家全球最大代工企业屡屡出现管理混乱的问题？

此次罢工有数百人直接涉及冲突，而另有3 000~4 000人以坚持不上班来表示抗议，持续时间将近两天。这次罢工的起因在于国庆放假制度执行不力，包括生产iPhone5的部分厂区生产线并未安排放假。而在富士康正常工作日工资与假期工资有很大区别，国庆3天不放假会给加班的员工带来相当大的收入损失。10月5日冲突爆发了，大批员工涌向富士康管理层办公区抗议。

在"富士康数千人停工"的消息还未平息时，郑州富士康厂区已经恢复了平静。厂区门口设立的许多招工摊点接待着三三两两前来问询的人，除地方政府劳动局人员外，富士康工作人员也参与了招工，王春陪正是其中一员。10月6号他接到厂区一些停工员工的电话和短信，要求他一起参与停工。共有3 000~4 000人拒绝加班，直到10月6日晚上，仍有许多人拒不上班抗议。

在富士康，新入职普通员工的基本月工资为1 800元。扣除住宿费之后，员工只有加班才能保证收入。越加班挣钱就越多，而不加班则收入微薄。即使制度要求员工每周休息一天，而加班属于自愿。但在赶工时，加班措施是强制的。加班已是常态，不加班才会是麻烦。如果每天下达的任务完不成的话，基层管理人员往往会被批评，甚至有可能调到别的地方。同时，基层管理人员的奖金与负责的生产线的业绩挂钩。如果一个人不加班，带来的后果可能是整个生产线业绩的降低，这是由生产线的连续性决定的，一旦某个环节出现滞后，将有可能拖慢与其他环节的匹配度。流水线上工作人员机械式的重复造就的娴熟而高效的操作是一时不可替代的。基层管理人员希望整个生产线一起加班，假如年轻员工需要请假，矛盾就发生了。由此看来，此次罢工并非偶然。

富士康选择与当地劳动局合作以缓解招工难的问题，帮助富士康找到一名工人就可获得富士康的400元补贴。为了帮助富士康招募到足够多的劳动力，河南省政府出台了补贴政策，给到富士康的工作人员每人一次性补贴200元。即使这样，招工也不容易。

思考题：

（1）富士康最大的人力资源风险是什么？

（2）富士康应该如何提早识别风险？又应该如何评估这种风险？

（3）富士康应该如何管控人力资源风险？

# 参 考 文 献

别俊容，于彬，卢毅，等．2010.基于物元分析模型的企业人力资源风险评价 [J].企业技术开发（学术版），29（12）：93-95，127.

蔡介福，叶燕．2013.企业人力资源管理危与机 [M].广州：暨南大学出版社．

曹细玉，覃艳华．2003.知识型企业人力资源管理过程中的逆向选择和道德风险 [J].科学管理研究，21（2）：92-98.

丁娟娟，郑春梅．2007.构建高新技术企业人才流失预警系统 [J].中国人力资源开发，（1）：41-46.

巩艳芬，孙晓春，张博，等．2003.人力资源评价指标体系与模糊判断 [J].大庆石油学院学报，27（4）：96-98.

黄孝鹏，李德强．2009.基于灰色关联理论和熵权法的企业人力资源风险评价 [J].价值工程,28（4）：120-123.

黄钟仪．2003.企业人力资源决策预警体系的构建 [J].重庆工商大学学报（社会科学版），20（3）：41-43.

贾作广，刘峰涛，李俊．2012.VC背景的创业企业人力资源风险预警研究 [J].科技管理研究，30（16）：120-124.

蒋新，杨乃定，贾晓霞．2004.人力资源社会风险研究 [J].科学学与科学技术管理,25(1):115-119.

李华军，张光宇．2009.高新技术企业知识型员工流失风险管理——基于心理契约的视角 [J]．科技进步与对策，26（8）：153-159.

李健．2000.关于人力资源开发中的预测预警系统研究 [J].天津理工学院学报，16（3）：89-93.

李天勇，戴维阳，尤嘉勋，等．2009.论国有企业人力资源风险管理的策略 [J].现代经济，8（4）：66-69.

刘家国，刘娟．2007.企业人力资源危机预警系统的理论模型的构建 [J].商场现代化，（8）：295-296.

刘家珉，陈家田．2013.人才流失的机制、预警及对策：以北京市国有企业为例的实证分析 [M].天津：天津大学出版社．

刘英茹，张怡梅．2005.论组织危机管理过程中的预警管理 [J].经济研究导刊，（11）：35-37.

罗帆，余廉．2000.企业组织管理预警系统评价指标体系的构建 [J].重庆大学学报（社会科学版），6（2）：56-60.

罗帆，余廉．2001.企业组织管理危机的早期诊断及预警管理 [J].经济理论与经济与管理，31（7）：35.

罗帆，余廉．2003.企业人力资源危机的预警管理 [J].工业工程与管理，12（4）：10-14.

罗帆，赵荔．2008.我国航空公司人力资源危机预警管理系统 [J].武汉理工大学学报（信息与管理工程版），30（1）：157-160.

闵惜琳．2004.人才资源管理危机预警系统研究 [J].系统工程，22（9）：74-77.

秦湘灵，居勇，曾鸣，等．2009.基于云模型的供电企业人力资源风险评价 [J].技术经济与管理研究，（6）：61-63.

佘廉．1999.企业预警管理 [M].石家庄：河北科学技术出版社．

孙航．2010.中小企业如何防范人力资源风险 [J].中国人力资源开发，（6）：33-35.

孙泽厚，李冬梅．2002.人力资源管理中的风险管理 [J].中国人力资源管理开发，（9）：32-35.

王福鑫，任娟．2011.构建文化企业人力资源危机管理预警系统 [J].中国人力资源开发，（6）：46-49.

王薛刚．2002.人力资源风险管理的理论研究与实证分析 [D].武汉理工大学硕士学位论文．

翁晓玲，寇琳．2005.人力资源的灰色预警模型研究 [J].价值工程，24（10）：92-96.

曾德明，张利飞，张运生，等．2006.软件企业 R&D 人力资本投资风险的识别与控制研究 [J].软科学，20（5）：121-125.

张大力．2013.层级结构视角下的企业人力资源危机管理 [J].中国人力资源开发，（7）：34-38.

张德荣．2009.高新技术企业人力资源风险管理研究综述 [J].中国管理信息化，12（3）：79-81.

张兰霞，王俊，张燕，等．2007.基于 BP 网络的人力资源管理风险预警模型 [J].南开管理评论，10（6）：78-85.

张明亲，谢立仁．2004.企业人力资源管理风险预警指标体系的研究 [J].西安工业学院学报，24（4）：403-406.

赵红月，肖慎勇．2013.企业人力资源危机预警模式研究 [J].人民论坛，（23）：74-75.

赵曙明．2012.人力资源管理 [M].北京：电子工业出版社．

周永生．2008.基于内部诱因的企业危机预警评价系统构建研究 [J].科技进步与对策，（3）：15-19.

朱新艳．2006.国有航空公司飞行员流失的预警管理 [J].武汉理工大学学报（信息与管理工程版），28（9）：41-44.

Cui L. 2012. Applying fuzzy comprehensive evaluation method to evaluate quality in crisis and emergency management[J]. Communications in Statistics：Theory and Methods，19（21）：39-42.

Gallagher R. 1956. Risk management：a new phase of cost control[J]. Harvard Business Review，34（5）：75-86.

Mehr R I，Hedges B A. 1963. Risk Management in the Business Enterprise[M]. New York：Richard D. Irwin，Inc.

Miller K D. 1992. A framework for integrated risk management in international business [J].Journal of International Business Studies，23（2）：321-331.

Sardouk A，Mansouri M. 2013. Crisis management using MAS-based wireless sensor networks[J]. Computer Networks，57（1）：29-45.

Schuler R S，Huber V L. 1993. Personnel and Human Resource Management[M]. New York：West Pubishing.

Sitkin S B，Weingart L R. 1995. Determinants of risky decision-making behavior：a test of the mediating role of perceptions and propensity[J]. Academy of Management Journal，（38）：1573-1592.

The Committee of Sponsoring Organization of the Treadway Commission. 2004. Enterprise Risk Management-Integrated Framework，Executive Summary Framework[R].

Williams C A，Heins R M. 1964. Risk Management and Insurance[M]. New York：McGraw-Hill.

# 第四章

# 如何进行人力资源风险评估

## 家族企业的衰落

1988年四川有4个人以3 000元起家从事服装生意，其中有一个人原来在日本留学了4年，学习服装裁剪。成都荷花池市场是全国四大批发市场之一，那时荷花池市场还刚刚起步，做服装生意很辛苦。他们4人租了一间民房，每晚用3台缝纫机亲自剪裁缝制衣服，然后早上5点钟到荷花池市场批发。虽然很辛苦，但是他们依然很努力、很快乐、很团结。

慢慢地，他们的生意做大了，到2000年，其资产已经有1.2亿元，每年销售收入3.5亿元，4人也做了大致的业务分工，曾经留学日本的陈先生管理生产，程先生管理财务，朱先生管理销售，彭先生管理行政。

后来，他们各自的亲戚被安插到厂里，并开始了拉帮结派、明争暗斗。有一次，工厂出了问题，管理行政的彭先生实在忍无可忍，要辞退朱先生的一个亲戚，朱先生得知后非常不满，于是也找机会辞退了彭先生的亲戚。就这样互相争斗，最后导致了分家。

分家之后，4家企业加起来销售额才1.2亿元；那些隐形的损失，如对员工士气和企业形象的不利影响，更是难以衡量。

思考题：

1. 为什么这4人会选择分家？其深层原因是什么？

2. 彭先生辞退朱先生亲戚可能会给企业带来哪些风险？他应该如何评估这些风险？

# 第一节　人力资源风险管理过程

对管理者来说，风险是机遇也是挑战。完全拒绝风险是不可能的，拒绝风险可能导致机遇的流失。通过对风险进行识别与评估，并选取适当的措施减小风险发生的可能性与后果的严重性，是将风险控制在管理者可以接受范围内的重要手段。

有的时候，人力资源风险管理失败的原因并非是由于未能正确识别风险，也并非未能落实处理策略，而是由于处理风险的方法不当；而处理方法的选择往往与风险评估的结果密切相关，即比较准确地把握人力资源风险管理决策中的风险成分和风险程度。所以说，风险评估是整个人力资源风险管理过程中的关键一环。人力资源风险管理的过程如图 4-1 所示。

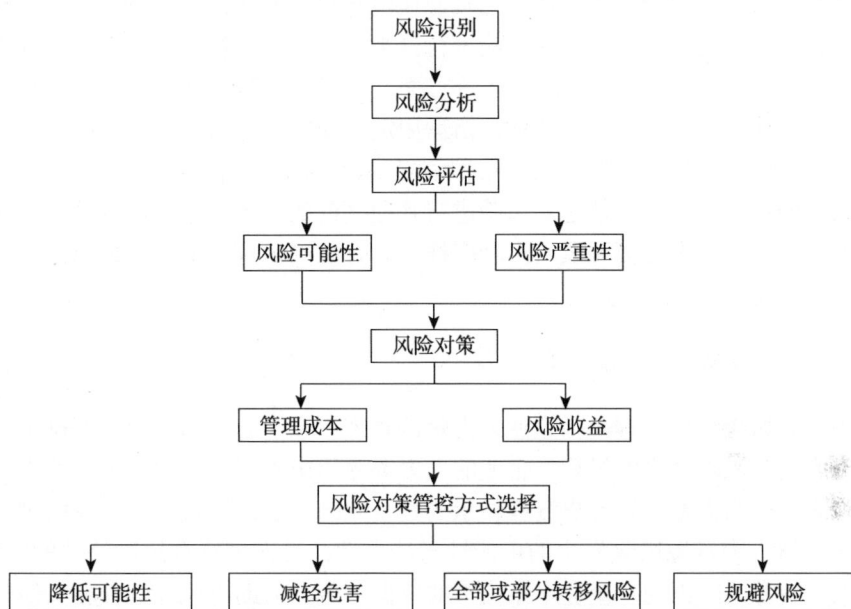

图 4-1　人力资源风险管理的过程

首先进行风险识别。风险识别是指企业通过内外部环境分析，通过收集到的大量信息资源，对风险进行系统、有效的分析，通过专家评价法、鱼骨图分析法等风险识别方法，判断组织所面临的人力资源风险来源，识别可能的风险，并将风险进行归类。其次进行风险评估，将识别出来的人力资源风险放入构建的模型中分析处理，通过风险矩阵或模糊综合评定法等风险评估方法，做出定性和定量的分析，判断人力资源风险对组织目标实现的可能影响，包括风险发生的概率（即可能性）以及风险可能给组织带来的后果（即严重性）。最后，根据风险评估的结果提出相应的风险对策。在考虑各风险对策的管理成本和风险收益的基础上，管理者可以在期望的风险容忍度内，对潜在的人力资源风险选择适当的风险对策管控方式，主要包括降低风险发生可能性、减轻风险的危害、全部或部分转移风险以及规避风险四种。风险评估流程图实质上体现的是对风险的驾驭。

风险驾驭是指管理者解决风险评估中发现的问题，从而消除预知风险的过程。

# 第二节　人力资源风险评估的流程

## 一、人力资源管理风险的识别

### （一）什么是人力资源管理风险识别

风险识别是风险防范的第一步。只有经过识别之后，我们才能用科学的方法来对风险进行衡量，采取预控措施将企业人力资源风险化解在萌芽阶段，减少成本。从人力资源管理全过程的角度，对人力资源风险进行分类，认为人力资源风险主要来源于人力资源规划、招聘、薪酬、绩效、员工关系等方面。在识别风险源之后，企业需要对识别出的风险进行评估。人力资源风险评估是指运用定性或定量方法对单一或综合的风险进行分析，评估风险的可能性与严重性，为之后的风险管控做准备。

人力资源风险识别和评估是对风险进行管控之前的准备阶段，而评估是建立在识别基础上的。企业中的人力资源风险多种多样，只有准确识别可能存在的风险源，才能提高风险评估的效率和有效性。

### （二）人力资源风险识别过程

人力资源风险识别过程是指企业人力资源管理者在了解客观情况的基础上，识别企业潜在人力资源风险因素的过程。企业的人力资源历史资料及风险管理专业人员是人力资源风险识别的两大基础。历史资料显示的是企业的过去，通过了解企业的过去能使管理者大概了解人力资源风险发生的可能性与严重性，是人力资源风险评估的基础之一。同时，人力资源风险识别是企业未来决策的依据，所以借助有风险管理相关经验与知识的专业人员的帮助是人力资源风险识别过程的关键。一般来说，人力资源风险识别的过程如图4-2所示。

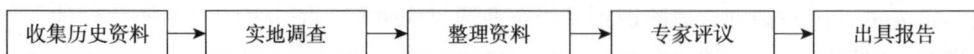

收集历史资料 → 实地调查 → 整理资料 → 专家评议 → 出具报告

图 4-2　人力资源风险识别过程图

第一步，收集历史资料。由于历史资料能在一定程度上反映企业可能发生的人力资源风险，因此，在风险管理盛行国家，保险公司、出版商以及行业学会（如美国风险和保险管理学会）等风险评估组织会根据企业历史资料为其建立潜在损失一览表。但在国内，这步工作往往由企业自己完成。

第二步，实地调查。在分析历史资料后，人力资源风险管理者还应对潜在的风险进行实地调查。实地调查的方法有面谈法、观察法、风险分析问询法、过去的损失记录法、失误树分析等。

第三步，整理资料。以人力资源活动为依据分类整理人力资源风险资料。

第四步，专家评议。人力资源风险专业人员对可能发生的风险以及风险的发生概率与严重性进行评价，确定已有资料的全面性与准确性。

第五步，出具报告。根据专家评议的结果与已有资料，出具人力资源风险识别报告。报告的内容应包括人力资源风险以及风险的可能性与严重性、调查方法、缺少的信息。报告的撰写原则是客观真实。

人力资源风险识别作为人力资源风险管理的起始阶段，是把握风险处理机会的关键。只有反复地进行人力资源风险识别，才能帮助管理者准确辨明并处理面前的风险，从而控制风险，将人力资源风险限制在可接受的范围内。

## （三）人力资源风险识别的方法

### 1. 专家调查法

专家调查法是指根据专家小组的意见，识别影响人力资源管理的风险因子。由专家小组对人力资源管理过程中风险因子出现的可能性和严重性进行评价，之后以调查表的形式进行量化处理，得到各风险因子的概率分布图和严重程度报告。有两种比较常见的专家调查法，即德尔斐法和头脑风暴法。

### 2. 流程图分析法

流程图分析法是将风险中的人力资源管理活动按照内在逻辑制成流程图，针对人力资源管理流程中的核心环节或者薄弱环节进行分析。风险流程图按复杂程度可以分为简单或复杂流程图；按内容可以分为内部或外部流程图。人力资源管理者可以根据情况选择适合的流程图。

### 3. 鱼骨图分析法

鱼骨图又称特性因素图，鱼骨是指图形最后形成的形状。首先在一个三角形框中写下存在的人力资源管理问题，并在三角形尾部引出一条水平直线，称为鱼脊。在鱼脊上画出成45度直线，在直线上标出引起问题的主要风险因素，称为大骨。对风险因素进一步细化，称为中骨、小骨等，直至列出所有风险因子。

表 4-1 是对三种人力资源风险识别方法的比较。

表 4-1　人力资源风险识别方法的优缺点比较表

| 识别方法 | 优点 | 缺点 |
|---|---|---|
| 专家调查法 | 集思广益，专业性高 | 花费时间长 |
| 流程图分析法 | 逻辑性强，形象化 | 只强调结果，不关注原因 |
| 鱼骨图分析法 | 清晰、形象，适用于任何情况 | 容易漏掉部分风险因素 |

下面以一个例子说明鱼骨图的画法。

例如，企业员工的离职风险可能会由以下几个方面产生。

（1）工资、福利等物质待遇：他是否对自己的物质待遇满意？

（2）人际关系：公司的人际氛围和谐吗？他在公司是否有良好的人际关系？他是否能得到公司和员工的关心？公司内部的沟通顺畅吗？

（3）公平感：他是否感到公司在晋升、考核、奖惩等方面对他与别人是公平的？

（4）地位：他是否认为他在公司的地位与他对公司的贡献成正比？

（5）工作成就感：现在负责的工作能为他带来能力上的提升吗？他能因工作获得成就感吗？

（6）信心：他对公司以及个人的未来发展是否有信心？

（7）认同：他是否认同企业的管理方式、企业文化、发展战略？

（8）其他：结婚、出国留学等个人或组织因素是否可能导致他离开公司？

我们可以将员工离职作为问题，从个人、组织、工作本身角度（大骨）对问题进行分析，具体如图4-3所示。

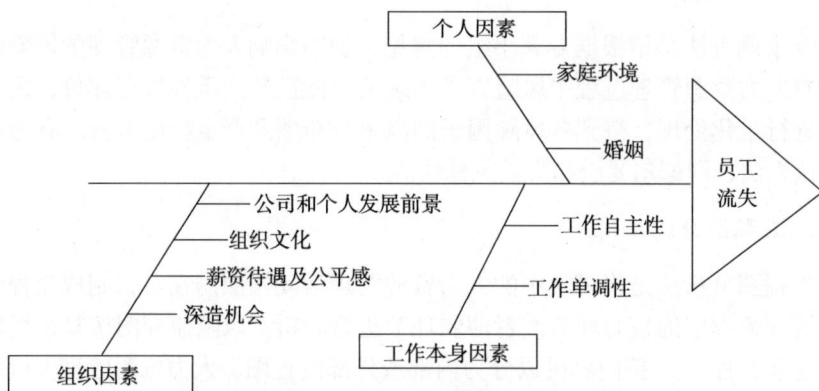

图 4-3　员工离职风险识别分析鱼骨图

人力资源经理针对可能导致人才流失风险的公平问题和沟通问题，可以进行专项交谈或调查，挖掘问题的根源，并草拟相应的方案，经办公例会或总经理批准通过。例如，为解决公平问题，深入调查发现，不公平感主要由以下几种原因产生。

（1）由于没有参与制度的制定，误认为制度本身不公平。

（2）由于对某些制度的细节不很清楚，误以为制度执行不公平。

（3）由于公司工资晋升标准不明确，容易产生待遇不公平感。

（4）误认为其他部门工作轻松而自己辛苦，产生不公平感。

于是，制订解决公平问题的可选方案如下。

（1）在制定公司规章制度时，广泛征求员工的意见。

（2）向各部门发放公司制度合订本，方便员工了解公司制度。

（3）将工资晋升标准公开，使工资晋升透明化。

（4）增加部门之间的交流。

## 二、人力资源管理风险的评估

人力资源风险评估是对某种人力资源风险可能造成的灾害和损失进行分析，主要通过以下几个步骤进行评估。

第一，根据风险识别的条目有针对性地进行调研，了解产生某种人力资源风险的可能原因。例如，某企业的人力资源经理组织有关专家识别出组织存在人才流失的风险，通过对员工（特别是关键岗位员工）的走访、发放调查表，了解到下列原因可能导致人才流失：待遇不好、工作没有成就感、自我发展空间不足、组织对个人关心不够、感受到不公平、沟通太少等。

第二，根据调研结果和经验，预测该风险发生的可能性，并用百分比表示。例如，经专家预测，上述原因导致人才流失的可能性如下：待遇不好10%、工作没有成就感20%、自我发展空间不足10%、组织对个人关心不够15%、感受到不公平50%、沟通太少30%等。

第三，根据程度排定优先队列。以上企业的人才流失风险程度排序如下：感受到不公平、沟通太少、工作没有成就感、组织对个人关心不够、自我发展空间不足、待遇不好。

不难看出，员工由于公平问题而离职的可能性最大，其次是沟通问题。评估后，可以绘制出风险评估表。

按照上述步骤，请对以下案例进行风险识别和评估。

A公司是张老板创办的服装制造企业，在创办过程中，刘、李、黄、周四位哥儿们立下了汗马功劳。刘经理是A公司的销售经理，为公司开拓市场并建立了营销体系。李经理是人力资源经理，负责公司的工资发放与培训等人力资源工作。周经理负责生产，也是一线工人的精神领袖。而公司的每一笔贷款都离不开财务经理黄经理的努力。同时，A公司的工资与其行业地位不符，只是中等水平。

近几年由于激烈的市场竞争，A公司的市场占有率等已大不如前，张老板烦恼于如何带领企业走出困境。与此同时，竞争对手向刘经理递出橄榄枝，以高年薪与150平方米的房子挖角。虽然刘经理心动了，但碍于和张老板之间的关系，还没有做决定。张老板及时做出反应，以兄弟情和加薪等条件来留下刘经理。

就在此时，其他3人找上张老板，以"工资差距太大了"为由向张老板提出要求：如果不能拿到同样的工资待遇，就带着自己的老部下们集体辞职。

从人力资源管理角度思考，张老板应该怎样克服这场即将爆发的内部风险？假如你是张老板，应该如何提早识别和应对核心人才流失的风险？

# 第三节　人力资源风险评估的方法

人力资源风险评估的方法多种多样，每一种方法都存在其长处和不足。在实际操作过程中，需要根据实际情况，综合运用几种方法，才能产生最佳的效果。常见的风险评估方法有以下几种。

## 一、定性评估方法

### 1. 表格和问卷调查法

在进行风险识别时，可以根据相关人力资源风险管理人员的知识和经验设计风险识别表格和问卷作为工具。运用表格和问卷可以帮助非专业风险管理人员的管理者系统地识别人力资源风险。表格和问卷调查法相比于其他方法，更适合非专业人员使用。

### 2. 风险列举法

借鉴企业的管理经验识别企业人力资源中的潜在风险，是风险管理者采用风险列举法的关键。传播得最为广泛的风险列举法是流程图分析法。

### 3. 风险因素预先分析法

风险因素预先分析法是指在每一项培训活动开始之前，对所存在的风险因素类型、出现的条件、导致事故的后果预先做一个概略分析。需要注意的是，风险因素预先分析法只适用于人力资源风险发生之前。管理者可以在人们面对新的人力资源管理活动，无法借鉴以前的经验时采用这种方法。此时，可以提前发现人力资源风险因素，预先采取补救措施，从而将可能造成的损失降到最小。

### 4. 安全检查表

安全检查表是指在科学分析人力资源系统的前提下，找出系统中存在的潜在风险因素，最后将这些潜在风险因素列成一张表格。安全检查表是分析事故的方法之一，也是识别人力资源风险的有效工具。

### 5. 事件树分析法

可以运用到人力资源风险识别中的事故分析方法还有事件树分析法。事故树分析法是指按照逻辑方法重演事故发展过程后事件构成要素的发生顺序与状态，并根据要素的状态确定系统的状态，得到事故发生的条件与原因。事件树分析法是美国国家标准局规定的事故分析的技术方法之一，它的实质是利用逻辑思维的规律和形式，从宏观的角度去分析事故形成的过程。

事件树分析是对人、机、环境等各方面进行综合分析，对事物发展的各个环节进行判断而得出系统发生的各种可能结果。成功和失败是这些事件可能存在的两种状态，任何人力资源危机的产生都是一系列事件依次发生的结果，将事件的不同状态进行组合后得到的结果各不相同。针对宏观环境的分析使得管理者能通过这种方法掌握人力资源危机发生的规律，从而控制危机的产生。

## 二、定量评估方法

### （一）单因素风险评估方法

1. 简单风险评估方法

风险评估方程为

$$Y=\sum_{i=1}^{n}P_iL_i$$

式中，$Y$ 为系统适时风险；$n$ 为监测指标个数；$P_i$ 为第 $i$ 个监测指标发生的频率；$L_i$ 为第 $i$ 个监测指标导致系统事故所造成的损失。

2. 风险矩阵评估法

风险矩阵是在人力资源管理过程中识别风险（风险集）重要性的一种结构性方法，并且还是对人力资源风险潜在影响进行评估的一套方法。

风险或风险因素，是风险矩阵中必须输入的栏目，它是指前面所识别、描述出的具体风险。风险严重程度记为 $L$，它用来评估风险对人力资源管理活动的影响。一般将风险影响分为 5 个等级（可忽略的、轻微的、严重的、危险的、灾难性的）。风险发生概率记为 $P$，一般将风险发生的概率分为 5 个等级（频繁发生的、可能发生的、很少发生的、比较罕见的、不可能发生的）。风险等级记为 $Y$，它是风险矩阵方法中根据风险严重程度 $L$ 和风险可能性 $P$ 的值确定的风险级别分为高、中、低三级，这是一种非精确的对风险因素进行分类的方法。由于不能像量化一样精确，所以如果风险因素较多的情况下会有风险结，它是处于同一等级具有基本相同的属性还可以继续细分的风险模块。

一般对风险绘制的风险评估表如表 4-2 所示。

**表 4-2　风险评估表**

| 可能性 ＼ 严重程度 | 可忽略的 | 轻微的 | 严重的 | 危险的 | 灾难性的 |
|---|---|---|---|---|---|
| 频繁发生的 | | | | | |
| 可能发生的 | | | | | |
| 很少发生 | | | | | |
| 比较罕见 | | | | | |
| 不可能发生 | | | | | |

表 4-2 中，白色与灰色的部分代表风险等级低，系统发出正常信号；斜线部分代表风险等级中等，系统发生预警信号；黑色部分代表风险等级高，系统发出高危预警信号。风险评估后的预警输出的具体过程如下。

人力资源风险预警管理系统以预警信号为输出结果，预警信号包括不同风险衡量指数的变动曲线和不同信号区，如图 4-4 所示。以综合风险值衡量风险为例，根据设定的告警值域和 $Y$ 的变化趋势，发出不同程度的警告。当 $Y \leqslant Y_a$，风险可以忽略，发出正常生产信号；当 $Y_a < Y \leq Y_b$，风险可以接受，发出正常信号；当 $Y_b < Y \leq Y_c$，风险不确定，发出预警信号；当 $Y_c < Y \leq Y_d$，风险不可接受，发出高危预警信号。

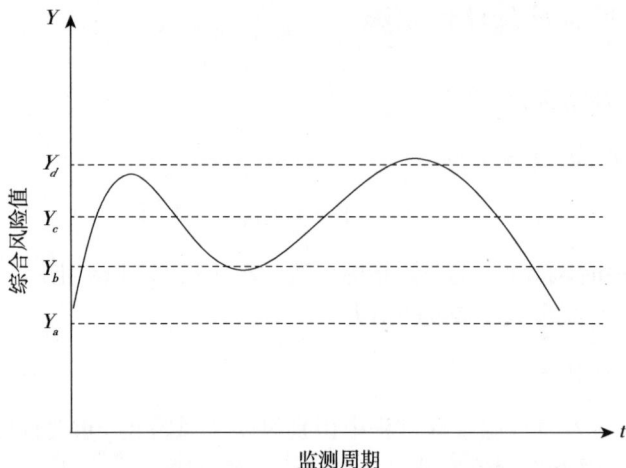

图 4-4　人力资源风险预警管理系统预警信号图

同时，通过风险矩阵法对多种风险进行评估后，可以通过博尔达（Broda）序值法根据企业特定的评价准则对风险进行重要性排序，从众多处于同一等级的人力资源风险中分离出最关键的风险。

## （二）多因素风险评估方法

影响企业人力资源管理的因素众多，要建立科学的风险预警体系，应该将各因素对安全影响的程度、各相关因素之间的相互影响程度，做一个量化的分析。由此可见，在进行风险评估时如何确定系统内各评价指标的权重是重中之重。如果有足够可靠的历史资料作为依据，那么根据数理统计理论，对历史数据进行分析以得出相关系数是风险评估的一种方式。但在历史数据不太可信、环境变化快或者针对风险进行前期监控的情况下，管理者们必须寻找新的评估方法。

### 1. BP神经网络

BP 神经网络是目前运用地最为广泛的人工神经网络之一。人工神经网络是指通过将神经元组成特定的网络结构，模拟人脑神经网络建立的数学模型。由于它拥有自适应性，当处于不同系统中时，能自行调整网络内部各节点之间的相互连接关系，完成分布式的信息处理工作。同时，它还具有极强的自主学习能力，可以通过输入和输出数据的预先设定，分析学习其互相存在的规律，然后依据这些规律，最终形成稳定的函数和网络结构，这个学习分析的过程就是网络的"训练"。

相较于其他人工神经网络，BP 神经网络具备非线性优化及模糊性操作强的优点，能在对复杂系统进行仿真、处理信息分类和非线性优化逼近方面起到重要作用。在风险预警研究中，BP 神经网络已得到广泛运用。风险的不确定性使得人力资源风险评估也有很大的模糊性，因此在评估人力资源风险时也能运用 BP 神经网络的方法。

2. 多级模糊层次综合评判法

多级模糊层次综合评判法是层次分析法与模糊集合理论的结合。层次分析法是由美国著名运筹学家萨蒂提出的，它能对非定量的事物进行评价，也是对定性指标进行评估的有效工具。其实施步骤为：第一步，问题分解，以问题的性质和将要达到的总体目标为依据，将问题分解为组成因素；第二步，因素组合，以各组成因素之间的相互关系为依据，在不同的层次将各因素进行组合，得出一个多层次的分析结构模型；第三步，确定分析结构模型中最低层相对于最高层的相对重要性的权重值。与传统的权重确定方法相比，层次分析法通过分层次、单目标、单准则、两两对比判断的方法进行比较，更加客观。同时，采用 1~9 比率标度法，方法简单实用。

层次分析法可以对属于不同层次的各种因素的状态进行数量化的综合分析。而风险具有复杂性与随机性，风险管理的目的是在缺乏关键数据、风险结构复杂的情况下量化管理者的经验，因此层次分析法也适用于风险预警研究。

风险预警研究的模糊性表现在三个方面：只能定性描述的预警指标；人与人之间错综复杂的关系；企业安全管理波动状态的测度。为解决模糊性，可将模糊数学引入风险预警研究中。例如，模糊集合论以经典集合论中的"非 0 即 1"为基础引进了隶属度的概念，将隶属度的取值区间定为 [0，1]，定性指标可以通过区间进行评价，使其评价结果具有合理性。而可量化的指标由于在短期内难以确定具体的值，也可以和定性指标一起进行模糊综合评价。同时，采用模糊综合评价法可以不舍弃任何已获取的数据，体现了集体的意见和作用，使得评价结果客观公正，可信度高。

下面以某航空公司飞行人才流失风险为例，介绍如何确定风险评估指标的权重，并进行多级模糊层次综合评价。

1）建立动态监测因素集 $F$

预警管理评价指标体系即构成了因素层次划分模型，最终指标和因素集 $F$ 是由两个层次的因素所构成，第 1 层的因素为 $F=\{F_i\}$（$i=1$，2，$\cdots$，$m$），其中第 1 层因素 $F_i$ 又分别由第 2 层因素 $F_{ij}$ 构成，即 $F_i=\{F_{ij}\}$（$j=1$，2，$\cdots$，$n$）。

某航空公司飞行员流失因素集 $F$ 由个体方面因素 $F_1$、组织方面因素 $F_2$ 和行业方面因素 $F_3$ 构成；而因素 $F_i$ 又由更低层次的因素 $F_{ij}$ 构成，如图 4-5 所示。

2）建立诸因素的评价指标集 $V$

评价指标集是对各层次因素状态的直接描述和表征形式。一般可确定模型中各因素的监测等级为 4 个。其评价集元素的含义为 {严重超限，低度超限，基本正常，正常状态}，分别对应于 4 个预警档次隶属度。当然，也可以根据实际需要确定监测等级的具体个数。

假如某航空公司根据飞行员流失，制定飞行管理的目标，可以将模型中各因素的评价等级确定为 3 个，于是，得到评价指标集 $V$

$$V=\{V_k\}（k=1，2，3）$$

式中，$V_1$ 表示高度风险状态；$V_2$ 表示低度风险状态；$V_3$ 表示正常或基本正常状态。

飞行员流失因素集 $F$

个体因素 $F_1$ — 组织因素 $F_2$ — 行业因素 $F_3$

个体因素 $F_1$：
- $F_{11}$ 缺勤率
- $F_{12}$ 人际冲突发生频率
- $F_{13}$ 被有理投诉频率
- $F_{14}$ 工作失误率
- $F_{15}$ 工作违纪率
- $F_{16}$ 工作不满意度
- $F_{17}$ 工作压力强度
- $F_{18}$ 薪酬不公平感
- $F_{19}$ 职业发展不满意度
- $F_{10}$ 领导行为不认同度

组织因素 $F_2$：
- $F_{21}$ 7~15年工（驾）龄者占比
- $F_{22}$ 副驾驶与机长占比
- $F_{23}$ 年度飞行员流失率
- $F_{24}$ 年度公司利润增长率
- $F_{25}$ 飞行员平均薪资同行比率
- $F_{26}$ 飞行员不良群体事件发生频率
- $F_{27}$ 飞行员组织忠诚度
- $F_{28}$ 飞行员组织文化认同度
- $F_{29}$ 飞行员流失控制有效度

行业因素 $F_3$：
- $F_{31}$ 行业飞行员年度短缺率
- $F_{32}$ 行业飞行员年度离职率
- $F_{33}$ 行业飞行员流动控制制度

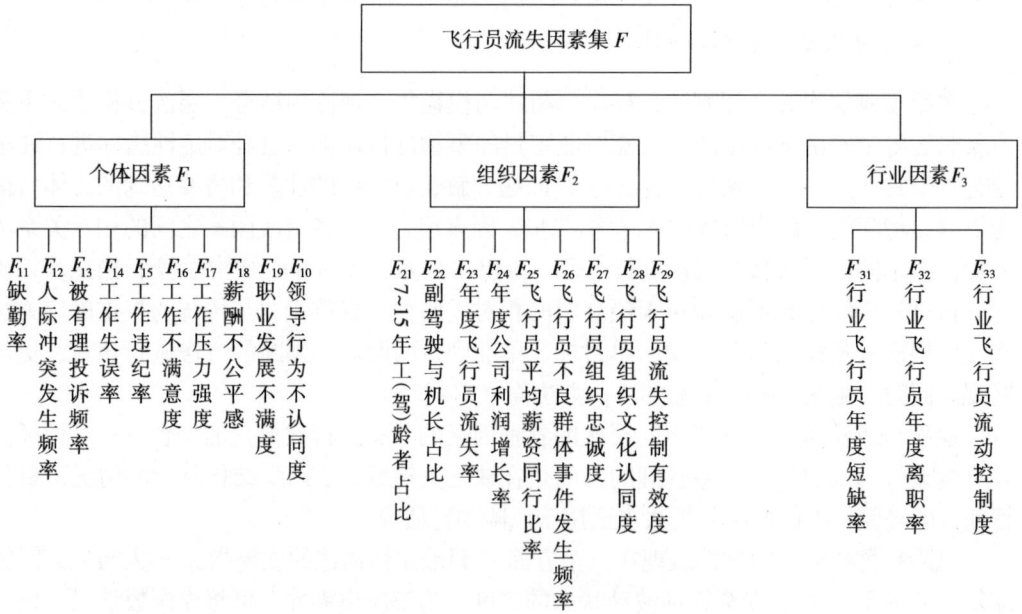

图 4-5 飞行员流失因素集示意图

3）建立因素的权重 $A$

采用层次分析法确定权重的基本步骤是：在因素层次划分模型的基础上，采用 1~9 比率标度进行同层次两两因素之间的相对比较（即用 1、3、5、7、9 来表示两个指标的相对重要性程度为"同等重要、稍重要、重要、显著重要、极其重要"五个等级，用 2、4、6、8 表示上述相邻判断的中间值）；构造判断矩阵 $M$，这一过程由若干专家来进行；求解判断矩阵 $M$ 的特征根问题 $M\omega=\lambda_{max}\omega$，其解 $\omega^*$（特征向量）为同一层次各因素相对上一层某因素相对重要性的排序权值，即代表了各判断矩阵的权重 $A_i$ 和 $A$。然后进行思维一致性检验，通常根据公式 $CI=(\lambda_{max}-n)/(n-1)$，求出各判断矩阵的 CI，查表得出 RI，然后根据 $CR=CI/RI$，求出随机一致性比率 CR 并进行判断。若 $CR<0.10$，则判断矩阵具有满意的一致性，否则重新调整矩阵直至满意。

现假设有关的多位专家针对某航空公司的实际情况独立进行成对比较，然后取其几何平均值，得到的 $F—F_i$、$F_1—F_{1j}$、$F_2—F_{2j}$、$F_3—F_{3j}$ 的判断矩阵 $M$ 如表 4-3 所示。

表 4-3 飞行员流失风险预警指标体系各因素的判断矩阵

| 矩阵名称 | 矩阵内容 | | | |
|---|---|---|---|---|
| | $F$ | $F_1$ | $F_2$ | $F_3$ |
| $F—F_i$ 判断矩阵 | $F_1$ | 1 | 5 | 7 |
| | $F_2$ | 1/5 | 1 | 3 |
| | $F_3$ | 1/7 | 1/3 | 1 |

续表

| 矩阵名称 | 矩阵内容 | | | | | | | | | |
|---|---|---|---|---|---|---|---|---|---|---|
| | $F_1$ | $F_{11}$ | $F_{12}$ | $F_{13}$ | $F_{14}$ | $F_{15}$ | $F_{16}$ | $F_{17}$ | $F_{18}$ | $F_{19}$ | $F_{10}$ |
| $F_1$—$F_{1j}$ 判断矩阵 | $F_{11}$ | 1 | 3 | 1 | 1/3 | 1/3 | 1/7 | 1/5 | 1/6 | 1/6 | 1/5 |
| | $F_{12}$ | 1/3 | 1 | 1/3 | 1/5 | 1/5 | 1/9 | 1/7 | 1/8 | 1/8 | 1/7 |
| | $F_{13}$ | 1 | 3 | 1 | 1/3 | 1/3 | 1/7 | 1/5 | 1/6 | 1/6 | 1/5 |
| | $F_{14}$ | 3 | 5 | 3 | 1 | 1 | 1/5 | 1/3 | 1/4 | 1/4 | 1/3 |
| | $F_{15}$ | 3 | 5 | 3 | 1 | 1 | 1/5 | 1/3 | 1/4 | 1/4 | 1/3 |
| | $F_{16}$ | 7 | 9 | 7 | 5 | 5 | 1 | 3 | 4 | 4 | 3 |
| | $F_{17}$ | 5 | 7 | 5 | 3 | 3 | 1/3 | 1 | 1/3 | 1/3 | 1/2 |
| | $F_{18}$ | 6 | 8 | 6 | 4 | 4 | 1/4 | 3 | 1 | 1 | 1/2 |
| | $F_{19}$ | 6 | 8 | 6 | 4 | 4 | 1/4 | 3 | 1 | 1 | 1/2 |
| | $F_{10}$ | 5 | 7 | 5 | 3 | 3 | 1/3 | 2 | 2 | 2 | 1 |

| 矩阵名称 | 矩阵内容 | | | | | | | | | |
|---|---|---|---|---|---|---|---|---|---|---|
| | $F_2$ | $F_{21}$ | $F_{22}$ | $F_{23}$ | $F_{24}$ | $F_{25}$ | $F_{26}$ | $F_{27}$ | $F_{28}$ | $F_{29}$ |
| $F_2$—$F_{2j}$ 判断矩阵 | $F_{21}$ | 1 | 1 | 1/7 | 1/5 | 1/7 | 1/6 | 1/5 | 1/5 | 1/4 |
| | $F_{22}$ | 1 | 1 | 1/7 | 1/5 | 1/7 | 1/6 | 1/5 | 1/5 | 1/4 |
| | $F_{23}$ | 7 | 7 | 1 | 3 | 1 | 2 | 3 | 3 | 4 |
| | $F_{24}$ | 5 | 5 | 1/3 | 1 | 1/3 | 1/2 | 1 | 1 | 3 |
| | $F_{25}$ | 7 | 7 | 1 | 3 | 1 | 3 | 4 | 4 | 5 |
| | $F_{26}$ | 6 | 6 | 1/2 | 2 | 1/3 | 1 | 2 | 2 | 3 |
| | $F_{27}$ | 5 | 5 | 1/3 | 1 | 1/4 | 1/2 | 1 | 1 | 3 |
| | $F_{28}$ | 5 | 5 | 1/3 | 1 | 1/4 | 1/2 | 1 | 1 | 3 |
| | $F_{29}$ | 4 | 4 | 1/4 | 1/3 | 1/5 | 1/3 | 1/3 | 1/3 | 1 |

| 矩阵名称 | 矩阵内容 | | | |
|---|---|---|---|---|
| | $F_3$ | $F_{31}$ | $F_{32}$ | $F_{33}$ |
| $F_3$—$F_{3j}$ 判断矩阵 | $F_{31}$ | 1 | 1/3 | 3 |
| | $F_{32}$ | 3 | 1 | 5 |
| | $F_{33}$ | 1/3 | 1/5 | 1 |

用方根法对表 4-3 中的判断矩阵求解最大特征值和特征向量，得到对应于判断矩阵 $F_1$—$F_{1j}$ 的权重 $A_1$、对应于判断矩阵 $F_2$—$F_{2j}$ 的权重 $A_2$、对应于判断矩阵 $F_3$—$F_{3j}$ 的权重 $A_3$ 和对应于判断矩阵 $F$—$F_i$ 的权重 $A$。

$A_1 = (a_{11}, a_{12}, \cdots, a_{19}, a_{10}) = (0.026, 0.014, 0.026, 0.052, 0.052, 0.286, 0.096, 0.145, 0.145, 0.158)$

$\lambda_1 \max = 10.718\,4$

$A_2 = (a_{21}, a_{22}, \cdots, a_{29}) = (0.022, 0.022, 0.227, 0.095, 0.260, 0.141, 0.092, 0.092, 0.049)$

$\lambda_2 \max = 9.370\,9$

$A_3 = (a_{31}, a_{32}, a_{33}) = (0.258, 0.637, 0.105)$

$\lambda_3 max = 3.038\,5$

$A = (a_1, a_2, a_3) = (0.731, 0.188, 0.081)$

$\lambda max = 3.064\,9$

计算表 4-3 中各判断矩阵的一致性比率 CR 分别为 0.054，0.032，0.033 和 0.056，均小于 0.10，因此判断矩阵的一致性可以接受。

4）建立单因素模糊评判矩阵 $\tilde{R}_i$

这是对每个基因素分别做出特定的等级评判的过程，即通过现场调查获得综合评价第一手资料的过程。其具体过程是：先由一组评判人员（一般以 20~30 人为宜），对所调查的基因素进行等级评判；再对评判结果进行统计，$r_{ijk}$ 值是以评判人员认为因素 $F_{ij}$ 属于 $V_k$（$k=1, 2, 3, 4$）等级的人数，除以参加评判的总人数。故 $r_{ijk}$ 是一种隶属度，其含义为全体评判者认为因素 $F_{ij}$ 属于 $V_k$ 评价等级的程度。用公式表示为

$r_{ijk}=$ 认为因素 $F_{ij}$ 属于 $V_k$ 等级的人数 / 评判的总人数

$\tilde{R}_i$ 可表示为

$$\tilde{R}_i = \begin{cases} r_{i11} & r_{i12} & \cdots & r_{r1m} \\ r_{i21} & r_{i22} & \cdots & r_{i2m} \\ \vdots & \vdots & & \vdots \\ r_{in1} & r_{in2} & \cdots & r_{inm} \end{cases} \quad (i=1, 2, \cdots)$$

式中，$\tilde{R}_i$ 的行数 $n$ 决定于各 $F_i$ 中所含基因素的个数；$\tilde{R}_i$ 的列数 $m$ 决定于评价集 $V$ 中元素的个数。

接上例，该航空公司邀请 20 位熟悉飞行员和航空运营的内外部专家，对飞行员流失因素集中的基因素 $F_{ij}$，根据实际情况评判其所处的预警等级 $V_k$。专家们对飞行员流失因素集中各基因素 $F_{ij}$ 属于 $V_k$ 等级的评判结果如表 4-4 所示。

表 4-4　专家对各指标的预警等级评判结果　　　　　　单位：人

| 项目 | | 高度风险 $V_1$ | 低度风险 $V_2$ | 正常或基本正常 $V_3$ |
|---|---|---|---|---|
| 个体因素预警指标 $F_1$ | $F_{11}$ 缺勤率 | 2 | 11 | 7 |
| | $F_{12}$ 人际冲突发生频率 | 5 | 13 | 2 |
| | $F_{13}$ 被有理投诉频率 | 1 | 15 | 4 |
| | $F_{14}$ 工作失误率 | 2 | 8 | 10 |
| | $F_{15}$ 工作违纪率 | 5 | 10 | 5 |
| | $F_{16}$ 工作不满意度 | 8 | 12 | 0 |
| | $F_{17}$ 工作压力强度 | 5 | 13 | 2 |
| | $F_{18}$ 薪酬不公平感 | 10 | 9 | 1 |
| | $F_{19}$ 职业发展不满度 | 6 | 9 | 5 |
| | $F_{10}$ 领导行为不认同度 | 5 | 12 | 3 |

续表

| | 项目 | 高度风险 $V_1$ | 低度风险 $V_2$ | 正常或基本正常 $V_3$ |
|---|---|---|---|---|
| 组织因素预警指标 $F_2$ | $F_{21}$ 7~15 年工（驾）龄者占比 | 8 | 9 | 3 |
| | $F_{22}$ 副驾驶与机长占比 | 9 | 9 | 2 |
| | $F_{23}$ 年度飞行员流失率 | 6 | 10 | 4 |
| | $F_{24}$ 年度公司利润增长率 | 2 | 5 | 13 |
| | $F_{25}$ 飞行员平均薪资同行比率 | 7 | 12 | 1 |
| | $F_{26}$ 飞行员不良群体事件发生频率 | 3 | 6 | 11 |
| | $F_{27}$ 飞行员组织忠诚（承诺）度 | 6 | 8 | 6 |
| | $F_{28}$ 飞行员组织文化认同度 | 4 | 8 | 8 |
| | $F_{29}$ 飞行员流失控制有效度 | 1 | 4 | 15 |
| 行业因素预警指标 $F_3$ | $F_{31}$ 行业飞行员年度短缺率 | 8 | 12 | 0 |
| | $F_{32}$ 行业飞行员年度离职率 | 4 | 6 | 10 |
| | $F_{33}$ 行业飞行员流动控制度 | 0 | 7 | 13 |

然后统计评判结果，计算出隶属度 $r_{ijk}$，得到单因素模糊评判矩阵 $\boldsymbol{R}_i$ 如下。

$$\boldsymbol{R}_1 = \begin{Bmatrix} 0.10 & 0.55 & 0.35 \\ 0.25 & 0.65 & 0.10 \\ 0.05 & 0.75 & 0.20 \\ 0.10 & 0.40 & 0.50 \\ 0.25 & 0.50 & 0.25 \\ 0.40 & 0.60 & 0.00 \\ 0.25 & 0.65 & 0.10 \\ 0.50 & 0.45 & 0.05 \\ 0.30 & 0.45 & 0.25 \\ 0.25 & 0.60 & 0.15 \end{Bmatrix} \quad \boldsymbol{R}_2 = \begin{Bmatrix} 0.40 & 0.45 & 0.15 \\ 0.45 & 0.45 & 0.10 \\ 0.30 & 0.50 & 0.20 \\ 0.10 & 0.25 & 0.65 \\ 0.35 & 0.60 & 0.05 \\ 0.15 & 0.30 & 0.55 \\ 0.30 & 0.40 & 0.30 \\ 0.20 & 0.40 & 0.40 \\ 0.05 & 0.20 & 0.75 \end{Bmatrix}$$

$$\boldsymbol{R}_3 = \begin{Bmatrix} 0.40 & 0.60 & 0.00 \\ 0.20 & 0.30 & 0.50 \\ 0.00 & 0.35 & 0.65 \end{Bmatrix}$$

5）模糊综合评判

对于多层次的综合评价问题，模糊综合评判过程是由低层次向高层次逐步进行的。

（1）第 2 层次的模糊综合评价集。

根据 $A_i$ 及 $\tilde{\boldsymbol{R}}_i$ 有第 2 层次的模糊综合评价集：

$$\tilde{B}_i = A_i \cdot \tilde{R}_i = (b_{i1}, \ b_{i2}, \ b_{i3}, \ b_{i4})$$

式中，$b_{ik} = \bigvee\limits_{i=1}^{n}(a_{ij} \wedge r_{ijk})$（$i=1, 2, 3$；$k=1, 2, 3, 4$），它表示在第2层次中，对决定 $F_i$ 的各因素 $F_{ij}$（$j=1, 2, \cdots, n$）进行综合评判时，评价对象 $F_i$ 对各评价元素 $V_k$ 的隶属度。

（2）第1层次的模糊综合评价集。

按第2层次的评判矩阵进行第1层次的模糊综合评判，即

$$\tilde{R}_i = \left\{ \begin{array}{c} B_1 \\ B_2 \\ B_3 \\ B_4 \end{array} \right\} = \left\{ \begin{array}{c} A_1 \ \cdot \ \tilde{R}_1 \\ A_2 \ \cdot \ \tilde{R}_2 \\ A_3 \ \cdot \ \tilde{R}_3 \\ A_4 \ \cdot \ \tilde{R}_4 \end{array} \right\} = \left[ R_{ij} \right]_{4 \times 4}$$

则，第1层次模糊综合评价集为

$$B = A \cdot R = A \left\{ \begin{array}{c} B_1 \\ B_2 \\ B_3 \end{array} \right\} = (b_1, \ b_2, \ b_3, \ b_4)$$

$$b_k = \bigvee\limits_{j=1}^{n}(a_{ij} \wedge r_{ijk}) \ (k=1, 2, 3, 4)$$

在某航空公司的例子中：

$B_1 = A_1 \cdot R_1 = (0.320, \ 0.549, \ 0.132)$；

$B_2 = A_2 \cdot R_2 = (0.257, \ 0.439, \ 0.304)$；

$B_3 = A_3 \cdot R_3 = (0.231, \ 0.383, \ 0.387)$；

$B = A \cdot R = A \cdot [B_1, \ B_2, \ \cdots, \ B_i]^{\mathrm{T}} = (0.301, \ 0.514, \ 0.185)$。

6）评价结果的处理

可用多种形式表征最终的评价结果，以下介绍两种方法。

（1）最大隶属法。

以 $\max b_k$ 所对应的评价等级 $V_k$ 作为评价结果，便于做一般性的描述。评价集 $V$ 以隶属度的形式表征了综合评价结果，但其缺点是不太直观。

（2）参数表征法。

在实际问题中，还要建立相应的比较参数，即确定评价集的等级加权向量。根据组织风险问题的特点，一般设定该加权向量为 $\boldsymbol{\mu}_v = (1, \ 0.75, \ 0.5, \ 0.25)$，加权向量对评价集进行加权，可以使评价集的分散元素值变成一个可比的综合值。将综合值划分成若干区间，即 $[1, \ 0.75]$、$(0.75, \ 0.5]$、$(0.5, \ 0.25]$、$(0.25, \ 0]$，分别对应于企业安全管理的高度风险状态、低度风险状态、基本正常状态和正常状态。当计算出的综合评价值处于某个区间时，则可直观表示安全管理的具体状态。

以等级评价加权向量 $\boldsymbol{\mu}_v$ 与 $\boldsymbol{B}_k$ 的乘积为参数。

$$N = \boldsymbol{\mu}_v \times \boldsymbol{B}_k^{\mathrm{T}} = \boldsymbol{\mu}_v \times (b_1, \ b_2, \ \cdots, \ b_k)^{\mathrm{T}}$$

以参数 $N$ 的值来表征评判值，根据综合评判值所处的区间，得出某种风险的具体状态，以便发出相应等级的预警警报。参数 $N$ 是以数量形式描述的结果，最为直观，也有利于纵向与横向的区别和比较。

在航空公司的例子中，设定评价集的等级加权向量对应三个区间，即 $[1, 0.75]$，$(0.75, 0.50]$，$(0.50, 0]$。求出综合评判值 $N_i$ 和 $N$。

$$N_1 = \mu \times B'^{\mathrm{T}}_1 = 0.797 \qquad N_2 = \mu \times B'^{\mathrm{T}}_2 = 0.738$$

$$N_3 = \mu \times B'^{\mathrm{T}}_3 = 0.711 \qquad N = \mu \times B'^{\mathrm{T}} = 0.779$$

由于综合评判值 $N$ 所处的区间在 $[1, 0.75]$，所以得出飞行员流失风险总体处于 $V_1$ 高度风险状态；再观察 $N_i$，可以看出个体方面的风险处于高度风险状态、组织方面和行业方面的风险处于低度风险状态；横向比较还可以发现个体方面的风险最为严重，其次是组织方面的风险，再次才是行业方面的风险，因此应将个体方面的指标作为下一阶段预控的重点。

## 案例讨论

### 尚艺书业有限公司的人力资源风险

尚艺书业有限公司是我国民营企业中屈指可数的占据高校图书馆配市场的龙头企业之一。该企业在短短的十年内发展迅速，市场份额与日俱增。为了扩大规模，增加销售额，公司总经理让人事部负责人广招人才，准备大干一场。

该公司最有科技含量的工作是数据编码，即根据样书和客户订购图书的MARC[①]数据进行著录、修改和审校。该工作需要深入了解国家图书馆CALIS[②]编目数据知识，要求工作人员做数据时要输入书名、价格、书号、主题、出版日期、页码、主要内容（包括图表信息）、适用人群等信息。工作中最易出错的是价格、内容、书名和题名。价格和书名出错原因是不够细心，内容出错是因为录入的英文书籍信息需要翻译成中文，比较困难；而题名出错是因为专业知识不足。

为了提高效率，减少出错率和顾客投诉，该公司人事部专门聘请某高校图书馆管理人员来对数据编码人员进行培训，全部费用由公司承担。至2008年，该培训中心已先后培训了将近10期。然而，公司花大本钱培训的员工，特别是那些技术熟练、专业知识丰富的员工在近两年先后跳槽。在问及离职原因时，离职员工大都认为：自身价值得不到体现，缺乏晋升机会，绩效与薪酬不挂钩，工资和福利待遇差。另外，人事部主管反映，一般一个编码人员要成为熟手至少要一年的时间，公司刚刚培训出熟手，却跳槽到同行公司，白白为他人作嫁衣。熟手总是跳槽，生手却在工作中频繁出错，公司的服务水平每况愈下，口碑大不如前。看到这样的情景，公司的中层领导和总经理都很着急，可是，该怎么办呢？

讨论题：

1. 尚艺书业有限公司存在哪些人力资源风险？

2. 尚艺书业有限公司应该如何提早识别核心人才流失的风险？又应该如何评估这种风险？

3. 尚艺书业有限公司应该从哪些方面建立起防范核心人才流失的预警措施？

## 课后习题

1. 如何建立人力资源风险评估模型？请用自己的话简述。

2. 人力资源风险评估报告应该包括哪些内容？

3. 什么是层次分析法？它的应用范围是什么？

---

① MARC，machine readable catalog，即机器可读目录。

② CALIS，China Academic Library and Information System，即中国高等教育文献报账系统。

4. 多级模糊层次综合评价的运算过程包括哪些？

5. 企业如何识别人力资源短缺的风险？试举出几项评价指标。

## 参 考 文 献

韩先淮，盛宇华 . 2013. 基于模糊神经网络综合评价企业人力资源风险 [J]. 人民论坛，（26）：92-93.

贾作广，刘峰涛 . 2010. VC 背景的创业企业人力资源风险预警研究 [J]. 科技管理研究，30（16）：120-125.

李旭阳 . 2011. 流程再造风险的模糊综合评估方法与模型 [J]. 生产力研究，（12）：242-244.

李伊 . 2011. 企业人力资源风险管理的流程和策略 [J]. 中国劳动，（11）：40-42.

刘明辉，汪寿成 . 2010. 人力资源内部控制与风险管理 [M]. 大连：大连出版社 .

罗帆，佘廉 . 2003. 企业人力资源危机的预警管理 [J]. 工业工程与管理，12（4）：10-14.

孙星 . 2005. 基于灰色预测与模式识别的企业危机预警模型研究 [J]. 系统工程理论与实践，25（5）：86-92.

孙星，邱菀华 . 2006. 基于模糊识别与聚类的企业危机预警模型设计 [J]. 控制与决策，31（3）：65-75.

王春，陈友玲 . 2007. 模糊综合评价法在企业危机预警中的应用 [J]. 工业工程管理，（2）：85-101.

王金凤，李冬梅 . 2012. 风险评估在企业中的实践及探索——基于某煤业有限公司 A 煤矿的经验 [J]. 审计研究，（4）：89-96.

贤淑文 . 2011. 中国中小企业人力资源危机的可拓预警研究 [D]. 哈尔滨大学硕士学位论文 .

张兰霞，王俊 . 2007. 基于 BP 网络的人力资源管理风险预警模型 [J]. 南开管理评论，10（6）：68-79.

郑强 . 2013. 模糊偏序理论的物流企业人力资源风险分析 [J]. 中国商贸，（6Z）：106-107.

朱新艳 . 2010. 航空公司飞行员流失预警管理研究 [D]. 武汉理工大学博士学位论文 .

Gregory R，Mendelsohn R. 1993. Perceived risk, dread and benefits[J]. Risk Analysis，（13）：259-264.

# 第五章

# 防范人力资源规划风险

## XD 公司的人力资源规划误区

　　XD公司是一家以轮式装载机、履带式挖掘机、路面机械、小型工程机械、叉车、建筑机械等为核心业务的国有控股企业，于1958年成立，主要从事工程机械研发、制造、营销与服务。目前，XD公司已经成为了国内装载机行业的龙头，其员工人数为7 068人。公司下属企业分布在柳州、上海、江阴、镇江、扬州等地。

　　在金融危机席卷全球的经济形势下，我国为了拉动经济增长，十个重要产业的调整和振兴规划正在加紧制定。2009年，在优化结构的前提下保持合理投资规模，包括铁路建设、地震灾区重建以及保障住房建设，这将带动对工程机械产品的需求。因此，公司主业发展正面临难得的重大机遇。同时XD公司感到外部劳动力市场供给与企业需求存在不匹配，不能根据企业实际需要找到合适的人才。另外，XD公司在人力资源管理方面面临许多挑战，而最主要的原因在于它没有一套自己的长期的人力资源规划方案。因此公司内部出现了许多严重问题。例如，各类技术工人严重短缺与分布不平衡，制约了企业生产能力与战略目标的实现；员工流失率问题，流失率曾一度高达15%；定岗定编不够完善，人员的需求和招聘显得无章可循，有时招不到人，而有时找到人后又无事可做；培训工作未落实到位，员工缺乏职业生涯计划和工作积极性，企业也因此效益低下。随着公司规模的不断发展和壮大，这些问题就显得尤为突出。

　　目前，XD公司面临的最迫切问题是：如何制定出一套纲领性的人力资源规划以服务于人力资源管理工作。

思考题：

1. XD 公司产生人力资源规划风险的原因可能有哪些？

2. 如果你是 XD 公司人力资源工作者，你认为企业应该如何防范人力资源规划风险？

# 第一节　人力资源规划风险的表现形式

目前，关于人力资源规划风险的定义尚不明确。

本书所研究的人力资源规划风险定义为：企业为预测未来人力资源发展的需求量，从长期战略规划和发展目标的角度出发而制定一系列规划，管理思想陈旧、缺乏战略性思维等错误导致决策失误，最终给企业所造成的直接或潜在损失的可能。

人力资源规划风险的表现形式一般从人力资源规划缺失程度严重、人力资源规划的制定缺乏科学性、人力资源规划执行不力三个方面加以分析。

## 一、人力资源规划缺失程度严重

有些企业习惯于把资金和技术看做企业发展的唯一动力，一切经营活动均围绕吸收资金和引进技术来展开，尽管也设立了"人事部"或"人力资源部"，但人力资源管理工作仅仅局限在人员招聘和档案管理等比较浅层次的内容，具有战略意义的人力资源规划工作往往缺乏或职能履行不到位。

人力资源规划缺失的企业主要可以分为三种类型：一是处于创立初期的中小企业，业务和人员规模比较小，企业内部的分工也不明确，企业考虑更多的是如何生存下来，而不是如何发展的问题，制定人力资源规划对企业来说并没有太大意义。二是人力资源管理工作处于杂而无序管理阶段的企业，一直在进行与人力资源规划相关的很多实际工作，但并不系统。例如，招聘规划和培训规划同时在进行，但没有统一在一个规划框架下来制定，各个模块之间不能形成合力，导致企业人力成本上升，人力资源不能有效地为战略目标的实现服务。三是家族式或传统式企业，企业的竞争和对人才的争夺不是很激烈，企业对人力资源管理的要求也仅仅停留在相关利益群体内部，因此人力资源规划缺失严重。

D公司在短短5年之内由一家手工作坊发展成为国内知名的食品制造商，最初该公司从来不做人力资源计划，缺人就去人才市场招聘。随着企业规模的扩大，人员变动越来越频繁，管理的难度也越来越大。人力资源部易军经理对于招多少人、招什么样的人头疼不已。一年到头搞得他总是往人才市场跑，各部门及下属单位对招来的人还不满意。这天财务部的王经理一大早就来找易经理的麻烦，说这个月财务部有两个资深的会计要退休，眼看他们手上的活就没人干，人力资源部还没把合适的人招过来，下面的工作没法干了。易经理一听就来气，三个月前给财务部招了一个会计，说实话，人力资源部对各部门业务了解比较有限，有时也弄不清应当招什么样的人，于是邀请业务部门参与面试，可上次偏偏遇到财务部领导层换人，前任经理不愿参加面试，新任的王经理还没有到位，只好找来一个会计员对应聘者进行面试。录用后进入试用期，王经理就不断向易军抱怨，说新招来的人不好用，不能接替做复杂的税务核算。刚应付完王经理，市场经营部的老李又大惊失色地跑来了，说是今天上班发现手下最能干的陈四海辞职了。"三天前，陈四海请了事假，今天一早就收到了他寄来的辞职信，信里说他到一家外资公司上班去了，这个月的工资也不要了，和公司好聚好散。你说说，现在都是一个萝卜一个坑，他玩这一手，这剩下的一摊子活要我怎么办？"老李喋喋不休。易经理马上召开部门会议，安排手下拟订招聘方案，随即派两个人去人才市场招聘营销专员。会议还没结束，又接到了办公室张主任的电话，说不能接收人力资源部昨天给他分过去的2名毕业生。易军不由怒气冲冲地说："你跟我说缺人，我几经周折好不容易才给你招来，你现在又跟我说不要了是什么意思？"张主任也愤怒地反驳道："是啊，我跟你说缺人都是两个月前的事了，你现在才给我，我早把没人做的车辆和会务接待业务外包给城阳公司了，还要什么人。"易经理解释道："你以为我是孙悟空，你说缺的时候我就能拔根猴毛给你变一个出来？招人，特别是招到合适的人才，是需要时间的！"于是，公司开始改变了方案，每年年初便开始制订计划，对收入、利润、产量、员工定编人数等都进行了规定。针对于人数少的部门和下属单位，授权可以招聘新的员工，人数超编的部门和单位便要裁员。然而，现实情况往往很复杂，一年中不断地有人升职、有人调动、有人辞职、有人退休，综合年初对于人员数目上有限制不能多招的规定，再加上人力资源部也没有真正懂人力资源规划技术的人，这个规划想要做到位、对企业的实际配员发挥切实的指导作用还真难！

很多企业都出现过这种情况，认为人员缺乏在地大物博、人口众多的中国是很难发生的，因此企业常常缺乏对于人力资源的战略性储备，也不重视对现有员工能力的培养。这种现象的产生是有原因的，20世纪90年代以前，中国市场一直以机会主义时期著称，企业的成功往往与战略无关，而更多的是与机会、资源、速度、快节奏等因素息息相关。在这种战略无意识风的滋养下，企业也不会对自身的人力资源进行长远的规划，即使个别企业有战略规划，其竞争战略的模糊性和易变性也常常导致规划无从开展。因此，整体来看，大部分企业都处于人力资源规划严重缺失状态。慢慢地，市场在日益规范，企业开始日益发展壮大，而人才缺乏也一步步地成为了制约企业发展的瓶颈，想要进一步发展壮大，必须依靠源源不断的人才。从战略的角度制定人力资源规划才是解除"应急"与"救火"之苦的良方。

## 二、人力资源规划的制定缺乏科学性

部分企业虽然表面上认识到了人力资源规划的重要性，但由于其在规划前尚未摸清楚自身的发展战略，对企业内部的人力资源供求状况也一知半解，对外部的人力资源供求状况更是缺乏了解，在人力资源规划的基本技术与方法方面又缺乏指导，或者由于其他主客观原因而最终使得人力资源规划缺乏可操作性而以失败告终。也有些企业在做人力资源规划时考虑不够周全，仅仅按照某一种指标来开展规划，使得规划不准确。还有些中小企业则想一口气吃个胖子，认为直接模仿或者照搬大企业的人力资源规划方法与技术，自己便能变得跟大企业一样强大。因而，有不少企业因不顾自身的实际情况，过分照搬而致使规划流于形式，脱离实际，缺乏适用的环境，甚至无法执行。

### 三、人力资源规划执行不力

一般情况下，人力资源规划执行不力有五种情况：一是由于企业的发展战略受市场环境的影响较大，而市场环境又时常在变化，企业不得不随之调整发展战略，经过调整后，企业容易出现人力资源规划与企业发展战略的变化不匹配的情况，最终导致人力资源规划难以执行；二是由于规划本身的缺陷，其与企业实际情况脱离较为严重而降低了人力资源规划的可执行性；三是人力资源规划执行是一个多方参与的过程，该过程中决策者、业务部门、人力资源部门之间需要密切协作才能把工作做好，而实际工作中，往往是人力资源部门对规划一头热，企业的直线经理未充分发挥其应有的人力资源管理职能，人力资源规划无法执行到位；四是企业"重业务、轻管理"，人力资源管理基础相对薄弱，与人力资源规划密切相关的招聘、培训、职业生涯管理等工作都不完善，资源配置也不够充分，人力资源规划缺乏有力的支撑而难以实现预期目标；五是领导层对人力资源规划的认识不足，随意调整或改变，致使人力资源规划流于形式。

DJ数码公司成立于1998年年初，是某著名跨国公司的全资子公司，总投资达1亿美元，主要生产一种高科技视听设备的核心产品。DJ公司本着本土化的宗旨，在创立之初，就做了中长期的人力资源规划，从市场上招聘了一批大学毕业生作为公司的培养目标，分别在工程部、市场部和人力资源部等重要的部门任职。其中工程部的员工最多，因为公司的核心技术全部由工程部掌握，并且相关的专业技术必须经过长期的学习和实践才能掌握。对于工程部员工来说，先前的工作经验就不重要了。创业之初，除了市场部和人力资源部有经理外，其他部门都没有经理，由公司的副总经理李平统一管理，任何工程师只要有事，都可以直接向他汇报。而总经理梁小冬则负责市场部和人力资源部。梁小冬是一位新加坡人，对国内情况有一定了解。在与员工交流中他经常会提及人才是公司最宝贵的财富，并允诺公司会为每位员工提供职业发展机会，在公司内部提拔优秀人才担任部门经理。但是，这种良好的工作氛围随着2001年的一系列人事变动发生了变化。先是总经理的调离，接替的是一个没有在华经验的美国人丹尼，他一上任便让人力资源部从外部招聘部门经理，原来的晋升规划转眼成了补充规划。随着部门经理的加入，职业发展的希望在老员工的心中逐渐消失。人力资源部也换了新的经理，在丹尼的支持下，公司的人力资源规划做了调整，公司的政策尤其是与员工利益密切相关的薪酬福利政策发生了变化，与原来的政策没有很好地衔接，原来规划中承诺的薪酬增加不被提起，导致员工产生了不满情绪。大批老员工开始离开公司。尤其是工程部的员工流失比例很高，使得生产受到很大影响，产品的市场占有率也大幅下降。

## 第二节　人力资源规划风险的成因

人力资源规划风险的成因可以从企业发展战略的多变性与模糊性、对人力资源规划认识不足、人力资源管理者素质与技能不足、人力资源管理的缺陷、规划者存在信息不对称五个方面加以分析。

## 一、企业发展战略的多变性与模糊性

人力资源管理与开发活动应以战略目标为指导原则和出发点，确保人力资源政策的正确性与有效性，即企业的整体发展战略目标决定了人力资源规划的内容，而这些内容又为建立人力资源管理体系，制订具体的人员补充计划、人员使用计划、人员接替与晋升计划、教育培训计划、评估与激励计划、劳动关系计划、退休解聘计划等提供了方向指引和依据。因此，人力资源规划的前提首先是要明晰企业发展战略。然而，许多企业缺乏比较明确的发展战略，尤其在快速扩张阶段，往往涉足于不同的业务领域，其中不乏一些新兴产业，这些新兴产业在研发、营销、管理、服务等各个环节没有成熟的经验可以借鉴，定岗定编工作也不像传统业务那么成熟。换而言之，由于企业发展战略的多变性与模糊性，人力资源规划也缺少应有的目标导向。

## 二、对人力资源规划认识不足

如果企业对人力资源规划认识不够深入，那么其制定出来的规划往往容易脱离企业实际。一般来说，企业对人力资源规划认识的不足主要有两大表现：一是对人力资源规划的重要性、内容、制定方法、程序、原则等认识和理解不全面。企业的决策者和人力资源管理者对人力资源规划的重要性认识不充分，因而难以掌握科学地制定规划的关键技术与方法。继而，对人力资源规划具体制定和实施过程中认识过于肤浅，各级部门主管和直线经理也没有进行有效的配合。二是对人力资源规划制定的内外部环境缺乏回应，对其复杂性、多变性认识不足。未来企业的经营环境将是：市场变化更加迅速，产品生命周期越来越短，消费者偏好的多元化趋势更加明显，优秀的人力资源绝对是这场战争中制胜的关键。如何使人力资源规划既能适应市场变化导致的人力需求，又能摆脱固定人力架构造成产品成本过高的缺陷，则是人力资源规划面临的核心问题。

## 三、人力资源管理者素质与技能不足

缺乏高素质、高层次的人力资源管理者也是企业人力资源规划风险的重要成因。人力资源管理者的素质与技能缺陷，制约了规划制定与执行的绩效。这主要表现在：一是人力资源管理者整体素质不高，专业知识储备不足，专业技能较低，在做人力资源规划时，往往缺乏应用数学模型和预测工具的能力；二是许多人力资源管理者缺乏战略发展的眼光。人力资源管理是一项非常独特的工作，对个人素质、领悟能力和学习能力要求都很高，尤其是人力资源规划的制定，更需要战略的眼光与沟通协调能力，单纯依靠原理、技术或数据处理，往往造成人力资源管理者所制定的人力资源规划缺乏执行上的可行性。

## 四、人力资源管理的缺陷

人力资源管理的缺陷，限制了规划的制定、实施与持续发展。有些企业职能部门的划分较粗略，甚至没有设立独立的人力资源管理部门；有些企业虽然设立了独立的人事部门，但往往分工粗、人数少，没有实力制定和执行完备的人力资源规划；有些企业的人力资源管理制度可能是健全的，但领导的个人意志往往凌驾于制度之上，使得人力资源规划形同虚设；还有，普遍存在着人力资源使用的短视现象，即只强调人力资源的使用与管理，不注重人力资源的培训、开发与激励，造成员工流动率较高，人员变动频繁，人力资源规划难以准确定位。

## 五、规划者存在信息不对称

准确的人力资源规划需要以大量的信息为依据。事实上，人力资源规划者获得的信息往往不充分，从而导致规划的失误。当预测了企业的员工需求后，就必须确定是否有足够的供给，而在分析供给时，必须考虑到内在劳动力市场和外在劳动力市场两项因素，因此在分析供给上的人因风险时，也必须考虑到内外两方面因素。对企业内部的人力资源供给，在分析现状时会有以下两种人因风险，即人的偏向性与预测方法的不正确。在确定内部供给量后，规划者会视情况在外部选择员工，在这个过程中，由于规划者对当地人口变化、劳动力的教育水平、特殊技能的需求、人口流动性和政府政策缺乏充分了解，可能使其在外部供给上制定的规划不准确。

# 第三节　人力资源规划风险的识别、评估和预控

长期以来，许多学者对于人力资源规划的结构及失效概率进行了大量研究，而对于人力资源规划中风险的识别与管理的研究较少。一个成功的人力资源规划具备带领企业应对激烈的市场经济竞争、提供必需的人力资源来保证企业经营战略目标的实现、指导企业人力资源管理、完善企业制度、为企业的重要人事决策提供依据等优点。而一个失败的人力资源规划则会给企业战略目标的实现、人力资源的管理、企业的发展等带来巨大的损失。因此，对企业人力资源规划风险进行识别、建立风险评估指标体系、及时进行风险的预控，对于企业人力资源规划风险的控制意义深远。

## 一、人力资源规划风险的识别

人力资源规划是组织者通过认知、管理之后而制订的企业人力资源发展计划，因此规划成败的部分原因取决于决策者的特征。同时，人力资源规划的合理性受许多因素影响，如外界环境的不确定性、企业人力资源调查的精确性、人员需求或供给预测的精确性等。另外，企业人力资源规划不是单独存在的，需要与企业的发展战略、企业的愿景以及企业的其他战略相匹配，企业人力资源规划在受到其他规划的制约的同时也为其他规划提供服务。

企业人力资源规划是建立在企业人力资源战略环境的基础之上，由人力资源规划者来制定人力资源规划的操作过程，因此，构建出人力资源规划的关系模型如图 5-1 所示。

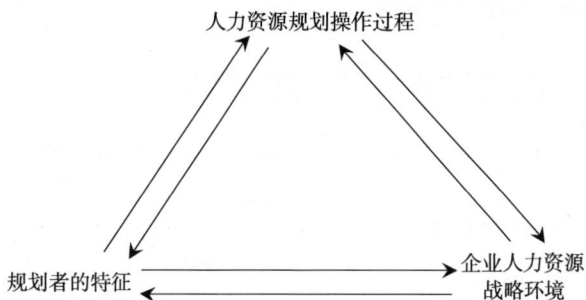

图 5-1 人力资源规划的关系模型

企业人力资源规划的确立是从分析企业人力资源战略环境、人力资源规划者的特征以及人力资源规划的操作过程入手，分析优势与劣势，发现机会与威胁，并与企业的其他战略规划进行匹配而形成的。

其中，人力资源规划的一般过程主要分为以下六个步骤：人力资源相关信息收集；人力资源内外部环境分析；人员总体供需预测及供需平衡分析；人力资源规划制定；人力资源规划实施；人力资源规划控制和修正。人力资源规划的流程和各步骤之间的关系如图 5-2 所示。

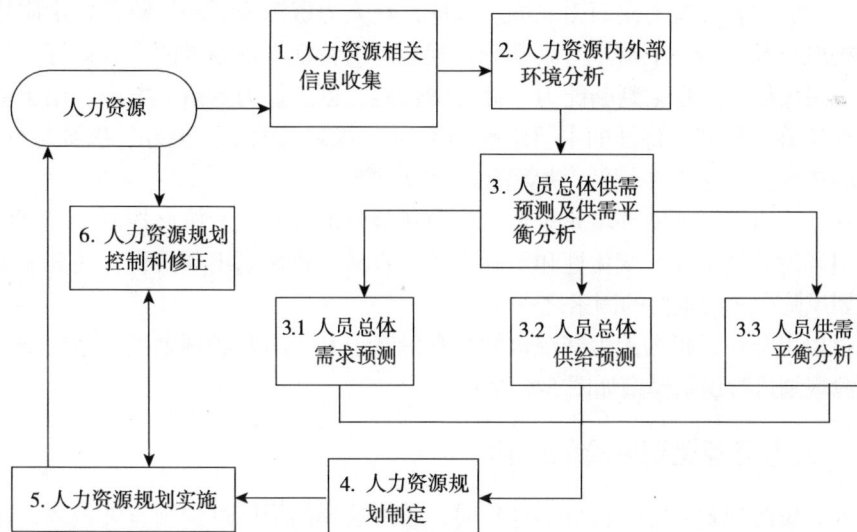

图 5-2 人力资源规划的过程

人力资源规划的过程是一个复杂的过程，其规划过程中风险的识别也较为复杂。风险识别的方法很多，如流程图法、历史资料法、头脑风暴法、德尔菲法、咨询法、检查表法、系统分解法、WBS 法[①]、因果图法、SWOT[②] 分析法、鱼骨图法、情景分析法等。各种方法有其各自的优缺点和适应性，根据人力资源规划操作过程的特点，利用鱼骨图对其进行风险识别，结果如图 5-3 所示。

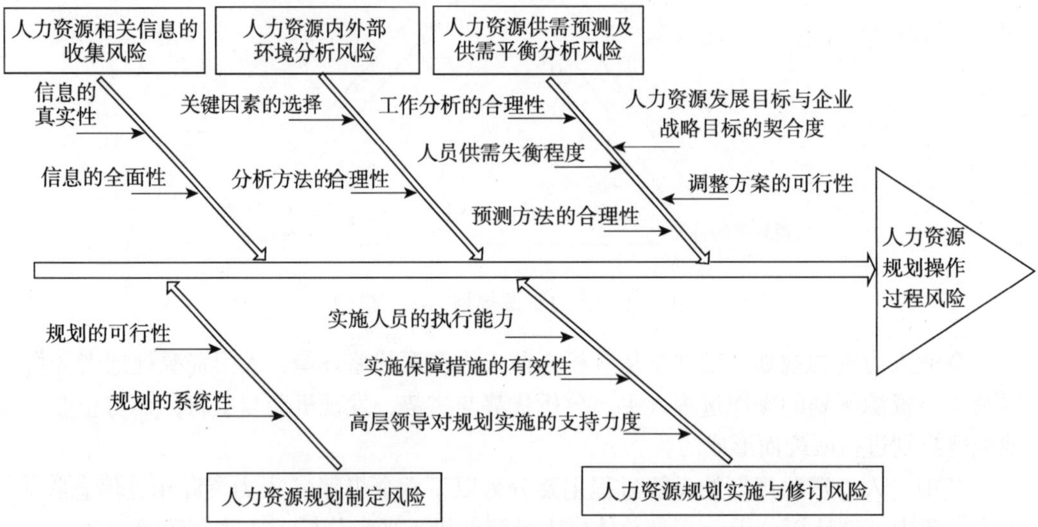

图 5-3　人力资源规划操作过程风险

人力资源规划的主体是人力资源规划者，很多规划失误的根本原因都是组织中的人的认识、判断或者决策失误而引发的。因此，在人力资源规划的风险识别中应将规划者的特征提取出来作为一个重点考察部分。规划者的特征有规划者的个人偏好、思维与行为习惯、想象能力、自主判断能力、社会责任感、创新能力等诸多方面。用历史资料法和德尔菲法确定规划者特征的主要影响因素为：规划者的个人偏好、思维与行为习惯、对风险的态度、对伦理的态度、决策能力和创新能力。

企业的人力资源战略环境是企业人力资源规划的确定、实施、控制、修订的基础和条件，但环境的复杂性、变化性和不确定性，容易导致规划出现失误，使其成为了人力资源规划风险中尤为重要的因素之一。

通过以上分析，根据人力资源规划自身的特点和人力资源规划的关系模型，可构建人力资源规划风险识别模型如图 5-4 所示。

## 二、人力资源规划风险的评估

对人力资源规划风险进行分析评价时，若所选择的指标过少则有失偏颇，若所选择的指标太多则缺乏针对性，综合前面用历史资料法和鱼骨图法已经确定的指标，再通过专家打分法确定出人力资源战略环境的各个影响因素的常用指标，最终得到一般的人力资源规划风险评估指标体系如表 5-1 所示。

---

①　WBS，work breakdown structure，即工作分解结构。

②　SWOT，strengths weaknesses opportunities threats，即优势、劣势、机会、威胁分析法。

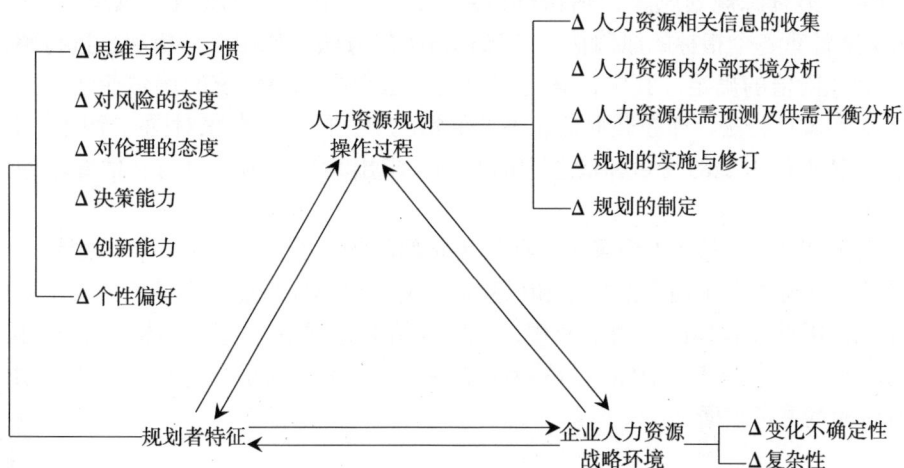

图 5-4 人力资源规划风险识别模型

表 5-1 人力资源规划风险评估指标体系

| 一级指标 | 二级指标 | 三级指标 |
|---|---|---|
| 人力资源战略环境 | 复杂性 | 人力市场的可控程度 |
| | | 对人力资源的需求程度 |
| | | 其他相关环境因素的复杂程度 |
| | 变化不确定性 | 人力资源外部环境的不确定性 |
| | | 人力资源内部环境的不确定性 |
| 人力资源规划者的特征 | 规划者的思维与行为习惯 | |
| | 规划者对风险的态度 | |
| | 规划者对伦理的态度 | |
| | 规划者的决策能力 | |
| | 规划者的创新能力 | |
| | 规划者的个性偏好 | |
| 人力资源规划的操作过程 | 人力资源相关信息收集 | 信息的真实性 |
| | | 信息的全面性 |
| | 人力资源内外部环境分析 | 分析的关键因素的选择 |
| | | 分析方法的合理性 |
| | 人力资源供需预测及供需平衡分析 | 工作分析的合理性 |
| | | 人力资源发展目标与企业战略目标的契合度 |
| | | 预测方法的合理性 |
| | | 人员供需失衡程度 |
| | | 调整方案的可行性 |
| | 人力资源规划制定 | 规划的可行性 |
| | | 规划的系统性 |
| | 人力资源规划实施与修订 | 实施人员的执行能力 |
| | | 实施保障措施的有效性 |
| | | 高层领导对规划实施的支持力度 |

确定人力资源规划风险评估指标体系之后，利用加权风险值＝风险值（$r$）×权重（$w$）来计算各个指标的风险值，并选择恰当的方法，如层次分析法，进行整体人力资源规划风险值的确定。其中，确定权重的方法很多，跟传统的德尔菲法相比，推荐使用多次专家打分法，即在获取信息不变的情况下，同一个专家对同一个因素评价 3~5 次，去掉其中最乐观的判断和最悲观的判断，求出其平均值，再与其他专家的评价进行加权平均。

需要说明的是，表 5-1 为采用一些较为常用的指标而搭建的人力资源规划风险评估指标体系，实际上各个因素的权重和风险值可能会受不同行业、企业所处的不同战略时期所影响，因此在具体的人力资源规划风险评估的过程中，根据具体要求和实际情况，可通过聘请专家来选择或增加不同的因素指标进行评价，部分指标可以作为辅助分析或专家评价时的参考依据。

## 三、人力资源规划风险的预控

建立人力资源规划风险预警指标体系之后，可以对影响企业人力资源规划的各因素的风险进行评估，当评估结果显示某些因素风险值过高后需要采取预控对策，以达到在风险发生前控制或者降低风险发生影响的目的。不同的行业、不同的企业在面对某些指标风险值过高时，所采取的预控策略是有区别的，以下只是针对一般性的情况提出相应的预控策略，仅供参考，具体情况请相关人员根据实际情况进行调整。

### 1. 人力资源规划者特征

当人力资源规划者特征中的某一个指标的风险值过高时，若不是能力方面的问题，即思维与行为习惯、对风险和伦理的态度及个性偏好，一般只能先通过借助外界力量来帮助规划者意识到问题，然后再与规划者一起分析问题产生的原因，因为有些问题（如偏见产生的错误）常常不是规划者自己能轻易意识到或者心甘情愿地承认的，因此，帮助规划者认识到自身盲点产生的原因是解决问题的一个关键，最后，要与规划者重新审视问题，辅助其做出正确的决策。若是创新能力或者决策能力不够，则需请进新的专家或者团队来参与到规划者的行列，对原有规划者的缺陷进行弥补。

### 2. 人力资源战略环境

企业所处的人力资源战略环境很多时候是不可控的，其复杂性和变化的不确定性是客观存在的，这使人力资源规划显得有难度和不可控，之所以加入指标体系中是为了更好地评估人力资源规划风险产生的原因，同时使下一次规划时企业能更好地调整自身的状态以适应外界环境。

### 3. 人力资源规划的操作过程

在人力资源相关信息收集时，若是信息的真实性和全面性有待商榷，需要及时号召相关人员对信息进行进一步的确认和补充。

在对人力资源内外部环境进行分析时，若是由于分析的关键因素的选择而产生较高的风险值，则需要对分析内容进一步斟酌，通过询问专家、查阅资料等方式来确定分析人力资源内外部环境的关键因素。若是由于所选择的分析方法不够合理而引发较大的风险值，则需重新选择分析方法，备选的有结构分析法、问卷调查法、比较分析法、专家分析法、统计分析法、综合分析法及图表分析法等。

在对人力资源进行供需及供需平衡分析时，若是工作分析不够合理，则需在倾听相关岗位的工作人员的意见之后对其进行修改；若是人力资源发展目标与企业战略目标的契合度不高，则需及时调整人力资源规划，防止进一步出现更多的矛盾与纠纷；若是预测方法不够合理，则需调整预测方法或者检查是否可以通过修改相关方法的参数来重新进行预测。若是人员供需失衡程度过高而引发危机时，则需分析原因并制订新的调整方案。若是因调整方案的可行性不高而导致风险的上升，企业则需综合考虑企业人力资源供求状态、公司的职位特征及各种解决问题的方法的优缺点，来进一步完善企业的人员失衡调整方案。

在对人力资源规划进行制定时，若是规划的可行性较差时，则需对规划进行修正。若是规划不够系统则需更加全面地进行分析考察，对规划进行完善。

在人力资源规划的实施与修订过程中，若是实施人员的执行力不高，则需要采取相关政策去调动实施人员的积极性，明确规划的意义之所在，从心理上和制度上调动一切力所能及的力量来保障计划的实施；若是实施保障措施的有效性不高，则需要及时分析原因对规划进行修正；若是高层领导对规划实施的支持力度不够，则需要及时与高层领导进行沟通，听取高层的意见，必要时可以对规划进行修正与调整。

## 案例讨论

### 伍总的烦恼

"我清楚地明白公司存在问题，但真是不太了解到底是哪里有问题？"恒远公司的总经理伍明德说。让他焦虑的是对于自己一手创办、颇具规模的企业，现在想管理起来却越来越不知从何处下手了。

提到公司的创业故事，伍总抑制不住地感到自豪。8年前，原来在机关任职的伍明德凭借着敏锐的商业意识，筹集了50万元便离开了机关，带领几个亲戚朋友成立了恒远公司，主要以房地产为经营项目。5个公司成员分别负责公司的财务、项目前期、工程管理、行政等事务。其中负责财务的刘女士是仅有会计常识的伍总的小姨，而负责项目前期开拓和经营的江先生是仅拥有初中教育背景的伍总的好友。团队中其他成员的文化素质也普遍不高。然而，恒远公司凭借团队成员准确的判断、成功的运作开拓了一个广阔的市场。通过8年的摸爬滚打，恒远公司积累了1亿多元的资产规模。回忆公司初创的那两年，伍总也承认公司发展初期的许多困难都是凭借员工的团结和凝聚力才得以顺利度过的。

但是现在，随着人员的增加，员工内部出现了不同的利益群体，而各个部门的管理人员各自为政的现象也导致公司的战略规划无法落实。"追究责任时，好像大家都有责任，每次都是大伙一起自我批评一顿后，下次的规划依旧不能落实。""在公司的各种资源中，最为缺乏的是人力资源。我们市仅有两所普通高校，较高素质的人力资源相对匮乏，外部人力资源的提供是一个困难。另外，企业在高技术人才、营销高端人才、熟练技能工人上已经到了严重短缺的状态。还有我高薪挖来的、负责工程技术和质量保障的副总经理老姚，突然查出得了肝硬化，他那一摊子工作现在没人接得了，真是急死人！"伍总自己也意识到，不解决人力资源问题，公司发展必然受阻。

近年来，随着房地产市场的发展以及万科集团等实力雄厚的企业纷纷加入，恒远公司在管理、销售及人力资源方面的缺陷日益突出。另外，随着竞争对手的加入以及楼盘推进、销售价格的降低都对恒远公司的价格优势产生了一定的影响。

虽然目前恒远公司手中有 120 万平方米面积的待开发土地，但伍总在要不要开发、怎么开发这个问题上犯难了，因为企业目前的情况已经让他忙得焦头烂额了。

讨论题：

1. 恒远公司存在哪些人力资源规划风险？

2. 可以通过哪些策略规避上述人力资源规划风险？

## ➤课后习题

1. 从人力资源规划的内容角度，谈谈人力资源规划可能会面临的风险。

2. 请谈谈人力资源规划者应该具备哪些能力？可能由企业中的哪些人充当？

3. 有人说人力资源规划本来就是一种预测，而风险防范也是一种提前对风险的预测，对一种风险进行预测在实际中是否可行？请谈谈你的理解。

4. 请结合实际，谈谈企业可以从哪些方面预防人力资源规划风险。

5. 阅读下面材料，并思考问题。

烽火通信股份有限公司是一家国有企业，同时它也是国内通信领域的佼佼者，是国内通信基础设施建设的主流产品供应商之一，成立于 1999 年，注册资金为 4.1 亿元，掌握着大批通信领域的核心技术，其国际市场近年来也发展迅速。随着公司业务的不断扩大，人力资源的不断强大，公司老总和人力资源总监商量进行人事改革，目的是为了让公司人事结构更加清晰化、员工质量更高、公司员工更加齐心协力、力争上游。

经过一段时间的斟酌，该公司大致提出了以下几个思路：明确各个岗位的职责和升职机制（为了提高人员素质，对部分职位设置学历要求，鼓动原来学历较低者接受继续教育）；重新整合公司人力资源的结构（建立明确的等级和岗位数目制度）；未来招聘提高对应届毕业生毕业学校和学历方面要求；加强职业生涯指导，让员工的成长目标与企业的目标尽量一致。

思考题：

（1）你认为上述人力资源变革和未来规划可能会引发哪些风险？

（2）人力资源规划者应该如何规避这些风险？

## 参 考 文 献

李晨 . 2012. 新时期我国企业人力资源风险管理探析 [J]. 中国商贸，（14）：71-72.

刘保平，彭澎，任微微 . 2010. 企业人力资源规划中的风险识别与防范 [J]. 技术与创新管理，31（6）：707-709.

彭贞杰，杜连秀 . 2010. 国有企业人力资源规划的危机及其治理 [J]. 现代经济管理，（11）：49-50.

王道勋 . 2013. 中小企业人力资源规划的现状与对策 [J]. 才智，（14）：377.

王俊霞，王孟欣 . 2010. 企业招聘风险形成机理理论模型 [J]. 合作经济与科技，（8）：20-21.

曾霞 . 2011. 浅谈中小企业人力资源规划问题及改进对策 [J]. 中国集体经济，（13）：131-132.

Peng Q，Luo F. 2014. Risk assessment of enterprise human resource planning[C]. 10th International Conference on Innovation and Management.

# 第六章

# 防范人员招聘风险

### 校园招聘——想说爱你不容易

一上班，总经理王长江便看见了桌子上放着的人力资源部关于校园招聘的方案，这已经是今年第三次进行招聘了。他们所在的FD公司是一家处于快速发展中的集团公司，随着业务的增长公司每年都需要从全国各地招聘大量的应届大学毕业生。一方面是为了避免本地人才市场的局限性，另一方面是为了吸收更多的优秀人才，人力资源部门制订了全国范围内的校园招聘方案，以期提高招聘质量、改进招聘效果。按照招聘计划，2014年准备招120人，可是招了两次仍然没达到要求的数量。

大约过了10分钟左右，人力资源部门范经理愁眉苦脸地走了进来，落座之后说道："我们前两次招聘收到了很多的简历，筛选完之后的面试情况也很好。但由于采取的录用方案是回公司后制订的方案，不少录取通知书自发放之后便没了回音，那些人员打电话也联系不上了。以防他们到时不来报到，我建议选择一些我们没有去过的院校，再开展一次校园招聘。"王总冷静地问道："那你能保证这次校园招聘不会遇到同样的问题？你准备好解决方案了吗？"范经理看了看王总那张冷酷的脸，顿时愣住了。王总接着说："我觉得我们需要研究一个方案，来做好大学生招聘风险的预防工作。要不你先回去思考一下，我们下午再开会讨论。"

下午2点，范经理推开门，将手里的文件夹递给了王总，说道："上午我们部门头脑风暴了下，制订了几个方案，请您过目。"王总接过文件夹、仔细看了一下，上面说到的解决方案主要有两个：一是在招聘现场录用并与大学毕业生当场签订双选协议；二是为保证报到人数，提高录用方案中的录用比例。如果仅从报到人数不够的角度上看，这两个方案是基本可行的，但这会引起一系列新的问题。例如，如何保证现场录用的质量？如何平衡各院校之间的录用标准？增加录用比例多少较为合适？王总向范经理提出了这些疑问，并说："我觉得要解决这个问题，得从分析大学生为什么不来报到的原因入手。"他们开始在白板上分析起来。

最近几年，虽然人才市场上毕业生多、岗位少，但优秀大学生的选择面更广了，所以他们容易这山望着那山高，时常脚踩几家单位。最常见的表现为，求职的时候面试者都表示求职欲望非常强烈，热情满溢，勇于接受各种挑战，但一旦录用通知到手便开始踌躇犹豫、迟迟不签约。就算有少数大学生签约以后，也未曾停止找寻更好的公司的脚步，当找到更好的公司后往往会采取违约的办法，这严重影响了到职率。有个别甚至会利用劳动法中试用期条款的空子，采取先入职然后再随便找个理由辞职的办法来推卸违约责任。在这种情况下，要做好应届大学生的定岗定员肯定相当困难，也势必会影响以后的新人培训、工薪成本等一系列的管理工作。

找出了问题的根源，最佳对策就浮出水面了——公司应该招聘那些真正有意愿到公司来工作，并会留在公司发展的大学生。

于是两人进一步讨论了校园招聘目标、招聘院校定位、录用程序、改善公司内部新人培养机制等一系列操作措施。"这下我有底了"，范经理在笔记本上整理好讨论的结果。总经理王长江则在自己的工作笔记上写下：在校园内组织一次关于求职诚信的演讲，从观念上去改变大学生的想法，下周与校园招聘的合作院校联系！

思考题：

1. 你认为校园招聘存在哪些风险？

2. 你认为应该如何规避校园招聘的风险？请从校园招聘目标、招聘院校定位、录用程序、改善公司内部新人培养机制方面说说你的具体思路。

# 第一节　人员招聘风险的表现形式

员工是企业的生命之源，招聘是引进"生命之源"的途径，直接影响组织的人力资源管理，决定着企业员工的整体素质以及整个组织今后的发展。最简单的道理便是"病从口入"，企业也如此，其出现的许多问题往往都是从招聘开始的。借助招聘和甄选，企业旨在选拔出合格的员工，只为其各项工作能够圆满完成。而事实上，招聘是一个高风险的过程，其从始至终都可能由于种种原因，组织花费了大量的财力却招不到合适的人选，或者试用人员流失率高，影响了工作进展。为了最大限度地减少组织的招聘风险，本章系统地探讨一下招聘风险的表现、成因和防范对策。

## 一、什么是人员招聘风险

人员招聘风险是指招聘工作不当或短时间内对应聘者的个人信息不能完全掌握，而导致组织招不到合格人选或招到不合格员工，从而影响了组织的经营运作，使组织蒙受损失的风险。

人员招聘风险由于环境、行业和职位的不同而形式多样，然而其目的都是招到合适的人。失败的招聘危害很大，一方面它干扰和破坏组织的总体战略，使得组织容易在正常轨道上走偏，错失各种机会，以至于最终丧失了组织的整体竞争力。另一方面，招聘活动劳而无获，浪费了组织有形的资产和有限的资源，如组织招聘活动的成本和人力支出；同时，信誉等无形资产也会受到损害；此外，外部招聘与内部招聘分配不当，还可能影响组织内的工作氛围和人际关系，压制现有员工的工作积极性，甚至削弱其组织忠诚度。

## 二、人员招聘风险有哪些表现

招聘风险存在于招聘管理流程的每一个环节中，包括招聘决策、招聘渠道选择、人才识别甄选、人才评估录用等。

### （一）招聘决策中的风险

招聘决策是在对组织当前人力资源状况进行分析之后，确定人员需求的方案和步骤，如人员的数量需求、人员的任职资格、人员的岗位结构等。该环节一般由高管人员负责。招聘决策风险的表现形式有多种。

#### 1. 忽视实际情况，招聘条件与岗位的实际要求脱节

有的单位在招聘决策时没有制定人力资源计划或者没有借助工作分析等科学工具来辅助决策，在人员的招聘数量上随心所欲，造成组织人数臃肿、效率低下。那么，怎样的招聘才是科学的呢？一般来说，科学的招聘在人员上要尽量精简，不缺人时尽量不招以免闲置资源；能够少招时尽量少招；招聘的人一定要人尽其用、充分发挥其个人才能。也有的招聘单位一味拔高应聘条件或盲目跟风，如某些企业总是慨叹招不到或者留不住人才，在技术含量较低的岗位也标榜学历要求为本科及其以上，或者中级职称及其以上，完全忽略了企业本身生产规模的人员需求，以及是否能够提供匹配的工薪待遇留得住他们标榜的人才；一些政府机关或条件较好的事业单位，凭借其在就业市场中的优势地位，不顾岗位的需要走人才高消费路线，将招录来的硕士、博士配置在简单事务性的岗位上，即使这些高学历的员工出于某种现实的考虑，没有跳槽，但消极怠工的工作状态也是一种人才的"隐性流失"。忽视岗位的实际需求，只能加大用人单位的管理成本，得不偿失。

#### 2. 忽视招聘成本控制

有些招聘单位很重视招聘的质量与数量，但对招聘成本，特别是招聘的隐形成本，往往比较忽视。在招聘的过程中，企业时常需要为交通费、广告费、通信费、场地租用

费等各种成本费用买单。一般来说，招聘员工的花费与空缺职位的等级是成正比的，且若是所招员工不满足组织的需求，则企业不仅招聘过程中的投资得不偿失，而且企业因为这次不成功的招聘而耗费了巨大的时间和精力，耽误或者丧失了招聘到所需人才的机会，造成机会成本的损失。据统计，在中国目前科技型企业招聘一名员工的平均费用超过了 2 000 元。

某高新科技企业人力资源部的经理老王最近正在为招聘不到销售总监而烦恼。前任销售总监早在 8 个月前就已离职，这段时间内，人力资源部一直在招聘新的总监。之所以迟迟没有招聘到销售总监，并不是因为没有合适的人选，仅猎头公司推荐的就 20 多人，还有自行投递简历应聘的、熟人推荐的及合作伙伴推荐的，总人数不下 30 人，可是这 30 多人没有一个是老板满意的。由于销售总监职位的特殊性，老王知道，没有老板的同意，自己是无权决定人选的。那么，问题的关键就在于为什么没有一人能够让老板满意。老王跟老板进行了沟通，老板对于销售总监的要求非常明确：必须具备在同类企业中 5 年以上的中层销售管理经验；较强的组织能力、感召能力和影响力；对于突发事件，要具备随机应变、分析解决问题的能力；等等。聊到最后，老王明白了老板的意思，是要招聘一个"全能超人"啊。可是这么全能的人才，能招得到么？

## （二）招聘渠道选择中的风险

常见的招聘渠道有两种，一种是内部招聘，与之相对的另一种是外部招聘。内部招聘有多种形式，如企业内部员工推荐以及内部人才储备库。内部招聘有许多优点，如对所招员工已经了解较多、成本较低、在企业起到鼓舞士气的作用等优点，但是其也有思维模式早被固化、缺少创新思想、"近亲繁殖"等弊端，不利于组织整体创造力的提高和企业的长远发展。另外，如果内部员工招聘决策不当或者不服众，容易导致新的矛盾的产生，可能出现"内讧""怨声载道"等不良局面。

某酒店总经理李某从国内某知名高校招聘了高材生小王担任其秘书，由于小王口齿伶俐且文字功底好，又反应敏捷、亲和力强，文秘工作做得十分出色，深得李某喜爱。两年后，在酒店人力资源部经理岗位出现空缺时，总经理以内部招聘的形式，将小王提拔为人力资源部经理，掌管十多位下属员工。谁知半年后，总经理并没有看到企业更加欣欣向荣，而是先后接到了三个重要下属的辞职信，部门工作更堪称一片混乱。总经理还与其他经理进行了谈话，了解到业务部门对人力资源部抱怨颇多。原来小王虽然文秘工作做得出色，但是他毕竟是从学校直接到酒店担任高管秘书，并未经历多级岗位提升的磨炼，也就不熟悉基层业务，再加上初次尝试管理工作，在沟通方面与同级、下属的沟通都很不到位，在决策方面又过分理想化让下属都觉得很不舒服；同时，他坚持许多工作都只需向总经理一人汇报即可，如推行人力资源政策，他认为就完全没有必要征求业务部门的意见，其结果当然更是适得其反，开展的一系列人力资源工作不但没有提高业务部门员工的工作积极性，反而成为了业务部门的工作负担。面对这种情况下的内部压力，小王不得不引咎辞职。

从上述案例可以看出，总经理当初任用小王为人力资源部经理完全为"拍脑袋决策"，缺乏一个对小王的全面、客观的评估，其决策的基础有点感情用事，没有思考过岗位要求，更没考虑过岗位与员工能力的匹配性。不考虑业务需要，只考虑员工需求，这样的轮岗或提拔，显然是风险极高的事情。所以，内部招聘要仔细权衡，全盘考虑，树立正确的理念，建立和完善相关的制度和机制，堵住一切可能导致内部招聘失败的源头。

外部招聘一般包括广告招聘、校园招聘、中介机构或猎头公司、熟人推荐等方式。外部招聘的人力资源市场相对内部来说更大，企业有更大的机会招到适合企业的高素质人才，同时外部招聘更利于企业形象的树立和推广。外部招聘也有其缺点，如成本高，企业需要一段相当长的时间来了解员工、员工也需要一段长时间来适应企业环境，因此风险较大。此外，空降兵的入职对内部候选人也会有一定的打击，尤其是那些在企业工作了多年，自认为能力上同样能够胜任岗位的员工，会严重影响其工作积极性。从外部招聘中具体的招聘渠道来看，媒体广告的受众面不够集中，费用相对较高，应聘者数目较多且质量难以得到保障，其中一般没有实践经验或实践经验较为缺乏者较多，其次还有部分为在原单位干得不顺的员工，这些人一旦被组织聘用，便需要花费较多的培训成本和时间成本，还可能因其频繁跳槽而泄漏商业秘密，增加竞争对手的实力。校园招聘费用相对低廉，但应届毕业生工作经验的欠缺是明显短板，待其独当一面地承担工作任务需要较长一段时间的培养。猎头服务能够帮助组织在较短时间内找到稀缺的、顶尖的人才，但往往以高额费用为代价，这类人才进入组织后，也还存在着文化适应及团队融合的问题，若因难以匹配造成组织新的人际矛盾或原有人才的流失，则得不偿失。熟人推荐包含着我国特有的人情文化，通过此类方式进入组织的招聘者，通常也会受到一些特殊照顾，但如果其本身工作能力不强，则会在组织内部员工之间引发对招聘公正性的质疑，即使这些质疑只存在于组织中某些"小圈子"里，也会对组织产生难以估量的负面影响。

下面就是一个在外部招聘中选择渠道不当而带来损失的例子。

某企业为在短期内找到所需的高级人才，不顾成本地在当地报纸、电视、电台、网络上进行了大量宣传，甚至还举办过大规模现场招聘会，钱哗哗地流出去，时间、精力和人力也耗费了，可效果却没看到。这是因为很多资历丰富的优秀人才还在受自己的老板重用着根本不怎么注重广告中推出的职位信息，更不会随随便便跑到招聘会去找工作。这部分人即使真的想跳槽，也一般会是借助业界朋友来引荐、猎头公司推荐或者竞争对手直接挖掘。显然，该企业的人力资源工作者应该对此进行反思。

（三）人才识别甄选中的风险

组织通过发布信息招揽到可能的候选人后，必然会利用一些工具对其进行测评，保证挖掘出真正的人才。但是，这个过程中，有些单位缺乏或不愿意采用科学测评技术，往往使甄选识别的效果差、效益低，难以发现真正的人才。

招聘工作的识别测试环节一般包括初步简历筛选、笔试、面试、心理测试和情景模拟等方式。

最简单、快捷、经济地了解应聘者基本信息的方法是初步的简历筛选，也有报道曾提出优秀的招聘人员平均看一份简历的时间为 10 秒钟，可以很快剔除掉明显不合格的人员，但这种做法也是存在不少风险的。例如，招聘者先入为主，视简历如本人，过分被应聘者简历上的学历、各种证书等材料，而忽略了应聘者的相关岗位的工作经验、实际能力、个性与相关岗位的匹配度等。在就业压力大、竞争激烈的背景下，一些应聘者对简历中的核心信息进行处理，去除了个别不利信息，甚至还伪造相关证件和资历来谋取职位。

2004 年 6 月，四川理工学院计划组建一个"生态与经济研究院"，以方便对课题"生态与经济"进行研究。学院借助各种渠道发布了招聘启事后不久，一个名叫龚建国的人寄给校方一系列相关资料：本人的复旦大学"产业经济学"博士学位、重庆及成都两所知名大学的博士后工作站证明等。学院做了形式上的"审查"后决定聘用龚建国。为了激励龚建国早出成绩，学院可是费力不少，不但给他按教授标准发放工资和划拨研究经费，还分配给了他一套 180 平方米的住房。5 个月后，龚建国自带的一名助手因待遇问题与龚建国发生矛盾，向学院揭发称龚建国的文凭是假造的。学院立即向警方报案，真相才水落石出。原来龚建国真名龚伟，1973 年四川峨边县人士，本科生，毕业于西北大学"管理科学与哲学系行政管理专业"。2000 年，在上海打工的龚伟认识了一个复旦大学博士生，名叫龚建国。因为龚建国即将出国，龚伟找借口偷偷复印了其博士学位证书，并对证书上的籍贯和出生年月进行了修改，于是龚伟摇身一变，便成了龚建国。龚伟自爆他是在成都九眼桥出钱请人制作了假的印章和各种证书，以假乱真才谋到了职位。耐人寻味的是，持伪造博士文凭的"龚建国"先后顺利地进入了重庆某大学博士后工作站和成都某大学博士后工作站。而上述大学接受调查时都称龚在博士后站工作期间没有什么建树。可是一个简简单单的学历却恰恰给"龚建国"蒙上了一层神秘的面纱，还使其在四川理工学院蒙混过关谋到了高职位。

根据我国人口普查资料，全国持假文凭者已经达 60 万人，相当于 20 世纪 90 年代一年的普通高校毕业生总数。还有调查显示，近 4 成的求职者有过隐瞒信息的经历，其中过去的薪酬被瞒报的比例最高，其次是学历、婚姻状况、年龄、身体状况和籍贯。因此，如何准确识别应聘者的信息真伪，对招聘工作者是一个挑战。

笔试是目前组织广泛采用的一种形式，其虽然有成本较低、适用面广的优点。然而，笔试也有其固有的缺点，如无法直接考察应聘者的工作态度、品德修养、管理能力、口头表达能力以及操作能力等，可能招到"高分低能者"。

面试可以考核应聘者的综合能力，能多方面收集有用的信息，因此备受人力资源工作者的青睐。但是，面试成本较高、耗费时间较长，且无法大批量展开。面试的结果与主试官息息相关，如果主试官存在各种偏见，如以貌取人、偏重口才、以偏概全、刻板印象、草率判断等，就很难找到真正适合的人才。换言之，当招聘面试的设计、组织以及控制不得当时，也会把能人拒之门外，招聘到一些庸才。

心理测试能了解到应聘者的智力水平、性格特点、潜在能力等，但这种方法需要耗费较多的资源，对招聘者自身的要求比较高。因为招聘者的个人素质和测评技能直接影响到测试结果，蕴涵了较大的信度和效度风险，所以必须对主试官和招聘人进行特别培训。

情景模拟是一种比较先进、有效地识别甄选应聘者任职能力的手段，可是同样对招聘活动的组织者有较高的要求，从情景模拟的设计到判断评估都需要人力资源工作者非常熟悉和擅长使用这类工具，才能取得较可信的甄选结果。

### （四）人才评估录用中的风险

人才评估录用中的最大风险就是错误录用——招聘到了不合格的员工。这一结果的发生可能有各种各样的原因，但最终体现为对录用人选做出了不正确的判断。

某上市公司招聘总经理秘书一职，面试官是公司人力资源总监李君。应聘者中有一位张小姐与李君相谈甚欢，相见恨晚：两人的家庭背景相同，都有名校毕业和海外留学的经历，还有相同的爱好，穿着都喜欢讲究职业品味，特别健谈等。李君自以为为老板找到了最棒的职业秘书，于是拍板录用张小姐。谁知张小姐上班才一个月，关于她的各种"负面新闻"就不断传到李君耳朵里：电脑不熟练、文笔不佳、爱出风头、狐假虎威，更要命的是个"八张嘴"——不能严守公司机密。老板十分气恼，李君也由原来相见恨晚到如今悔之晚矣！

在实际管理中，由于对人的判断是一个综合的复杂过程，需要定性与定量等多种方法进行整合，难度很大。再加上主试者的决策过程中常常有主观因素起作用，容易造成错误招聘。由此带来的直接危害是新员工不能胜任工作岗位的要求，间接危害则往往是长期的和深远的。

人才评估录用过程中除了招聘者做出错误录用决策的风险外，招聘录用回复的速度风险也不容忽视。对于市场上紧俏的人才，"过了这个村，就没这个店"恰如其分地描述了组织对人才的激烈竞争。为了不让优秀人才在等待中流失，必须提高招聘回复的速度。这一风险在校园招聘中体现的最为突出，许多应届毕业生出于自身发展的考虑，会在求职期间四处撒网，不断地参加各种各样的招聘会。对投递简历的应聘者反应速度越快的组织，就越可能率先从求职者中网罗到优秀的高校毕业生。

### （五）人员招聘的法律风险

人员招聘又是一个法律纠纷的高发区，稍有不慎，就有可能遭遇法律风险，不仅浪费人力资源经理大量的工作时间和精力，而且也不利于组织的形象。例如，在设计招聘广告时，对应聘人员的性别、身高、年龄以及生理缺陷等方面的限制，可能与国家现行的法律、法规相冲突，有歧视之嫌。又如，在签订劳动合同时，对应聘者既往劳动关系的解除、工作动机、泄露单位机密、违约责任等行为没有加以明确约定，可能给组织带来不必要的经济损失。再如，对求职者应该知晓的信息没有充分告知，用人单位也可能因侵犯他人的知情权而惹上麻烦。

# 第二节　人员招聘风险的成因

人员招聘风险的形成源自组织的外部环境、招聘者与应聘者之间的信息沟通及组织内部的招聘管理工作三个方面。

## 一、组织的外部环境

外部环境包括社会环境和组织的经营环境。社会环境方面的风险诱因主要是文化法律因素。招聘是一项直接与人打交道的工作，免不了与文化发生直接碰撞。不同国家、地区和行业对于组织招聘有着不同的法律法规和行业要求，如果与当地的文化或该国的法律发生了冲突，招聘必然难以成功。组织的经营环境涵盖了宏观经济及当地经济的发展状况、劳动力的供给情况、行业自律等。宏观经济及当地经济的发展状况对经营性企业的招聘工作影响比较突出。例如，在宏观经济繁荣时期，社会所提供的就业岗位相对较多，一部分人可能频繁更换自己的工作，这就加大了组织的招聘需求和招聘成本，但同时市场上比较活跃的劳动力供给又减少了招不到人的风险。从地区经济的发展来看，经济发达地区较不发达地区更易招聘到合适的人选。劳动力市场上劳动者的年龄、受教育程度、经验、技能等对组织的招聘工作也有很大的影响，如果劳动力的供给不足，出现员工突然离职的情况，可能难以及时从市场中招聘新人顶替，则组织就面临了一系列损失的风险。此外，企业间的竞争也会导致招聘风险，如果行业缺乏自律，混乱无序，恶性竞争大行其道，"挖墙脚"可能频频发生，组织的招聘风险就会大大提高。

如果受外部环境影响组织没有选到"良骥"，那么将直接形成现实的招聘风险；如果组织暂时选到"良骥"而该"良骥"的去留还具有很强的不确定性，那么就形成了潜在的招聘风险。组织总是在受不断变化的外部环境因素的影响，往往很难左右，由此带来的招聘风险，仅凭借组织自身的力量，是难以完全回避的。

## 二、信息不对称以及诱发的"道德风险"和"逆向选择"

组织在人员招聘过程中出现风险的一个重要原因在于双方的信息不对称。从经济学的角度来看，招聘过程亦是一个不完全信息的动态博弈过程。在多数情况下，应聘者掌握的信息多于招聘者，由于现今信息技术高度发达，求职者可以比较容易地从网络或者其他媒体渠道获得所要应聘公司的部分信息，从而做好充分的准备；另外，应聘者为了追求自身利益的最大化，存在"道德风险"的强烈动机，只给招聘者提供对自己有利的信息，掩饰自身缺点和不良记录等。某些求职者甚至为了获得心仪的职位，不惜伪造获奖证书、技能证书、文凭、推荐信、业绩和成果，而大多数组织识别真假信息的能力有限或不曾查证提交的求职申请相关资料的真实性，又不擅长运用现代测评工具甄别求职者的才能，这都给了造假者提供了可乘之机，降低了招聘的有效性。

招聘方和应聘方之间的信息不对称还会造成"逆向选择"的恶果。所谓逆向选择，是指由于招聘者对应聘者的实际情况处于信息劣势，那些通过加工信息而夸大自身能力或隐瞒自身不足的应聘者，在提升自己形象的同时也造成对德才兼备者的贬值和排挤，使之遭受不公平竞争，导致"劣"胜"优"汰。优秀人才被拒之门外或退出人才竞争市场，而投机分子从中渔利的人才选拔现象，对组织的长远、高效管理无疑是很有杀伤力的。

招聘方和应聘方之间的信息不对称以及诱发的"道德风险"和"逆向选择",虽然在招聘过程中普遍存在,但是组织并非对此毫无作为,加强入职前的信息调查就可以一定程度地降低损失的概率、减轻衍生的不良后果。

## 三、组织的招聘管理工作

### 1. 人力资源规划失误

人力资源规划是招聘工作的基石。如果规划失误,组织的人员招聘工作从一开始就隐含了很大的风险。组织人力资源规划的一般步骤为先分析组织现有的人力资源状况,确定现有人力资源状况与组织战略目标之间存在的差距,对组织未来的人力资源需求进行预测,对组织可能从内部得到的人力资源供给以及从外部劳动力市场得到的供给进行估量,在此基础上,制订出一个具体完备的人力资源规划方案以实现组织的战略发展目标。该方案需具备一个蓝图式的总规划,以及相关具体职能的详细规划,如人员招聘详细规划、人员配置详细规划、人员培训详细规划、人员薪酬详细规划、人员流动详细规划。一旦人力资源规划出现失误,如某职位本单位内部可以满足的,却规划成了外部招聘,将直接引发招聘风险。

### 2. 工作分析不到位

工作分析作为人力资源管理的基础有其重要意义,人力资源管理中包括招聘在内的各个环节均建立在科学、准确的工作分析之上。工作分析的作用在于明确各个岗位的职责、权限以及其与其他岗位的关系、任职条件等,有了工作分析招聘工作才能顺利开展。相反,如果某一岗位缺乏工作说明书或者工作说明书不够明确,则招聘工作便无章可循,招聘的随意性扩大,招聘效果无法保障;或者工作分析不全面,岗位职责等描述无法真实地反映工作岗位的真正要求,以此为依据进行招聘,必然招聘不到真正满足岗位要求的人员,不得不重新招聘或回炉培训。凡此种种,显现出来的就是招聘风险。

### 3. 招聘管理流程执行不力

招聘管理工作是一项系统性的工作,主要包括制订招聘计划、招聘途径选择、人员测试甄选、人员录用、招聘评估等。其中某一环节出现问题,都有可能引发招聘风险。如果招聘计划制订出现了问题,如招聘人数、招聘费用预算等计算有误,或应聘者条件、信息发布决策不当,不可避免地会影响招聘工作的进行,引发招聘风险;选错了招聘途径、人员测试甄选不完善、人员信息审核工作落实不到位、人员录用环节出现问题也会造成招聘损失。此外,招聘完成之后的评估工作也不可小觑,因为对本次招聘工作的评估是后期招聘工作借鉴的依据,通过总结经验、汲取教训,才能更好地避免今后遇到招聘风险,提高招聘效率。

4. 其他相关人力资源管理工作失误的波及

其他相关人力资源管理工作包括培训与开发、激励、绩效考核、薪酬管理等，都与招聘有内在的相关性。虽然这种相关性与人力资源规划和工作分析相比，其影响没有那么直接，但新员工入职培训、现有员工的能力培训、拓展与开发、绩效考核制度的健全程度、薪酬制度的公平程度、激励措施的恰当程度等，都会影响招聘工作，也可能引发招聘风险。

对于因人力资源管理工作不当而造成的招聘风险，组织只要制订出科学的风险防范预案并执行到位，完全可以控制，这是组织风险防范的重点。

# 第三节　人员招聘风险的识别和评估

在组织外部环境、招聘方和应聘方信息沟通的有限性以及招聘管理工作本身的复杂性的影响下，人员招聘的风险可能表现在招聘决策、招聘渠道选择、人才甄选、人才录用等方方面面。对人员招聘的风险进行识别，并建立人员招聘风险预警指标体系，有助于组织控制和减少人员招聘风险。

## 一、人员招聘风险识别

人员招聘自始至终都存在着风险，从不同的角度可以对风险进行不同的分类。目前比较常见的分类方法主要有四种：招聘成本损失风险、人才测评风险、法律和文化风险；招聘渠道存在的风险、人才考核存在的风险、招聘信息存在的风险；可分散风险、不可分散风险；招募工作风险、甄选风险、录用风险。

以上对于人员招聘风险的划分都有其分类特点和分类依据，综合前人的研究成果，从系统性和流程性出发对人员招聘风险进行归纳，用流程图法对人员招聘的风险进行识别，其识别过程如图6-1所示。其中各类风险的表现形式和成因，第二节已做阐述，此处不再赘述。

由于招聘前的准备工作较为复杂，风险的识别也较为困难，因此，借助鱼骨图对招聘前的准备工作进行风险识别如图6-2所示。

其中，团队成员的基本素质包括团队成员的个人品质、相关技能，如表达能力、观察能力、沟通和协调能力、自我认知能力和不断完善自我的能力，以及相关技术的掌握，如人员测评技术、面谈技术、观察技术、招聘环境设计技术、招聘试题的设计技术。而团队成员的雷区测试是由于招聘者在招聘过程中时常不可避免地犯一些错误，如类比效应、寻找"似我者"之偏见、片面相信背景调查、晕轮效应、过度授权等，因此，需要提前对团队招聘成员进行雷区测试，监测其是否含有雷区、所含雷区的多少，为此后高质量的招聘扫清障碍。

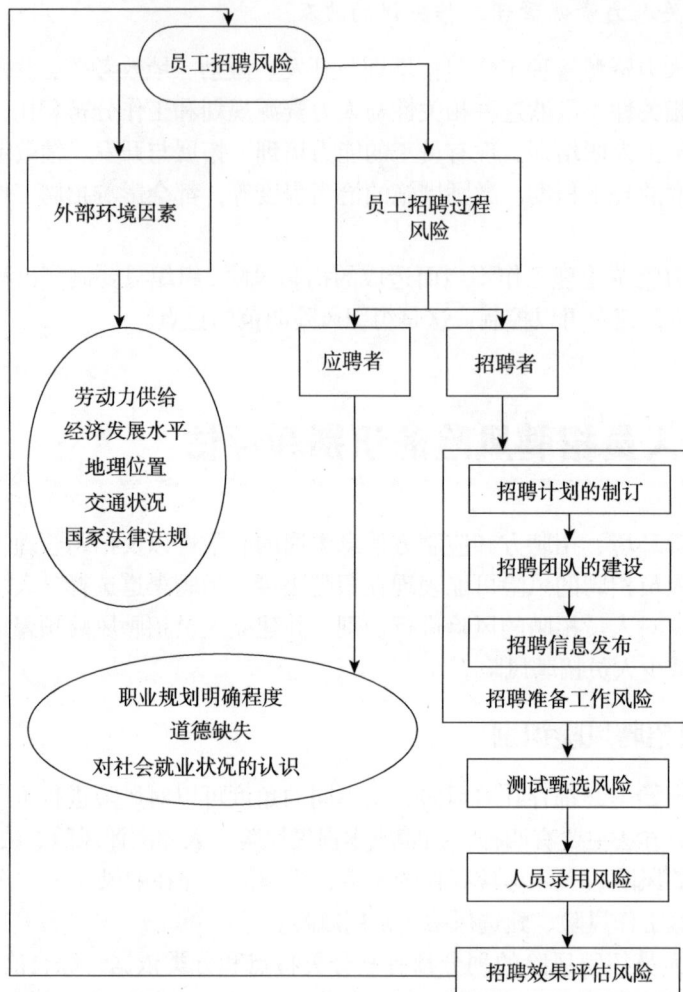

图 6-1　员工招聘风险识别

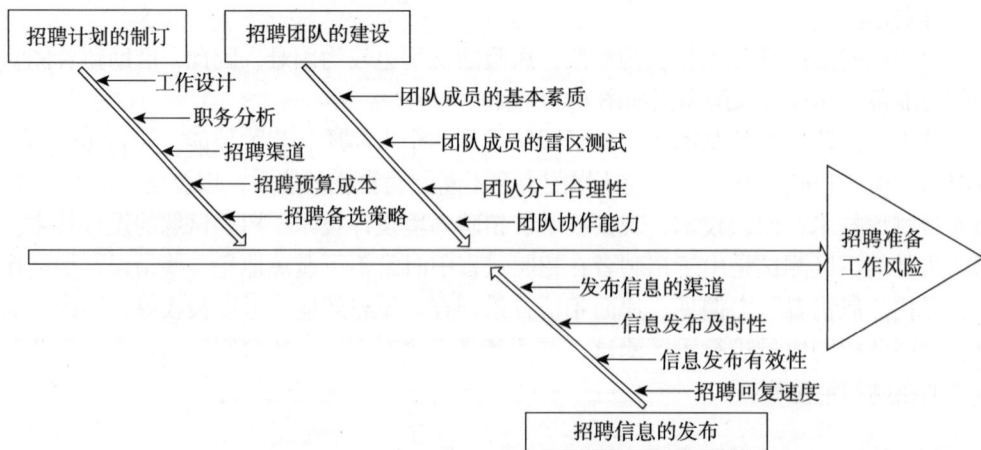

图 6-2　招聘准备工作风险识别鱼骨图

## 二、人员招聘风险评估指标体系

前面对人员招聘风险进行了识别，通过风险识别后，可建立人员招聘风险预警指标体系，如表 6-1 所示。

**表 6-1　人员招聘风险评估指标体系**

| 风险来源 | 指标 | | |
|---|---|---|---|
| 外部环境因素 | 劳动力供给 | | |
| | 经济发展水平 | | |
| | 地理位置 | | |
| | 交通状况 | | |
| | 国家法律法规 | | |
| 应聘者 | 职业规划的明确程度 | | |
| | 道德缺失 | | |
| | 对社会就业状况的认识 | | |
| 招聘者 | 一级指标 | 二级指标 | 三级指标 |
| | 招聘准备工作风险 | 招聘计划的制订 | 工作设计 |
| | | | 职务分析 |
| | | | 招聘渠道 |
| | | | 招聘预算成本 |
| | | | 招聘备选策略 |
| | | 招聘团队建设 | 团队成员的素质及能力 |
| | | | 团队分工合理性 |
| | | | 团队协作能力 |
| | | 招聘信息发布 | 信息渠道的有效性 |
| | | | 信息发布的及时性 |
| | | | 信息发布的有效性 |
| | | | 招聘回复速度 |
| | 测试甄选风险 | 甄选标准的全面性与合理性 | |
| | | 甄选方法的合理性 | |
| | | 测试结果的可靠性 | |
| | | 测试结果的有效性 | |
| | | 甄选人员工作表现 | |
| | | 甄选过程的及时性 | |
| | 人员录用风险 | 通知发放的及时性 | |
| | | 录用结果的满意度 | |
| | | 按期入职员工比率 | |
| | | 入职培训的满意度 | |
| | 招聘效果评估风险 | 评估的有效性 | |
| | | 评估的可靠性 | |

建立风险预警指标体系后，可采用适当的方法对人员招聘风险进行评估，如第四章中介绍的多级层次模糊综合评价，进而对人员招聘所处的风险状况进行总体和细节评估。

# 第四节　人员招聘风险的防范

## 一、招聘准备工作的风险防范

### （一）夯实人力资源规划和工作分析等基础工作

确认职位的需要与获得合格人才之间通常存在着明显的时间延滞，所以必须进行有效的人力资源规划。在做人力资源规划时，人力资源部门首先要在充分了解甚至参与制定组织战略的基础上，对整个组织的人力资源需求状况有一个较长时期的宏观把握。其次，人力资源管理部门还要深入组织各个部门，特别是组织的业务和项目部门，了解人员需求的具体状况，正确而熟练地运用人力资源供需预测的方法，如回归分析法、马尔可夫矩阵法、德尔菲法等，在考虑内外环境的情况下，从数量角度保证供求平衡。最后，再从人力资源成本控制的角度，把握各个部门人员上岗的最佳时机。

接下来，根据所做的人力资源规划，制订出具体的招聘行动方案。在招聘行动方案中尤其要注意以下内容。

#### 1. 确定适中的招聘规模

招聘规模是指组织准备通过招聘活动吸引到的应聘者的数量。招聘活动吸引的人员数量应该控制在一个合适的规模，既不能太多也不能太少。确定招聘规模首先取决于招聘录用的阶段。例如，从简历初选、到笔试、再到面试，最后录用分为四个阶段。一般而言，阶段越多，招聘的规模相应就越大。其次，各个阶段通过的比例也影响招聘规模，每一阶段的通过比例越高，招聘的规模就越大。组织往往会参考以往的历史数据和同行的经验来确定这一比例。例如，有 10 个岗位空缺需要招人，在某行业里经验数据是，应聘者与参与笔试的比例为 10：1；笔试与面试的比例为 10：3；面试与录用比例为 3：1，那么换算出来，要招聘 10 人，就要吸引 1 000 人前来应聘。1 000 人就是比较合适的招聘规模。如果应聘者过少，供选择的人员就会不足，势必影响招聘的员工的质量，影响工作的效率；如果应聘者过多，可能是招聘广告投放过度，说明存在资源浪费，而且也会使招聘测试的成本上升。

#### 2. 明确胜任招聘岗位的能力和资质要求

工作分析中对岗位职责和任职条件的描述，为招聘工作提供了最基础的信息，是保证招聘人员质量的依据。对于尚且没有岗位说明书等基础文件的组织，首要一步是建立起这些科学的工具和方法，明确每一个岗位的职责、任职条件和能力资质要求等，这是规避招聘质量风险的前提。对于已经做过工作分析的组织，需要对现有的（特别是待招聘岗位的）岗位说明书等基础文件进行检验，查看是否与工作岗位的实际情况相符，是否存在文件与实际工作脱节或滞后于实际发展的问题。在这个过程中要听取基层工作者和实际在岗人员的建议。一旦发现工作分析与实际不符，人力资源部门的专业人员就要找出问题所在，根据实际情况，运用科学的分析方法、规范的流程，重新进行工作分析，并补充或更新岗位说明书等文件。

### 3. 合理规划招聘成本

招聘成本一般包括取得成本和开发成本。其中，招聘的取得成本含招募成本、选拔成本、录用成本、安置成本；开发成本中主要是定向成本。规划招聘成本要保证"好钢用在刀刃上"，招聘的岗位层级越高，招聘成本预算应该越高。招聘基层员工，录用条件要求较低时可直接选择花费较少的方式。例如，集体招聘会或网络招聘，采用结构化面试方式，缩短面试录用周期；招聘高端技术人员或管理者，则可以考虑采用猎头公司推介的方式。在每次外出招聘之前，根据目的地的消费水平，做出合理的预算额度，避免假借外出招聘之机进行私人享受类消费，并制定相应处罚和奖励措施。

### （二）做好招聘制度和程序建设

某信息电子产品研发公司的人力资源部和一个业务部门出现了矛盾，原因是该业务部门需要增加人手，向人力资源部提供了详细的人员需求信息，但随后两个部门就招聘的方式产生了争议。人力资源部认为这个问题很简单，直接内部招聘就够了，业务部门却认为外部招聘更有效。业务部门声称他们比人力资源部门更懂他们所需的业务部门人员的实际能力需求，人力资源部门不够了解项目的实际情况，作为最终的用人部门，业务部门对于这件事有表决权。业务部门还坚持认为，采用哪种招聘方式应由用人部门决定，而人力资源部门只需要协助他们组织和实施招聘就可以了。人力资源部则认为他们正在行使职能部门的监督职责。在两方的僵持下，人力资源部经理找来了副总经理，希望他出面做出裁决。副总经理听取了双方的意见后，认可了人力资源部的观点，要求首先通过内部招聘来解决，实在不行再考虑外部招聘。之后，出现了戏剧性的一幕，用人部门虽然表面上积极配合人力资源部门组织的内部招聘，并且派出了强有力的专业技术人员当面试官，但是却似乎对所有应聘者都不满意，无论应聘者是谁，他们总找一些理由表示应聘者不适合。最终，人力资源部没有在预定的时间内完成内部招聘，业务部门也就顺理成章地将责任推给人力资源部门。造成内部招聘失败的原因有三个：一是人力资源部和用人部门在招聘方式的选择上存在争议。企业招聘制度中对招聘职权定义不够清晰，仅提到用人部门有决策权和人力资源部门有监督权，却没有详细说明在哪些方面有决策权和应该监督哪些方面，造成人力资源部和用人部门对招聘活动中各自的职权范围有不同的理解。二是副总经理采取的措施和策略欠妥，对招聘制度中规定得比较含糊的事项没有掌握好介入的程度，没有做好协调工作，造成争议升级。三是公司缺乏对招聘管理人员的培训，导致部门之间缺乏对招聘工作的共识及合作精神。

规避人才招聘风险、保障招聘工作高效运行，需要规范的制度体系和流程管理。招聘制度是指对招聘组织、招聘流程、招聘形式、招聘工作评价等进行规定的制度，通常会以文件的形式将相关的工作界定下来，从而使相关人员能够明确各自的权利和义务，剔除掉招聘过程中闲置人员，提高招聘效率，争取"事事有人干""人人有事干"，高效地利用好每一个工作人员。每一项任务的执行、监督与审核应由不同的角色来完成，每一个角色对自己分担的任务负责，对交付给下一个负责人的工作结果负责，人力资源部经理对整个招聘工作负总责，使整个招聘工作形成一个高效的闭环。同时要让每一位招聘人员明白所负责的程序的执行标准，按照标准来指导自己的行为，从而实现整个招聘工作"有章可循、有法必依"。任何一个环节出了问题，都可以追究相关责任人的责任，避免因职责不清、标准不明、程序不合理等问题加大人员招聘的风险。在招聘制度建设的过程中，应适当地采用一些表格来明确行动的时间、内容、报送渠道、关联部门等，或利用组织的管理信息系统进行招聘流程的电子化、自动化管理，可以大大提高招聘工作的效率，减少时间风险和机会成本。

### （三）正确选择招聘者

在组织的招聘过程中，招聘人员的选择是一项非常关键的决策，因为招聘人员的选择会影响到能否招聘到优秀的人才，进而关系到其他工作的成败和组织的发展。一般来说，招聘人员除了人力资源部门的代表外，还应该包括直线经理人，也可以包括对招聘的职位非常熟悉的专家或资深员工。总之，招聘者应该具有较高的相关知识水平、丰富的经验，同时还要通过必要的招聘培训，使其了解组织的现状和岗位招聘的要求、招聘的原则，招聘的程序，招聘的方法、渠道，尤其是在招聘过程中应具备的技巧和应注意的问题等，以减少招聘者因主观判断和技巧的不足给招聘带来的不利影响。一些比较成熟的公司，在招聘过程的不同阶段，会安排不同的招聘人，以便使最终的录用评判更加客观和准确。例如，罗德格斯是美国知名公司 Cypress 半导体公司的创始人、董事长，为了保证面试的质量，该公司坚持"杀鸡用牛刀"，让高级执行主管花时间参与面试过程。公司面试的所有候选人，不管他们以后的工作是否有资格直接对副总裁负责，都是由两名副总裁进行面试。而罗德格斯本人要对所有由副总裁直接领导的候选人以及一些重要的经理助理进行面试。面试过程异常严格，在经过许多"技术的"面试和两个副总裁的面试后，候选人还被要求进入罗德格斯称之为"群狼袭击"的会议，让候选人在多个主管组成的面试团的高压之下，回答密集型的难题，借此淘汰那些不能承受组织压力的管理者和技术人员。

### （四）合理选择招聘渠道

广义的人员招聘有内部招聘和外部招聘之分。内部招聘主要通过内部提升、工作调换等方法为组织填补空缺。外部招聘通过广告招聘、校园招聘、委托猎头等多种方式从组织外部吸引人才。不同的方式各有利弊，但最终要取决于招聘岗位的特点和需求。选用合适的渠道才能招聘到组织需要的人员。例如，招聘一名电脑程序员的渠道可能与招聘一名机器操作工的渠道大为不同；职业教育学校可以提供初级职位的人选，但是当需要有经验的高级人才时，这一渠道就不那么有效了。所以，为了减小选择渠道带来的风险，既要考虑各种招聘渠道的优缺点又要注意其适用性，有时候并用几种招聘渠道也是必要的。人力资源部门在招聘前应对招聘渠道进行充分的调查和评估，细致评判招聘渠道的价格、渠道质量（包括招聘渠道的信誉度、影响力、推广措施和服务质量等）。此外,虽然内部招聘有很多的优点,但是其供应数量毕竟是有限的,人力资源工作者在选择招聘渠道时不能"一棒子打死",而应适当结合并分配好内部招聘与外部招聘的投资比例,争取成本和效益两不误。另外,还要充分认识到招聘渠道与拟招聘人员类型之间的匹配问题,根据招聘人员的类型,选择比较有效的招聘市场和传递渠道。表6-2总结了一些常见招聘渠道的优缺点和适用性。

表6-2 各种招聘渠道的优缺点和适用性总结

| 招聘渠道 | 优点 | 缺点 | 适用何种岗位 |
|---|---|---|---|
| 内部招聘 | 提高员工的士气,增强员工对组织目标的认同感,候选人能够迅速展开工作,节约时间和费用 | 容易引起同事间的过度竞争,容易"近亲繁殖",不能给组织带来新思想,供应人数有限 | 初级以上的岗位 |
| 广告 | 辐射范围广、可以有目标地针对某一特定人群,能宣传组织形象 | 初选有大量不合格的申请人,筛选的工作量大,成本较高 | 所有岗位 |
| 职业中介机构 | 应聘者面广,没有裙带人情关系的干扰,效率较高,成本较低 | 大多应聘者技能水平较低,有些职介机构鱼龙混杂 | 初级、中级岗位 |
| 猎头公司 | 接触面广、筛选能力强、有质量保证 | 成本费用高 | 经理级、核心岗位 |
| 校园招聘 | 大量、集中的候选人,候选人的可塑性比较强 | 候选人缺乏工作经验,需要大量的培训,只适合招录较低级别岗位,存在候选人多手准备而毁约的风险 | 初级岗位 |
| 人才招聘会 | 费用低,直接面谈可增加了解程度,应聘者较多 | 时间有限,不能全面了解,洽谈环境干扰大 | 初级、中级岗位 |
| 网上招聘 | 费用低,速度快,传播范围广,信息容量大 | 信息过多,可信度低,容易被忽略;有些人不具备上网条件;容易引起竞争对手的关注 | 所有岗位 |
| 员工推荐 | 员工对组织和被推荐者都有一定的了解,可能找到很合适的人选,成本低,跳槽率低 | 不利于增加员工的多样性,容易形成小圈子 | 所有岗位 |

在实际招聘工作中,组织为了有针对性地发布招聘信息,可能会把招聘准备和人才储备做系统性的考虑,双管齐下,以实现在渠道选择方面更有效地防范招聘风险。例如,A公司是美国投资的一家生物制药企业,王经理负责招聘工作。由于行业的特殊性,该公司所需要的是稀缺的医药类专业人才,如研发人员、药剂师等。最初,王经理按照常规通过智联招聘等互联网渠道搜寻人才,候选人寥寥。而如果通过猎头渠道大量招聘,费用又会很高。王经理另辟蹊径,通过访谈,了解到所需专业人士中许多人都喜欢在早上收听某一电台的新闻节目,于是当机立断,长期赞助该电台的新闻节目,并在岗位空缺时通过该电台向外界发布招聘信息。结果效果非常好,在一周内竟然收到了350份简历。王经理通过选择合适的招聘渠道,有效地规避了招聘候选人不足的风险。

## 二、招聘过程中的风险防范

### (一)减少招聘方和应聘方之间的信息不对称

信息不对称会降低招聘人员和应聘者的决策效率,这是组织和求职者都不希望见到的结果。为了解决信息不对称带来的风险问题，除了求职者加强自律外，组织方面还可以采取以下两种手段。

1. 组织提高信息甄别能力，加大求职者欺骗行为的成本

个人求职一般都会向组织递交一份简历，由于每一个应聘者的简历写法各异，一些有助于组织辨别求职者的信息可能被隐瞒或篡改了，所以提高组织信息甄别能力的第一步是要求应聘者如实填写一份组织设计好的应聘申请表。这张格式样表，不仅能够了解劳动者的基本情况，而且还具有一定的防范招聘风险的功能。因此此表要作为一份重要文件来设计，要考虑劳动合同法的要求和实际岗位的需要，应聘者被录用以后，此表还要装进的人事档案随时备查。一般来讲，应聘申请表除了注明劳动者的个人基本情况外，还应当特别注明以下事项。

（1）学习和培训经历：应明确应聘者学习和参训时间、培训机构、所取得的成绩和证件，包括学历证书、培训证书、资格证书、英语等级证书、计算机等级证书、特殊资质证书等。

（2）应聘者的工作经历：要注明应聘者过往的工作经历，包括工作时间期限、工作单位、所获的奖惩情况；还要注明应聘者是否与原单位存在竞业限制的协议书，是否存在非全日制工作等情况；特别要注明应聘者是否与原单位解除了劳动关系，如本单位需要正式聘用，应聘者能否提供解除或者终止原劳动关系的证明等。

请看以下案例：

刘某是某软件公司的软件开发工程师，与公司签订了期限为 2 年的劳动合同。由于刘某的出色表现，软件公司出资 6 万元送刘某到国外进行为期 6 个月的专业技术培训，并与刘某签订了 3 年的服务期协议，即培训结束后刘某应再为公司服务 3 年，否则应承担违约责任。培训结束回国后的第一年，刘某就要求提高职位和薪水，与公司协商无果后，便不辞而别，跳槽到了一家动漫设计公司，并与动漫设计公司签订了劳动合同。软件公司发现刘某跳到动漫设计公司后，遂向劳动争议仲裁委员会提起仲裁申请，要求刘某对软件公司的损失承担违约赔偿，并要求动漫设计公司承担连带赔偿责任。最后，动漫设计公司被判承担连带赔偿责任。这是一起典型的案例，动漫设计公司在招聘刘某时，没有对刘某是否与原单位解除劳动合同关系作审查，就招用尚未解除劳动合同的刘某，结果导致自己承担连带赔偿责任。

（3）应聘者的生活经历：应注明应聘者的父母子女情况，是否已婚或者离异，是否有违法和被刑事处罚的经历。

（4）应聘者的身体状况：注明应聘者是否身体健康，是否具有体检证明，是否存在可能影响工作的严重家族遗传疾病及无法胜任工作的疾病。

（5）应聘者的联系方式：应注明应聘者的身份证号、社会保险证号、户籍证明，以及应聘者的电话、详细的家庭住址和通讯地址、电子邮箱等。

（6）应聘者的承诺：要求应聘者在表格的最后部分而不是中间部分签名确认并填写日期，承诺所填写的内容或提供的证件真实可信，如有虚假，愿承担一切法律责任，单位亦有权决定随时解除与应聘者的劳动关系。

为了获得应聘者更全面、准确的信息，组织还需要积极收集有关求职者的信息，通过各种渠道（如前任雇主、求职者的毕业院校、猎头公司、学历和技能证书网上查询、政府提供的诚信系统等）来核实求职者材料的真实性。

再者，组织的招聘人员一方面应该熟练掌握运用多种测评手段甄选应聘者的技能。例如，通过心理测评获取关于求职者个性、潜力方面的隐含信息；通过面试甄别求职者的专业知识和沟通能力；通过工作抽样来检测应聘技术性较强岗位的求职者的实际操作能力和工作经验；通过情景模拟、公文筐判别求职者的综合管理能力等。另一方面，组织的招聘人员应该认识到不同测评手段的局限性，在使用测评手段的同时尽量避免踏入误区。例如，有些测量量表起源于国外，而国外人使用的度量的部分"尺子"与我国的"尺子"存在区别，因此需要对量表进行改良和修正后才能使用；目前，心理测验在人员招聘的过程中广泛使用，而其局限性则表现为：受测者可能会为了获得某个职位而揣测出题者用意，最终掩饰自身的真实情况。针对心理测试中的掩饰性现象，招聘人员在提高问题的针对性的同时，可以在测评中加入测谎表，分析受测者的掩饰性程度，最后综合针对性问题和掩饰性程度来决定测验结果的准确性。此外，增大求职者欺骗行为的成本，也能起到对不诚信的应聘者的威慑作用。劳动法中规定通过欺骗行为签订的劳动合同无效且须补偿受害方的损失，在简历筛选阶段可以通过书面的提示，打消作假者的侥幸心理，使其自动放弃对下一阶段招聘的干扰。

### 2. 组织向应聘者提供真实工作预览

在条件允许和不泄露组织机密的前提下，在招聘过程中，组织应该尽可能向求职者（尤其是潜在的员工）提供真实的、准确的、完整的有关本单位和岗位的信息。这些信息可以通过小册子、录像、面谈、招聘人员的介绍等多种方式来传达。真实工作预览能使应聘者全面了解关于组织和岗位的各种有利和不利的信息，当应聘者对其中的不利信息感到不满时，可以在选择加盟这个组织之前自行退出招聘过程。对组织而言，节约了对不能接受组织要求的求职者的进一步招聘工作的支出，也减少了求职者到岗后因不了解组织实际情况而反悔造成的人员流失；对个人而言，通过真实工作预览，保障了应聘者的知情权，无论加盟该组织与否，都给予求职者自由选择的权力，而且由于个体已经事先知悉了组织和岗位的不足，形成一个相对现实的期望，往往就职后更容易长久工作下去。

## （二）提高面试与评估的技巧

高质量的面试及评估是招聘过程中至关重要的部分，也是难度最大的环节，对组织的人力资源工作者自身的业务素质提出了很高要求。

国内某大型制药企业华北区营销总部要招聘一位高级营销经理，由于事先已经做了筛选，来参加面试的只有两位候选人。首先由大区经理提问，他对第一位候选人提了三个问题。

问题一：这个职位要带领十几个人的队伍，你认为自己的领导能力如何？

问题二：你在团队工作方面表现如何？因为这个职位需要到处交流、沟通，你觉得自己的团队精神好吗？

问题三：这个职位是新近设立的，压力特别大，并且需要经常出差，你觉得自己能适应这种高压力的工作状况吗？

候选人由这位大区总经理的询问问题中很容易知道他想听到的答案是什么，于是候选人是这样回答三个问题的。

回答一：我管理人员的能力非常强。

回答二：我的团队精神非常好。

回答三：能适应，非常喜欢出差。

对招聘方来说，这些回答没有任何评判价值，这是面试中的最大忌讳。因此，要讲究一定的技巧，可以这样来设计面试提问。

1）在管理能力方面，如此设计面试提问

问题一：你在原来的公司工作时，有多少人向你汇报？你向谁汇报？

问题二：你是怎么处理下属成员间的矛盾纠纷的？举个例子好不好？（行为式问题）

2）团队协作能力方面，如此设计面试提问

问题一：营销经理和其他部门特别是人力资源部门经常有矛盾，你是否遇到过这样的纠纷，当时是怎么处理的？（情景式问题）

问题二：作为高级营销经理，你曾经在哪些方面做过努力以改善公司内部的沟通状况？

3）承担压力的能力方面，如此设计面试提问

问题一：你在以前公司的工作频率如何？经常要加班吗？多长时间出一次差？

问题二：这种出差频率影响到你的生活没有？你对这种出差频率有什么看法？

此外，面试之后，招聘者要对应聘者的长处和弱点做出详细评价，而不是模糊的印象，同时加强多种测评结果的整合以及多个招聘者意见的分析，以便提高面试和其他测评结果的信度和效度。

## （三）提高招聘的时效性

要降低招聘过程中的时间风险，提高招聘时效性，可以从以下三个方面入手。

第一，简历的预选工作在人力资源部门的主导下由各个用人部门参与协助，要求各用人部门经理抽出部分时间参与预选工作。

第二，招聘高端人才，规定在 24 小时之内答复求职者，对于合适的求职者要及时打电话在近期进行面试预约。在科技高度发达的今天，网络可以给我们提供快捷的网络答复。

第三，对于在短时间内无法到企业所在地进行面试的求职者，可要求与其进行视频或电话初步沟通，以便合理安排后续的面试时间。

摩托罗拉在招聘速度上就做出了表率，从收到求职信到完成摩托罗拉的完整招募过程，最快一个月，平均速度是 3 个月。而该公司人力资源部的努力方向是每 5 年缩短一半。当有许多人来竞争一个职位时，人力资源部会排出一个优先顺序，并及时与求职者通报消息，掌握求职者的最新动态。

### 三、招聘录用的风险防范

#### （一）加强组织的内部招聘与轮岗

实践中不少组织防范员工跳槽风险的一个重要方法是内部招聘。由于组织和内部人员之间信息比较对称，组织对候选人的素质、态度、心理特征和业务能力都比较熟悉，而内部员工对组织的文化和业务也比较熟悉，工作起来更易上手。从招聘成本回收角度看，成本回收也更为迅速。同时，内部招聘还是一种十分有效的激励手段，可以大大提高员工对组织的认同感和忠诚度。

建立轮岗制度也能一定程度解决组织内的岗位空缺。例如，惠普公司就在内部建立了一个轮岗制度，当员工在公司工作一段时间后，若对公司其他工作感兴趣，就可以申请轮岗，到另一个岗位学习工作。通过鼓励或安排员工到自己感兴趣的岗位上轮岗，可以为企业培养"多面手"。这样做既减少了员工长期从事某一工作的单调感和心理疲劳，又能使个体积累多种工作经验，增加自身的人力资本。更重要的是，当某个岗位突然出现空缺，组织可以轻易从内部找到以前轮过岗、对该工作熟悉的员工顶替，保证正常的经营运作，从而最大限度降低员工突发离职给组织带来的损失。

#### （二）重视招聘效果评估和招聘后续工作

完成招聘工作后，为了确定不同招聘渠道、方法的效率，不断改进招聘工作中的不足之处，也为了给今后的招聘风险防范积累经验和对策，人力资源部还应做招聘评估工作。通常可以通过完善的指标体系进行招聘效果评价。

（1）一般评价指标，包括补充空缺的数量或比例、及时地补充空缺的数量或比例、平均每位新员工的招聘成本、业绩优良的新员工的数量或比例、留职至少一年以上的新员工的数量或比例、对新工作满意的新员工的数量或比例等。

（2）基于招聘者的评价标准，包括从事面试的数量、被面试者对面试质量的评级、职业前景介绍的数量和质量等级、推荐的候选人中被录用的比例、被录用的候选人中业绩突出的员工的比例、每次面试的成本等。

（3）基于招聘方法的评价指标，包括引发的申请的数量、引发的合格申请的数量、平均每个申请的成本、从方法实施到接到申请的时间、平均每个被录用的员工的招聘成本、招聘的员工的质量（业绩、出勤）等。

此外，为被录取的员工定向、化解新员工试用的风险等工作，也是招聘后续不容忽视的内容。这些工作不意味着招聘的结束，实际上是招聘工作的延伸，也是对招聘效果的反馈环节。为新员工定向是将新员工从"外部人"转化到"内部人"的过程，在这个过程中，人力资源工作者将确定新员工的岗位职责、义务以及如何进行工作绩效考核等；使新员工熟知部门的工作目标，教会新员工如何工作才能对本部门的目标有所贡献；同时还引导新员工了解组织的文化、流程、制度等，以利于其今后开展工作。为新员工定向的工作不到位，会引发新员工试用风险，即试用人员不能迅速适应本组织的文化并胜任所承担的工作。任何人进入一个新环境都有一个适应过程，人力资源部门应该给予新员工恰当的帮助和指导，使之能够尽快适应工作要求，避免个别员工出现本身专业技能很优秀只是因为不适应新环境而出局的情况。

## （三）构建人员招聘成本评估指标体系

人员招聘过程中会发生招募成本（直接劳务费用、行政管理费、代理费、广告费、场地和设备临时使用费等）、选拔成本（考试测评费、材料费、电话费等）、录用成本（录用手续费、搬迁费等）、安置成本（行政管理费、时间成本等）、适应性培训成本（受训者的工资、培训管理费用、资料费用等）、离职成本（解聘会、离职面谈时间成本等）、重置成本（因招聘方式或程序错误而导致重新招聘发生的费用），构建人员招聘成本评估指标体系，如图 6-3 所示，有助于企业节约招聘成本的同时获得组织所需的优秀人才。

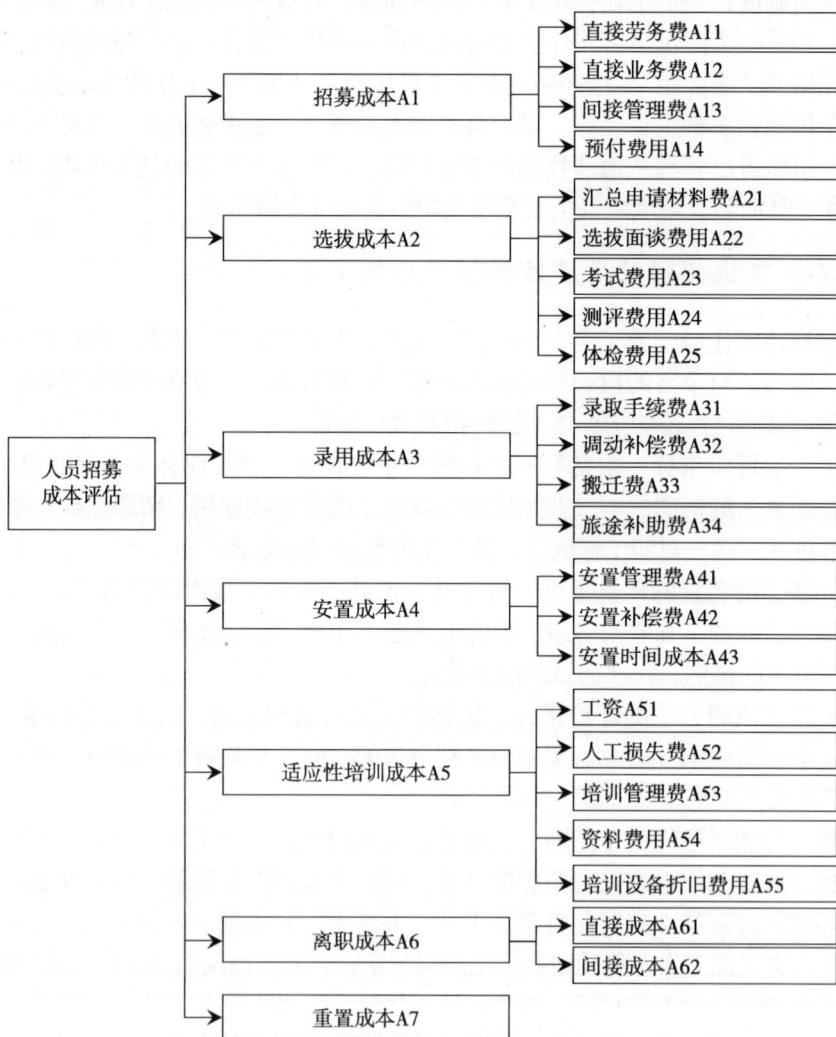

图 6-3　人员招募成本评估

确定指标后，需要选择合适的方法确定指标权重，常见方法有专家排序法、层次分析法、德尔菲法、均数法、累积法、相关系数法等，考虑到结合专家经验和理性分析，选用层次分析法较为科学。

# 第五节　如何防范求职中的风险

求职者是组织招聘的对象。当组织在招聘过程中处理求职者信息不当或恶意违法时，会侵犯劳动者的权益，使之面临风险。

## 一、求职中常出现哪些风险

### 1. 个人信息泄露

应聘者在求职过程中经常需要投递简历，填写应聘申请表。这些文件中包含了应聘者很多重要的和隐私的个人信息，如身份证号码、电话、邮箱、家庭住址等。如果用人单位对求职文件不谨慎处理，随意抛弃，难免造成求职者的个人信息外泄，有可能给求职者的生活带来干扰，甚至使其遭受损失或犯罪的威胁。

### 2. 收费陷阱或求职诈骗

一些涉世不深的毕业生或低层次岗位的求职者容易遭遇求职收费或诈骗陷阱。一些无良企业巧立名目，违规违法地向求职者收取报名费、置装费、培训费、保证金或押金等费用，当求职不成时，又不退还这些收费，使求职者遭受经济损失。还有一些居心不良的骗子，利用求职者急于找到工作或期望找到好工作的心理，设计圈套，诈骗求职者的钱财。大学毕业生小东的受骗经历就具有一定的代表性：为了能寻找到合适的就业机会，即将毕业的小东不得不整天泡在网上。一次，他在某人才网上得知一家企业广告部正在招聘，曾经在报社实习过一段时间的小东感觉自己很适合这个岗位，就将自己的简历通过电子邮件发了过去。不几天，对方就回信说基本同意小东的应聘申请。又过了几天，小东收到该企业的电子邮件，并被告知，按照招聘程序，他需要先期缴纳存档费、培训费、工装费等各项费用。为了不失去这个不错的就业机会，虽然心存犹豫，他还是将钱寄了出去。但此后，小东就再也没办法与该公司取得联系。200元对小东来说不是个大数目，但觉得自己被欺骗了，心灵受到了创伤。

### 3. 用工合同违规或打"擦边球"侵犯劳动者的权益

与用人单位相比，求职者通常对国家关于单位如何用工以及劳动合同方面的法律不甚了解，不明晰劳动者的权利和用人单位的义务，对于常见的用工合同违规或"擦边球"的表现形式不清楚，在与用人单位签订合同时常常"中招"。

2013年7月，高校毕业生小李应聘到当地一家国有企业工作，签订了劳动合同，该劳动合同主要是格式文本，合同中约定"试用期一年"及"试用期内享受企业基本工资待遇"。小李以为自己能拿到劳动合同约定的每月 2 500 元的工资，到岗后才得知，试用期工资每月只有 800 元，一年后才能享受每月 2 500 元的工资待遇。感到被愚弄了的小李，这时才想起了解一下相关的国家法规。根据《中华人民共和国劳动合同法》规定，劳动合同期限 3 个月以上不满 1 年的，试用期不得超过 1 个月；劳动合同期限 1 年以上不满 3 年的，试用期不得超过 2 个月；3 年以上固定期限和无固定期限的劳动合同，试用期最长不得超过 6 个月。同时规定，劳动者在试用期的工资不得低于本单位相同岗位最低档工资或者劳动合同约定工资的 80%，并且不得低于最低工资标准。因此，小李就职的企业提供的格式合同本身就是违法的。

另一个例子是，郑某通过朋友介绍，被某外企甲公司相中，随后甲公司即向郑某通过电子邮件的方式发了录用通知，注明了工作岗位、工资报酬、工作地点、报到日期等。郑某随即辞去了某大型国企的工作，并依据劳动合同要求赔偿了该国企的经济损失。然而，就在郑某准备去甲公司报到时，又收到了甲公司的电子邮件，告知郑某公司已经找到了更好的人选，不必来公司报到了。郑某气愤之余与该公司交涉。甲公司提出，此前发出的录用通知不能代替劳动合同，双方也尚未签订劳动合同，因此公司并不存在违约的问题；而且，签订劳动合同必须建立在双方平等自愿、协商一致的基础上，现在既然公司一方不再愿意录用郑某，那么要求公司与郑某签订劳动合同就缺乏法律依据。虽然郑某最终通过法律途径维护了自己的权益，但这次求职经历让其搭上了大量的时间和精力，身心俱疲。

### 4. 用人单位信息不实或与宣传不符

对于用人单位实际情况的信息，求职者处在相对劣势。如果用人单位在招聘时对于单位的业务情况、岗位的办公条件、生产环境等不提供比较真实、全面的信息，或有意虚假宣传，求职者就有可能做出错误的判断。例如，在原单位干得不太顺心的小朱，有意想换个工作，但比较沉重的家庭负担使他不敢贸然行事。周末，他瞒着原单位参加了当地的一场招聘会，接到了一家大型生产企业的面试机会。该企业宣传广告做得精美，号称生产实力雄厚。面试接近尾声时，小朱想了解一下这家企业的具体情况，但招聘人员含糊回答生产都符合国家标准，不用担心。一周以后，小朱接到企业要求报到上班的通知，辞去了原单位的工作。上班第一天，小朱一进生产车间，顿时傻眼了，车间里到处弥漫着呛人的气味，工作环境又脏又乱。小朱后悔当初没有仔细了解核实该企业的实际情况就仓促做出决定，于是很快离职另找工作。这期间几个月家里没有收入来源，令他压力巨大。

## 二、防范求职风险的法宝有哪些

### 1. 多种途径了解公司背景

组织有多种途径甄别求职者个人的信息，求职者也可以"多管齐下"，了解组织的可信度。例如，查阅该组织的网站，利用"114"查号功能对其办公电话和地址进行核实，根据直觉印象做出组织是否正规、实力如何的初步判断；如果是工商经营单位，可以登录当地工商行政管理部门的网站查询该企业的信息。规模大、实力强的组织在招聘时可能采用多种招聘渠道发布用人需求，如在网站、报纸、人才市场同时进行招聘，这类招聘的可信度比较高。如果方便，求职者可以亲自寻访用人单位所在地址，向周围人员打听该单位的经营信息。到用人单位参加面试，要注意观察单位的营业执照等相关证件，以及招聘地点是否设在单位的办公场所，对租用房间作为应聘地点的单位要格外警惕。

### 2. 拒交各种名义的费用

任何招聘单位，以任何名义向求职者收取报名费、抵押金、风险金、服装费、培训费等行为，都属非法行为。即使招聘单位培训本单位的员工，也不允许随意收取培训费。求职者遇到此类情况，要坚持拒交，并向招聘单位所在地区举报，以确保自己的合法权益不受侵害。

### 3. 掌握劳动法规和相关政策

求职者在求职前或求职过程中，应主动学习一些劳动法规和相关政策，提高自己的求职素质，增强抵御求职风险的能力。与劳动者求职就业有关的主要法律规定如下。

（1）劳动者有平等就业和选择职业的权利。

（2）劳动者有取得劳动报酬的权利，同工同酬。

（3）劳动者有获得劳动安全卫生保护的权利。

（4）劳动者享有休息休假的权利。

（5）劳动者有享受社会保险和福利的权利。

（6）劳动者有接受职业技能培训的权利。

（7）劳动者有提请劳动争议处理的权利。

（8）建立劳动关系，应当订立书面劳动合同；不签订劳动合同的，加重用人单位的法律责任。

（9）试用期最长不得超过6个月；同一用人单位与同一劳动者只能约定一次试用期；试用期的工资不得低于本单位相同岗位最低档工资或者劳动合同约定工资的80%。

（10）用人单位以暴力、威胁或者非法限制人身自由的手段强迫劳动者劳动的，或者用人单位违章指挥、强令冒险作业危及劳动者人身安全的，劳动者可以立即解除劳动合同。

（11）用人单位应当按照劳动合同约定和国家规定，向劳动者及时足额支付劳动报酬；用人单位安排加班的，应当按照国家有关规定向劳动者支付加班费。

（12）对劳动者竞业限制的期限，不得超过2年。

### 4. 谨慎签订劳动合同

求职者为保护自己的权益必须与用人单位签书面合同，即使是试用期，也要签订书面合同。对于一些单位的口头承诺不要轻信，要保持清醒的头脑和高度的警惕。对于工作地点在外地的高薪招聘，如到外地某分公司、分厂、办事处工作，应当向当地相关机构或劳动保障部门咨询具体的政策和手续，签订正式劳动合同，办理必要的手续，不要一味听信用人单位的说法，避免上当。签合同时，求职者要"三看"：一看单位是否合法，如经营性单位是否经过工商部门登记以及企业注册的有效期限，否则所签合同无效；二看劳动合同是否有一些必备内容，包括劳动合同期限、工作内容、劳动保护和劳动条件、劳动报酬、社会保险和福利、劳动纪律、劳动合同终止的条件、违反劳动合同的责任等；三看合同字句是否准确、清楚、完整，不能用缩写、替代或含糊的文字表达。

5. 发觉被骗要及时报案

求职者一旦发觉上当受骗，要及时向招聘单位所在地的人事局、劳动局监察大队或公安局派出所报案，寻求法律保护。但由于劳务诈骗往往涉及公安、工商、劳动、人事等部门，求职者应该根据情况选择最有效的投诉部门，若被投诉对象为合法机构，求职者可以找劳动部门；若求职受骗情况特别严重、诈骗金额大，可以到公安部门进行报案。及时寻求法律保护不仅有可能挽回求职者的损失，而且有助于打击不良单位的违法行为和犯罪分子的嚣张气焰，从社会环境角度减少求职者的风险。

## ➤案例讨论与角色扮演

### 大地化工设计院的干部选拔

大地化工设计院是一所历史较长的大型设计单位，拥有八百多名工程技术人员。该院二室第五设计组共有 11 位成员。组长老张是位经验丰富的高级工程师，手下有 3 名高级工程师和 7 名较年轻的工程师和助理工程师。老张知识渊博，为人正派，深受组员们爱戴，大家对他都很敬服。这个组的工作一贯较好，团结也不错。

不久前，老张被市里调到一家正在建设中的大型企业负责技术工作，五组组长一职暂告空缺，急待填补。组员们纷纷猜测，都相信新组长一定在本组内部选拔。但究竟领导会看中哪一位呢？当然会是三位资深高级工程师之一了。

组内舆论普遍认为高级工程师老王希望最大。王工 43 岁，是三人中最年轻的，他不但能力强，而且很富有创新精神，设计工作一直很出色，所搞的项目中有两项曾获部颁优秀设计奖，而且英语棒，口语流利。不过，另一位高级工程师老李的实力也不容忽视。李工 47 岁，业务能力平平，但和院长私交颇深。他们是同乡，又同时调来本院，平时过往密切。大家认为第三位高级工程师老刘的机会最小。此人已经 50 岁了，来本院工作已有 23 年。业务能力不差，但创造性欠缺。此人四平八稳，从不与他人争吵，是有名的"老好人"。但是，他对各级领导过于恭顺谦卑，叫干啥就干啥，未免有些过分，引起了一些人的非议。

好几天不见院里有动静，这期间三位高级工程师干活都非常卖劲，对人也特别和气。有人跟王工开玩笑说："老王该请大伙吃一顿，要升官啦！"王工谦逊地说："我有何德何能，配当组长？"眼中却闪着几分得意之色。

一周后，院里传来正式通知：刘工被任命为五组组长。这大出人们的预料，在组内引起震动。落选的王、李两位虽然面露微笑，但显得不太自然。刘工喜形于色，认为这不仅是自己运气好，而且是他一贯"听话""敬上"的态度所致。

小组讨论题：

1. 你认为三位高级工程师中谁最适合当组长，为什么？

2. 试分析王工的人格特征、需要层次和心理变化。

3. 大地化工设计院的内部招聘存在哪些问题？

4. 试对大地化工设计院的内部招聘风险进行识别和评估。

5. 大地化工设计院应如何预防和管控内部招聘风险？

角色扮演题：

分成三个小组，分别进行角色扮演。

1. 当王工落选组长后，院长应如何与他谈话？选一位同学扮演院长，另外一位同学扮演王工，将他们的沟通过程表演出来。

2. 当李工落选组长后，院长应如何与他谈话？选一位同学扮演院长，另外一位同学扮演李工，将他们的沟通过程表演出来。

3. 当刘工当选组长后，院长应如何与他谈话？选一位同学扮演院长，另外一位同学扮演刘工，将他们的沟通过程表演出来。

（其他同学要注意观察每组的表演，提出问题并进行讨论，任课教师进行对比分析、点评和总结。）

## ➤情景模拟与角色扮演

### 应对人员招聘风险

**教学目的：**

在人员招聘风险的教学过程中，运用亲验性教学方法，帮助学生全面灵活地掌握防范人员招聘风险的知识和实务技能，提高其风险意识、沟通能力、应变能力、分析和解决问题的能力；同时通过求职面试，帮助学生掌握减少供需双方信息不对称的手段，体验防范求职风险的技巧。

**模拟内容一：**

针对下列招聘风险案例，模拟制订风险防范预案。

案例（一）：人力资源部收到张三的简历和求职申请等资料，资料表明张三的学历、工作经验、专业技能等各方面的条件都非常优越，在安排其面试前，人力资源部需做一份风险防范预案，内容涉及如何识别应聘者信息的真伪及了解对方真实的求职意图。

案例（二）：三个月前，人力资源部招聘并录用了李四，安排其承担下属采矿场重要岗位大车司机一职。当时招聘时，面试和技能测试都表明李四在驾驶采矿工程车方面经验丰富、技能水平较高；推荐人也说李四在原单位的业绩优秀。但是试用期将满，采矿场反映李四的实际工作表现平平。在做出是否继续留用李四的决定前，人力资源部需要弄清李四绩效不佳的原因，防范用人不当的风险。

案例（三）：春节过后，人力资源部在本地一所重点院校招聘并录用了一名测绘专业的研究生王五。企业在王五发来的就业协议上签字盖章，回寄给王五所在学校。殊不知，王五向企业隐瞒了已参加某地公务员考试的情况，并私自扣下协议，迟迟不将学校签章的协议寄给企业。直到5月，公务员考试结果揭晓，王五上榜，这才提出不来上班的要求，并试图利用企业一方没有协议书原件，回避违约赔偿责任。现在，人力资源部要起草一份预案，追究王五的违约责任并立即向社会启动补录测绘专业人员的招聘。

模拟教学的组织过程如下。

1. 分组分工

（1）分成若干个实力相当的小组，扮演某企业人力资源部成员，确定组长，扮演人力资源部部长角色。

（2）组内成员合理分工，每人针对一个招聘风险案例，草拟风险防范预案，包含操作步骤、具体措施、工作负责人、实施人、资金预算等详细内容。

## 2. 现场模拟

模拟召开部门会议，部长主持，各成员对招聘风险案例进行简介，并提出防范预案，大家讨论预案并做补充、修订，形成可执行方案，由部长审阅并签署通过。

## 3. 总结分析

（1）各组同学分别总结模拟工作的经验和不足，各组组长完成"应对人员招聘风险情景模拟总结"（列明组内成员的分工和表现），提交各成员草拟和修订的招聘风险防范预案及相关材料。

（2）教师对全体同学的情景模拟进行总结，指出各组的优点和不足，并根据各组的预案、现场模拟效果、总结材料进行综合评定，给予各小组一定的分数和评价。

### 模拟内容二：模拟针对张三的面试

模拟教学的组织过程如下。

## 1. 确定分工

（1）保持原来扮演人力资源部成员的角色不变。

（2）学生自荐与学生干部指定结合，确定扮演张三的人选若干名。

## 2. 现场模拟

（1）要求人力资源部成员事先准备企业简介、招聘广告、拟聘岗位的工作说明书、招聘表格以及面试方案和针对性的风险预案等。

（2）要求应聘者事先准备中英文简历等应聘资料及针对该企业想要了解的问题。

（3）模拟针对张三的面试过程，组织成员甄别信息真伪，测评应聘者能力，做出对应聘者的综合评判以及最终是否录用的决策；应聘者接受询问和测试，并对要了解的组织各方面的问题提问。

## 3. 总结分析

（1）各组同学分别总结情景模拟的经验和不足，人力资源部成员完成"面试总结"（列明组内成员的分工和表现），上交企业简介、招聘广告、面试方案和风险预案等相关材料。应聘同学分别完成"模拟应聘小结"，并上交中英文简历等应聘资料。

（2）教师对全体同学的情景模拟进行总结，指出各组的优点和不足，并根据现场模拟效果、总结材料进行综合评定，给予各小组一定的分数和评价。

## ➤课后习题

1. 请简要概述招聘过程中的风险表现。

2. 概述如何防范人员招聘风险。

3. 结合实际，谈谈如何防范求职中的风险。

4. 阅读下面材料，并思考问题。

一家大型企业的老总想要招聘 8 名博士，于是请来一位招聘专家参与面试。专家问这名老总："您一次招聘这么多博士做什么呢？"老总回答说："企业现在要发展，需要人才。招聘 8 名博士，分别放在技术、人力、财务和营销岗位上，以推动企业的快速发展。"然而专家却摇摇头，并说："我建议您多招聘一些技术类的博士，至于其他三个岗位，我认为就没有必要招聘博士了，因为这些工作并不需要很高的学历要求，相反更注重工作经验。"

思考题：

（1）请分析专家给出的建议，并做出评价。

（2）分析此次招聘中暗含的招聘风险，并分析其原因。

（3）通过此案例，思考如何选择正确的招聘者。

## 参 考 文 献

包虹雁 . 2010. 浅析人力资源招聘的风险及防范 [D]. 复旦大学硕士学位论文 .

陈静 . 2007. 人力资源招聘网站评价指标体系研究 [D]. 北京邮电大学硕士学位论文 .

贾楠，李雪平 . 2010. 高校创新人才招聘成本与风险问题研究 [J]. 广西青年干部管理学院学报，20
（1）：42-44.

李宝 . 2012. 企业组织脆弱性生成机理与评价研究 [D]. 武汉理工大学硕士学位论文 .

刘恩峰，范智宏 . 2013. 企业招聘的风险及防范措施 [J]. 新西部，（12）：58-59.

申明利 . 2013. 企业人力资源招聘风险管理研究 [J]. 产业与科技论坛，12（3）：220-221.

王国强，张川娜 . 2007. 论企业人员招聘成本评估体系的构建 [J]. 中南财经政法大学研究生学报，
（6）：80-89.

# 第七章

# 预防员工培训风险

## 华正公司吃了个"哑巴亏"

华正公司与员工李毅于2012年4月8日签订《出国培训协议》，由公司出资，选派李毅去美国培训，培训期限为2012年4月15日至2012年7月15日。协议约定了服务期限和违约赔偿方式。

2012年7月15日后，公司根据项目建设调整情况，延长李毅在美国的培训期限，直至2012年12月23日。但不久，李毅不辞而别且去向不明。

为此，华正公司申请劳动争议仲裁，要求李毅赔偿2012年4月15日至2012年12月23日在美国的培训费用。华正公司胜诉，判决解除劳动合同关系，李毅赔偿华正公司自2012年4月15日至2012年7月15日在美国的培训费4万美元。

虽然华正公司胜诉，但是李毅下落不明，公司应得的赔偿一直没有着落。

思考题：

1. 对于华正公司而言，除了表面上的4万美元违约金，还隐藏着哪些损失？

2. 发生这种情况的原因是什么？如果你是华正公司的人力资源总监，为避免此类情况再次发生，应采取哪些具体措施予以防范？

# 第一节　员工培训风险概述

20世纪90年代，人类社会进入知识经济时代，知识开始成为经济发展的重要推动因素。而人力资源凭借其整合知识、智慧能力的特点被认为是形成企业核心竞争力的关键资源之一，并且逐渐成为企业在激烈的市场竞争中取胜的决定性因素。在经济全球化的推动下，企业必须不断提高自身的人力资源竞争力，通过加强对员工的教育培训、提升员工素质来提升企业业绩和实现战略规划。为了促使企业的持续良性发展，员工培训的重要性不言而喻。但现实中，培训风险的广泛存在给培训工作带来了困难。

## 一、员工培训风险的界定

培训风险是指企业在培训的过程中，由于观念、组织、技术、环境等诸多负面影响而对企业造成直接或潜在损失的可能性。从风险的成因来看，培训风险可以分为培训的内在风险和外在风险。

内在风险是指企业没有对培训进行合理规划和有效的管理而导致培训的质量不高，培训目的难以达成，培训的投资效益低下。培训的内在风险源于培训本身，它主要包括培训的观念风险和技术风险。

培训的外在风险是指虽然培训项目达成了预定目标，但各种外在因素导致企业遭受直接或间接损失的可能性，常见的培训外在风险主要包括培养竞争对手的风险、培训收益的风险。

## 二、培训风险的起因

培训风险的起因可以从培训对象的特殊性、培训过程的管理两个方面加以分析。

### （一）培训对象的特殊性

培训是一种投资行为，其特性除了投资行为本身存在的客观风险性之外，还包括人力资本所特有的不可分割性、流动性及个体的不均衡性。正是人的属性强化了培训风险。

1. 培训投资者与受益者的分离性

根据一般物质资本产权理论，投资者享有产权，同时也承担投资风险。然而由于培训给员工带来的知识和技能的增值依附于个人，企业在员工培训上进行投资之后，员工身上增加的部分产权并不因为企业承担了投资风险而被其所拥有。

2. 人力资源的流动性

员工在接受培训之后，会提出如增加工资福利、职位晋升的要求，而这些需求一旦无法得到满足时，员工就可能会跳槽，造成了员工的流失风险。

3. 人力资源的个体不均衡性

每个个体都是平等的自然人，但每个人的效用由于智力、体力、技能和知识的不同而存在差异，这种差异在个体中体现为不均衡性。而这种不均衡性更增强了培训的不确定性，往往容易使决策者用人不当。除此之外，不确定性也存在于培训效果之中，企业的硬件和软件、企业文化、企业环境等都会对培训效果产生不同程度的影响，进而产生培训风险。

### （二）培训过程的管理不善

培训风险虽然主要取决于培训对象的特性，但培训过程的管理也会对培训风险的形成产生一定的影响。管理者如果不能充分理解培训的复杂性和系统性，或在分析培训需求、制订培训计划、选择培训内容、评估培训效果、转化培训成果等环节中管理不当，都会影响培训效果或者产生培训风险。

具体来说，由管理原因导致的培训风险有以下几种。

#### 1. 培训前风险

培训前风险主要是指企业在培训前，确定培训需求和培训目标过程中所面临的风险。培训需求的确定要建立在组织培训需求分析的基础上，是整个培训项目存在的前提。在确定培训需求阶段，存在风险的主要原因有以下几个方面。

1）企业需求分析

很多企业由于没有能够准确把握不同岗位技能需求以及企业整体发展方向，造成了组织要求的不准确。另外，很多企业对于岗位技能需求的表达比较宽泛，再加上复杂的外部环境给收集信息增加了不小的难度，这些因素都会误导培训需求。

目前，我国不少企业缺乏完善的培训需求分析系统，管理者在培训前都没有对于培训需求进行全面的分析。有的企业甚至盲目跟风，在没有进行培训需求分析的情况下就把别的企业的培训内容如法炮制过来。企业如果没有对培训需求进行认真分析，对于企业来说不仅不能解决任何问题，还会造成财力、物力等资源的浪费，对于员工来说，也会挫伤其参与培训的积极性，有百害而无一利。

2）企业现有人力资源水平分析

企业在确定培训项目的同时，还需要准确评估现有人力资源的水平。若评估不准确，高估或低估了现有的人力资源水平，会直接导致企业设置的培训项目和培训目标不合理，造成培训资源浪费或员工培训受挫，最终都会使培训效果大打折扣。

3）企业培训需求分析人员

培训需求分析经常由企业人力资源部门外聘的专家来进行，但不同的专家对企业现状的了解不同，加之个人认知水平、分析能力、个人经验等方面的差异，都会导致不同专家的分析结果迥异。如果负责培训需求分析的人员本身存在对培训需求的理解不到位、分析方法选择不得当、分析能力不足等问题，培训项目失败也就在所难免。

#### 2. 培训实施中风险

在培训计划的实施过程中，采取的培训方法、员工的态度及其他因素都会干扰到培训效果。例如，受训员工对于培训项目是否感兴趣、其认为培训对自己来说是否有意义等，都会影响培训结果。而培训课程的设计、管理层的态度、受训员工的认知水平都会影响受训者的主观感受。受训员工如果对培训内容不感兴趣，就会浪费培训资源。

选择恰当的培训内容和方法对于培训项目来说也是至关重要的。可供选择的培训内容和方法很多，主要受培训专家的个人影响，专家如果对企业现状了解不到位、对培训目标理解不充分、对受训员工的需求不能理解，就会影响专家对于培训方法的选择，而选择的培训方法及内容如果不适当，对企业资源都是一种浪费。

### 3. 培训后风险

培训是否能够达到培训目标，受训员工能否将培训过程中所学的知识和技能运用到日常工作中提高工作效率，此即培训后风险。培训后风险主要由以下原因造成。

1）受训员工流失和技术流失

培训结束之后，员工增加了知识和技能，提高了能力和素质，有了更高的自我实现，可能不满足于现有的工资待遇、工作环境。在一些高科技企业里，员工在培训中掌握了技术之后就跳槽，增加了技术流失的风险。企业培训是为了增强员工的资本从而更好地为企业创造利润，然而培训后的人才流失无疑造成了企业资源的巨大损失。

2）培训出竞争对手

企业培训的最终目的是为本企业培训更高水平的人才；而掌握了本企业技术的人才可能因为某些原因跳槽到本企业的竞争对手那里，成为潜藏于人才流失、技术流失背后的威胁。

3）外部环境的变化

外部环境，如技术更新换代、国家政策变化等，也会造成培训风险。因为培训效果的发挥存在滞后性，且当今社会科技高速发展，如果企业改变了发展战略、转变了发展方向，就可能使得之前员工在培训中获得的知识和技能无处运用，企业的培训投资得不到回报；此外，企业作为核心竞争力的关键技术也可能由于国家政策的调整而失去其独有的竞争优势。

# 第二节  员工培训风险的表现

## 一、培训收益风险

投资就是为了获得收益，企业员工培训收益风险主要有几个方面。

（1）培训过程的某个环节出现问题，就会使培训的收益小于企业的培训投入，培训得不偿失。

（2）投资要体现出应有的效益，总是需要一定的时间。如果企业因为技术的更新换代、政策的变化等对于发展战略、经营范围进行了调整，之前的培训效果就无法发挥，企业就得不到培训回报。

（3）贬值风险。随着社会的发展，知识的变化、技术的更新、顾客需求的转变都会造成企业产品的贬值乃至于人力资本的贬值，这也是一种培训的贬值风险。贬值风险还包括人力资本的利用率问题。尽管企业对培训投入充足，但对人力资本不恰当的利用也会造成实际上的人力资本贬值。

## 二、培训观念风险

培训不仅是一种实践，更是一种理念，落后和超前的管理理念都直接影响着培训的实践。观念风险主要是指企业的高层领导或受训员工对培训的错误认识和错误定位而导致损失的可能性。

### 1. 把培训看成是成本消耗

目前，一些企业管理者对培训的认识不正确、不全面，主要体现在不把培训看成一种投资而是一种成本消耗，具体表现为以下几点。

（1）培训是一项浪费人力、物力和财力的活动。

（2）培训和企业要完成的目标没有直接的关系。

（3）企业运营好、利润高不需要在培训上投入等。

### 2. 对培训体系的认识偏误

许多企业除了对于培训作用的错误认识，还存在对培训体系的错误认识。

（1）培训工作只与人力资源部门的相关负责人有关。

（2）培训不需要企业高层人员的参与。

（3）培训只需要针对企业中能力不足的员工。

（4）社会上热衷的培训项目每个企业都适用。

### 3. 过分夸大培训的作用

另一些企业领导人却把培训的作用夸大了，他们认为培训可以解决一系列问题，提高员工绩效进而改善组织绩效，从而导致企业对员工培训投入过多，且缺乏针对性，导致企业资源耗费过大却无明显收获。

### 4. 忽视精神层面的培训

还有一些管理者将培训的目的单纯地总结为将工作中所必需的知识和技术技能传授给员工。其实，培训对于提高员工对组织的认同感及培养员工的团队协作精神等方面也有重大意义。如果对于企业没有认同感，容易造成员工在接受培训之后由于追求物质待遇而跳槽；而没有良好的团队协作精神，员工就无法快速融入团队，对于团队的和谐、同事相处以及工作效率都会产生不良影响。作为培训对象的员工，他们是培训的直接参与人，培训的成败与他们对于培训的正确认知以及端正态度有着密不可分的关系。例如，如果受训员工认为培训只是形式主义，对于他们的工作没有任何实质性的辅助的话，必然会导致培训失败。

### 三、培训制度风险

培训是一个由培训需求的确定、培训计划的制订、培训内容和方式的选择、培训效果的评估、培训成果的转化等各个环节组成的一个动态过程，需要在一套行之有效的制度下实施管理。例如，沃尔玛就有一套非常完善的培训体系和人才发展体系。沃尔玛会为每个员工量身定做个人发展计划，这个计划包括员工的强项是什么、弱势和不足是什么，然后由员工的上司和员工本人一起来制订行动改善计划。接下来，培训部门就把这名员工放到一个被称作"3E"的学习模式里面，包括 education（课堂学习）、exposure（经验交流）和 experience（实践），这是一个完整的体系。相反，如果培训制度缺乏现代人力资源管理理念的正确指导，或者制度本身不健全都会产生培训风险，而培训的针对性不强很大程度上就是与培训制度缺乏系统性有关。

### 四、培训技术风险

培训技术风险是指在培训需求分析、制订培训计划、培训实施以及培训评估环节中因为操作和方法不得当，不能及时、正确地做出判断而对企业造成损失的可能性。

在实践过程中，如何正确地选择培训技术与方法十分重要。培训技术应该要选择最适应于企业自身情况及相关制度的，而不是着眼于最先进的培训技术。每一种培训技术和方法都有自身的优缺点及适用条件，如果忽视了这些，单纯地选择先进技术不仅不能够产生最佳效果，有时还会背道而驰。

### 五、员工流失风险

受训员工的流失无疑给企业带来了各种各样的损失。

#### 1. 直接损失

直接损失是指企业在进行培训活动中为员工花费的学费、讲师费用、场地费用等，还包括在培训期间给员工支付的薪资福利。

#### 2. 间接损失

间接损失是指受训员工在参与培训期间无法全身心投入工作造成的损失。这时企业需要外聘临时人员或将其他部门人员临时调拨来弥补受训员工的岗位空缺，在这期间造成的工作效率降低、企业利润下降都属于间接损失。

#### 3. 无形损失

无形损失主要包括：流失人才会影响留在企业员工的士气，对他们造成负面效应；人才流失会影响企业在行业里的外部形象，使得原本想要加入企业的人才有所踌躇，不利于企业吸收优秀人才；流失的员工可能掌握着本企业重要的信息，如生产工艺、客户信息等，如果受训员工跳槽后为竞争对手服务，这对本企业的打击将是非常大的。

## 六、激励风险

企业培训投资的受益者是员工，他们每个人具有不同的个性特征。如果企业能够有效地创造激励的外部环境，员工就能够不断发挥创造性和积极性，提高效率和绩效。美国哈佛大学詹姆斯教授对人力资本的能动性进行了专题研究，结果表明：如果没有激励，一个人的能力只不过发挥20%~30%，如果得到激励，将可以发挥80%~90%。同样的，如果企业没有健全的激励机制，就无法充分调动员工的积极性和创造性。培训后，员工往往会有更高的个人目标，包括职位晋升以及更好的薪酬待遇，而员工在努力实现组织目标的同时也有助于其个人目标的实现。目前，我国很多企业提高了对于培训的重视，但没有建立完善的培训效果评估体系，培训结束之后就不了了之，忽视了培训成果评价工作，缺乏对于培训前后个人及组织绩效差异的跟踪、评价以及分析，使培训工作很难发挥应有的作用。

阅读下面的材料，分析案例中存在哪些培训风险。

HT公司是一家专业从事建筑排水工程设计、安装、咨询及售后服务的公司。公司的人力资源部每年通过内外部环境调查，再结合各部门上报的培训计划，在年初制定公司总体的培训规划。公司的培训方式以授课方式和"传帮带"的形式为主，培训内容以岗位所需的基本知识和技能操作为主，培训时间通常安排在周末。培训结束后，偶尔会对参训的员工进行考试，但没有具体的培训评估体系。

由于每年都会有大量的新员工加入，公司十分重视对新员工的培训工作，而针对老员工（尤其是高层管理者）的培训比较少。公司认为，企业目前发展得很好，效益也不错，没有必要在老员工的培训上花很多精力。而且，高层管理人员一般都有学历、有技术、有丰富的工作经验，是通过层层筛选提拔上来的，况且他们工作都很忙，没有时间、也没有必要参加培训。

公司现在的培训氛围也很沉闷，员工的积极性不强。在培训过程中，员工始终处于被动的地位，有的甚至是迫于公司制度的压力才参与培训，导致目前培训工作只是个形式，真正的培训成果转化效果并不显著。

目前，公司的培训工作还常会出现这样的问题：公司通过培训提升了员工胜任力，员工却选择离开公司，甚至会到竞争对手企业工作，赔了夫人又折兵；但公司不组织培训，又担心会影响企业的竞争力。因此，与培训员工相比，公司更倾向于从市场上直接招聘所需人才。

# 第三节　如何预防员工培训风险

## 一、员工培训风险识别

企业在对其员工进行培训时面临着许多风险，为了更好地防范风险，首先应该进行培训风险识别。这是企业进行培训风险管理的第一步，也是最关键的一步。培训风险识别是指对企业在员工培训过程中所面临的以及潜在的风险加以判断、归类和鉴定风险性质的过程。培训风险识别对于一个企业的培训工作者来说，是一项持续性的工作，同时也是培训风险管理的基础。风险具有可变性，这就需要风险管理者不断地识别风险，及时发现新的潜在风险以及原有风险的可能变化。从培训流程来看，可将培训风险分为培训需求风险、培训设计风险、培训实施风险和培训转化风险，如图 7-1 所示。

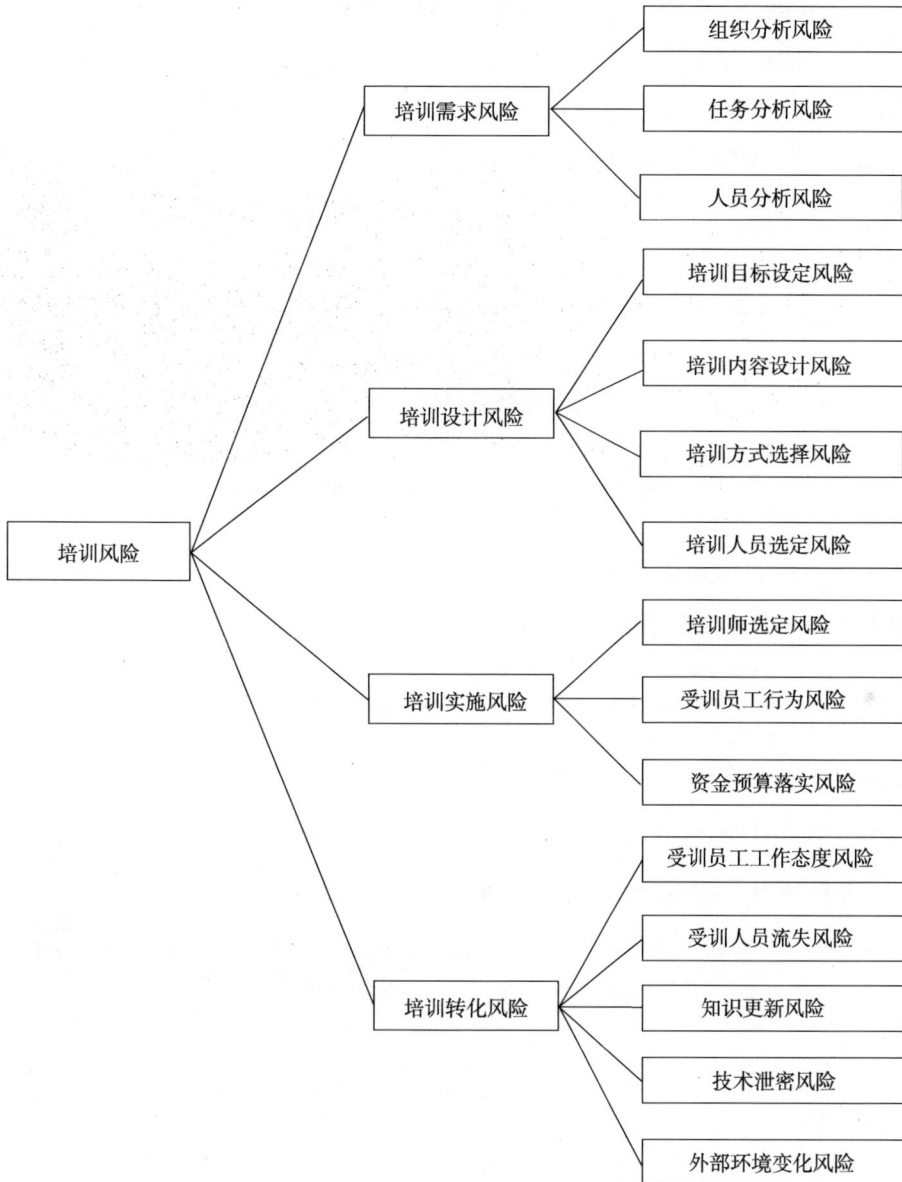

图 7-1　员工培训风险识别的内容

对员工培训风险因子进行识别，形成如下的鱼骨图。

**1. 培训需求风险因子识别**

员工培训需求风险主要包括以下三个方面，如图 7-2 所示。

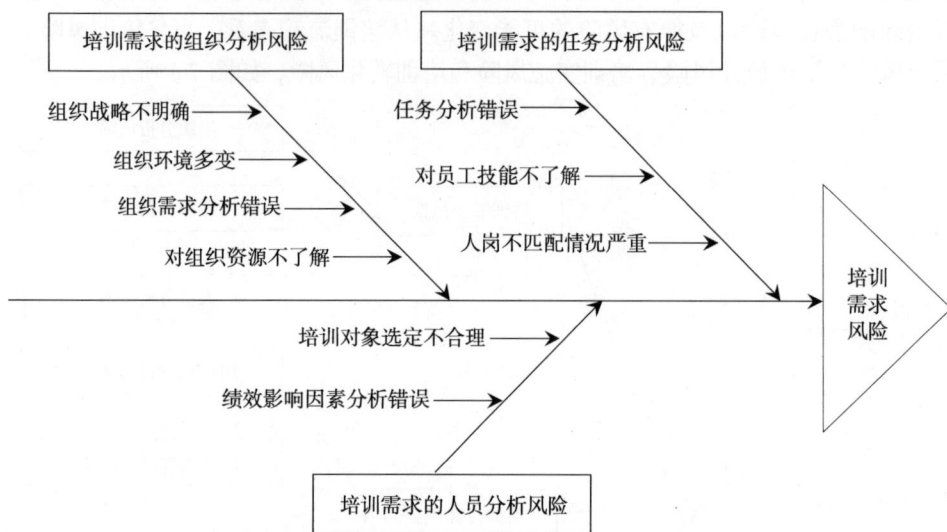

图 7-2　培训需求风险因子识别的鱼骨图

**2. 培训设计风险因子识别**

培训设计风险主要包括以下四个方面，如图 7-3 所示。

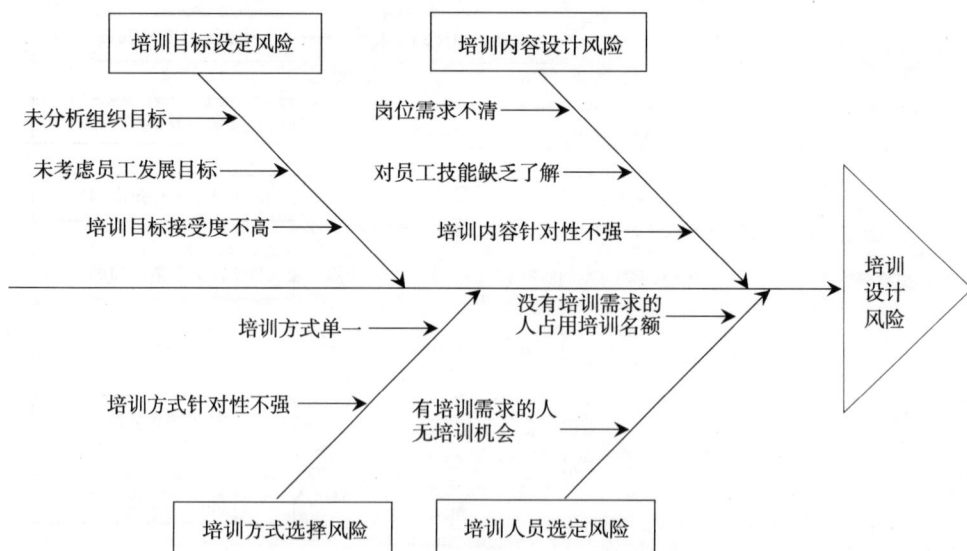

图 7-3　培训设计风险因子识别的鱼骨图

### 3. 培训实施风险因子识别

培训实施风险主要包括以下三个方面，如图 7-4 所示。

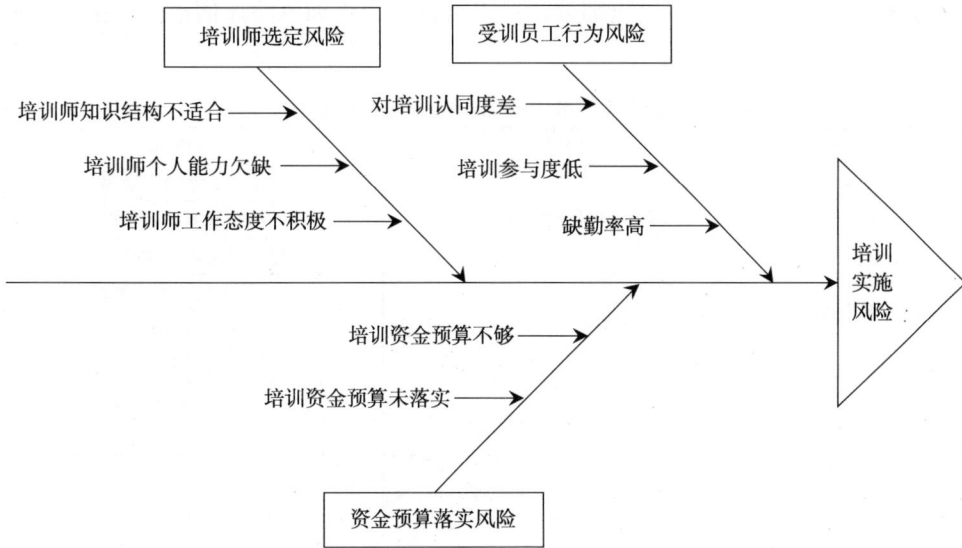

图 7-4 培训实施风险因子识别的鱼骨图

### 4. 培训转化风险因子识别

培训转化风险风险主要包括以下五个方面，如图 7-5 所示。

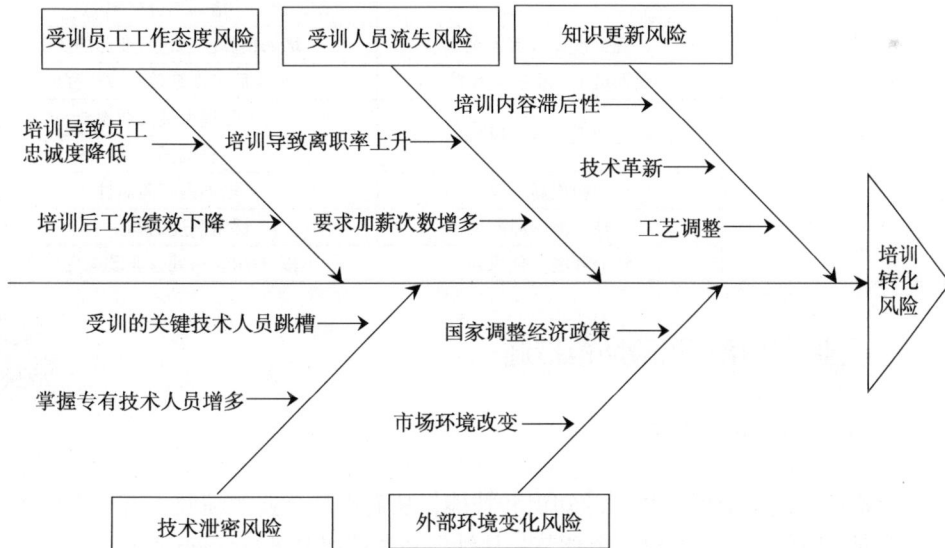

图 7-5 培训转化风险因子识别的鱼骨图

## 二、员工培训风险的评估

对每一培训阶段的风险做出细分，可以得到员工培训风险评估指标体系，如表 7-1 所示。

表 7-1　员工培训风险评估指标体系

| 一级指标 | 二级指标 | 三级指标 |
| --- | --- | --- |
| 培训需求风险 | 组织分析风险 | 组织战略的清晰程度 |
| | | 组织环境的稳定程度 |
| | | 管理者对培训活动的支持程度 |
| | 任务分析风险 | 对员工技能的了解程度 |
| | | 人岗不匹配程度 |
| | | 职位说明书清晰程度 |
| | 人员分析风险 | 受训准备程度 |
| | | 学习动机程度 |
| 培训设计风险 | 培训目标设定风险 | 培训目标认同度 |
| | | 培训目标清晰度 |
| | 培训内容设计风险 | 开展培训需求调查程度 |
| | | 培训内容针对性 |
| | 培训方式选择风险 | 培训方式多样性 |
| | | 培训方式趣味性 |
| 培训实施风险 | 培训师选定风险 | 培训对象的满意度 |
| | 受训员工行为风险 | 受训人员缺勤率 |
| | | 培训不合格率 |
| | 资金预算落实风险 | 培训预算占公司营业额的比例 |
| 培训转化风险 | 受训员工工作态度风险 | 培训后工作绩效的改进程度 |
| | 受训人员流失风险 | 受训人员离职率 |
| | | 薪酬满意度 |
| | 知识更新风险 | 培训内容滞后性 |
| | 技术泄密风险 | 保密制度的约束力 |
| | 外部环境变化风险 | 国家对组织所处行业政策变化度 |

## 三、企业员工培训风险防范措施

### （一）加强培训管理

企业希望通过培训提高员工的知识和技能，从而提高企业的绩效。这就需要企业重视培训管理，细化到培训的每一个环节，从计划到考核都要进行合理规划。

#### 1. 做好培训需求分析

培训需求包括企业的发展战略和员工个人的基本信息。企业的培训首先需要满足企业的发展目标，其次也要充分考虑员工的基本情况和需求，如员工的知识水平、掌握的技能、兴趣爱好等，只有将企业的目标以及员工的信息都考虑在内，培训才能够成功。培训需求分析的内容应该包括组织分析、企业经营战略分析、人力资源需求分析（包括种类、数量和质量）、工作规范分析（包括工作任务、工作责任、督导与组织关系和工作量等）、工作环境分析（物理环境、安全环境等）、任职条件分析（教育培训背景、必备知识、经验和心理素质等）、培训对象层次分析（企业高层管理者、中层管理者、基层管理者、一般员工和新进员工等）、人员能力、素质和技能分析、人员绩效分析等。

培训需求信息收集的方法包括观察法、问卷法、访谈法、关键事件法、小组讨论法等，企业应该根据自身的实际情况选择最适宜的方法。

### 2. 做好培训的转化工作

企业实施培训的直接目的是希望受训员工能够将所获得的知识及技能充分运用到工作中。但许多企业，投入巨资到培训工作中却收获甚微。根据相关研究表明，一般的培训只产生 10%~20% 的转化率，即 80%~90% 的培训资源被浪费了。这是任何一个高绩效企业都无法接受的浪费。为了降低这种浪费，培训工作管理者可以让受训员工在培训结束之前制订行动计划，让员工在行动计划中将培训内容与工作充分结合，采用过渡学习的方式将培训效果成功转化，并使用绩效考核等方法引导员工不断改进工作方法，提高工作效率。

### 3. 做好培训的评估工作

培训评估，是指对培训效能发挥程度或教育目标的实现程度，进行科学分析、比较、综合、判断的过程。培训评估需要贯穿在培训过程和培训结果中。如果企业能够在培训过程中进行多次反复地调查评估，就能够随时了解培训工作的进展，并根据实际情况适时进行调整，使得培训工作更加顺利地完成。同时，评估不仅要注重考核受训人员的培训成效，还应该强调对整个组织绩效产生影响的培训结果。

## （二）设立完善的人力资源管理制度

规章制度是企业的行为准则。只有制定并严格执行规章制度，企业的生产和运作才能步入良性循环。对待培训亦是如此，健全的人力资源管理相关的规章制度能够更有效地降低培训的风险。企业可以通过完善人才档案制度、人才选拔、聘用和考核制度，建立科学的员工绩效考核机制，明确培训费用支付原则等方法来降低培训风险。

## （三）建立优秀的企业文化

优秀的企业文化是一种强大的凝聚力和向心力，能调动全体员工的积极性和创造性，使企业能够更加健康地发展。优秀的企业价值观和经营哲学作为企业的灵魂，不仅决定着整个企业的发展走向，同时也指引着企业培训的方向——更加重视员工自我实现和自我完善的需求。企业为了满足员工的需求而努力建立与这种需求相适应的培训体系。在优秀的企业文化指导下，培训管理者应该把员工的利益与企业的长远利益更加紧密地联系起来，并且让高层领导和员工提高对培训的重视，打消他们认为"培训是可有可无的附属品、培训是形式主义"这样不正确的观念。长此以往，员工通过接受培训不仅丰富了知识提高了技能，还实现了人生价值，这能够极大地激发员工的工作热情，增强员工的凝聚力、忠诚感和归属感，提高员工的积极性和创造性，从而提升企业整体效益水平。

## （四）合理地限制人才流动

人才流动的原则，是通过流动使人才找到自己的位置。但是无序和没有法律规范的盲目流动，却会给社会带来负面效应。合理的人才流动与不合理的人才流动，二者的区别在于是否遵守劳动纪律，执行劳动合同，保守商业秘密。有些员工参加培训的目的只是为了"镀金"，为了拿个文凭，为自己日后的晋升和跳槽捞些资本，至于真正能学到多少知识，掌握多少技能以及能为企业发展创造多少效益则很少关心。如果企业缺乏培训风险防范意识，不能在培训前对培训风险进行有效的预测和控制，培训后若出现人才的流失，企业自身的权益将得不到维护，从而对企业的稳定和发展造成不利影响。所以，在培训前，针对可能出现的风险，签订培训合同，约定培训考核的方法、培训后的服务期限以及违约责任等，是十分必要的。为了避免劳动者侵犯用人单位的商业机密，用人单位和劳动者还可以在培训合同中约定保守商业秘密的条款或竞业禁止条款，以保护组织的合法权益。

### ➤案例讨论与角色扮演

#### 小马为什么提不起干劲

小马是某知名高科技公司研发部的高级工程师，自从他1999年进入公司以来表现出众，总能够在规定的时间内高质量地完成任务，因此得到了上级和客户的认可。在项目开展的过程中，他还会主动发现问题、提出建议，以缩短项目周期并节约不必要的资源消耗。

然而，最近几个月，小马的积极性却不像之前一样了，他负责的几个项目虽然都按时完成了，但都没有完全满足客户的要求，工作效率和绩效都出现了明显的下滑。

研发部新上任的黄经理认为是小马先前陈旧的知识结构无法适应现在的工作才会影响他的工作状态，于是他为小马提交了参加相关业务知识培训的申请书。人力资源部门马上为小马报名参加了一个关于编程方面的培训课程，希望以此更新他的专业知识储备。

结果，一周的培训结束后，小马回到工作岗位，但工作状态居然完全没有好转，这让黄经理倍感困惑。

人力资源部梁经理在与小马进行了深入沟通和交流之后，发现原来真正的原因是小马认为自己没有得到晋升机会以及与黄经理关系不融洽，才使得他提不起干劲工作。

讨论题：

1. 这次培训失败的主要原因是什么？由此可以看出该企业在培训方面存在什么风险？

2. 假如你是人力资源部的梁经理，你打算怎么做？

3. 假如你是研发部的黄经理，你打算怎么做？

4. 你从这个案例中得到了什么启示？

角色扮演题：

1. 选一位同学扮演人力资源部梁经理，另一位同学扮演小马，将两人的沟通过程表演出来。

2.选一位同学扮演人力资源部梁经理，另一位同学研发部黄经理，将两人的沟通过程表演出来。

（其他同学要注意观察，提出问题并进行讨论，教师进行点评和总结。）

## ➤课后习题

1.员工培训风险的表现有哪些？

2.简要概述员工培训风险识别的方法及特点。

3.请从不同角度分析，如何防范企业员工培训风险。

4.阅读下面材料，并思考问题。

一家企业的人力资源总监需要制订一份人员培训计划，现有两个方案。方案一：将培训经费分为两个部分，一部分拿来给那些绩效不合格的人进行培训，争取使他们的绩效能够达到企业标准；另一部分拿来给那些绩效平平的人进行培训，争取使他们的绩效达到优异水平。方案二：直接放弃或淘汰那部分绩效不合格的人；先拿出少部分的培训经费培训那些绩效一般的人，并观察培训效果；剩下大部分培训经费用于培训那些绩效很好的员工，争取使他们的能力发挥到最大，为企业带来更多的效益。

思考题：

（1）如果你是这家企业的人力资源总监，你会选择哪一个方案？请分别分析两个方案的风险。

（2）你还可以提出更好的培训方案吗？

（3）通过案例，你认为如何才能够降低员工培训风险？

## 参 考 文 献

程正敏.2012.企业员工培训投资风险评估及预防策略研究[D].西南大学硕士学位论文.

贾昕.2012.企业员工培训风险与规避策略[J].人力资源管理，（7）：66.

金伟.2010.浅议企业培训风险及其防范策略[J].经营管理者，（1）：69，82.

汪晓媛.2013.岗前培训风险及其防范[J].企业改革与管理，（4）：60-62.

赵晓霞.2011.企业人力资本教育投资的风险及对策研究[J].中国新技术新产品，（5）：217.

周春光.2011.基于灰色理论模型的企业培训风险分析[J].重庆与世界，（15）：127-135.

# 第八章

# 化解绩效管理风险

## 银河视觉设计公司的绩效管理

银河视觉设计公司成立于1998年，是南京市一家以户外广告为主营业务的私营企业。自成立以来，银河视觉设计公司逐步发展壮大，现有直系下属单位5家，公司总人数100人，管理人员30人，2008年曾在南京市场占有率名列前茅，2014年年产值900多万元，是南京小有名气的广告设计公司。

随着市场竞争的日益激烈，考虑到公司未来的发展前景，公司董事会决定引用先进科学的管理方法和手段，并取得了不错的效果。但是由于该公司绩效考核还一直运用传统的模式，不仅未能发挥其应有的作用，还造成了诸多负面影响，其中2013年公司人员的流动率达到45%。为解决绩效考核方面存在的问题，总公司要求各分公司依照地方法律法规和实际情况，建立健全员工的绩效考核方案，使之为公司的健康发展提供有力支持。

在总经理的倡导和行政及人力资源部的组织下，银河视觉设计公司各直系下属单位开展了很多有关绩效考核方面的培训，多次召开总监级以上会议，探讨可行的措施和方法，并建立了一套绩效考核方案。该方案在一定程度上减少了员工的流动性，对员工的激励也日益突显。但由于该绩效考核方案过多地强调任务业绩，对员工的能力和相关绩效的考核不够重视，同时，存在考核指标不够全面、考核标准不够明确、考核周期不够合理、考核沟通和反馈欠缺等问题，导致考核结果并没有得到充分的应用。

思考题:

1. 银河视觉设计公司的绩效管理存在哪些风险?

2. 银河视觉设计公司绩效管理风险的成因有哪些?

3. 你认为应该如何评价和管控该公司的绩效管理风险?

# 第一节　绩效管理风险概述

绩效管理作为现代企业人力资源管理的一种重要工具和手段,在战略、人才开发及员工管理等方面发挥着重要的作用,这一点已经逐渐成为我国企业的一种共识。因此,许多企业都在实施或者准备实施绩效管理。然而在已经实施了绩效管理的企业中,不少企业在绩效管理方面做了大量的工作,却并未取得理想的效果,所以有些企业浅尝辄止,维持现状,不再继续探索改进绩效管理;还有些企业则知难而退,不了了之,不再实施绩效管理。

绩效管理中存在的问题可能导致员工行为与组织目标存在一定程度上的偏离,进而给组织带来意想不到的损失。这种风险所导致的后果轻则阻碍企业的发展,重则让企业遭受毁灭性打击。所以,有必要对其加强研究,并采取措施加以控制。

## 一、绩效管理风险的内涵与特点

### 1.绩效管理风险的内涵

绩效管理风险是指在绩效管理过程中,没有科学地处理各环节之间的关系,导致绩效管理结果与预期目标偏离,从而给企业经营管理带来损失的可能性。

### 2.绩效管理风险的特点

绩效管理风险具有风险的共性:首先,绩效管理风险具有负面性的特征。因为绩效管理风险一旦发生,必然会给企业造成直接或者间接的损失。其次,绩效管理风险具有客观性。绩效管理风险的客观性是由管理、人员素质等因素的客观性决定的。最后,绩效管理风险具有风险的本质特征,即不确定性。绩效考核结果反馈不及时,管理者采取"公平主义"评价方法等,都是引发绩效管理风险的重要原因,而这些原因都是不确定的,决定了绩效管理风险具有不确定性的特征。

绩效管理风险还有其自身的特点:一是模糊性。绩效管理过程中的很多风险不能用数字准确量化,只可以定性判定,因而不能采用数理统计方法,准确判定风险发生的概率大小以及可能造成的损失程度。另外,不同的管理者因为其价值观的差异,对于风险的认识可能出现偏差,也决定了绩效管理风险具有模糊性的特点。二是双重性。风险是一把双刃剑,在带给企业损失的同时,也可能为企业带来意外的收益。伟大的管理者将风险当做一种经营机会,化风险为收益,使得风险不仅不会给企业带来损失,甚至可能给企业带来潜在的收益。三是行为相关性。绩效管理的主体是人，因而绩效管理风险的产生与人的行为息息相关。当行为人采取了正确的决策行为，就可能规避绩效管理风险；反之，若行为人采取了错误的决策行为，可能使绩效管理风险发生的概率增大，造成更严重的损失。

## 二、绩效管理风险产生的原因

绩效管理风险产生的原因包括外部原因和内部原因。外部原因一般是企业所处的宏观环境，这是企业的力量难以改变的，但了解这些因素可以帮助企业明确自身的处境；内部原因一般是企业自身造成的，是企业可以通过自身努力加以改变的。分析企业绩效管理风险产生的原因，有利于针对性地采取防范的措施。

### （一）绩效管理风险产生的外部原因

绩效管理风险产生的外部原因是指企业经营所面临的外部环境所致，来源于社会中的各类组织均需要面对的共有环境，大致可以从政治、社会、经济、技术四个方面来分析。

#### 1. 政治方面

国家的社会制度、政府方针与政策以及法律体系共同构成了企业面临的政治环境。如果企业对政府方针与政策以及国家的法律体系不够了解，所设计的绩效管理制度可能会违背政府政策与法律，在实施的过程中很可能引发绩效管理风险。

#### 2. 社会方面

居民教育程度和文化水平、风俗习惯、价值观、宗教信仰等共同构成了企业所处的社会环境。文化、价值观和道德品质等因素影响着人的行为和思维方式，在一定程度上影响绩效管理的结果。例如，良好的社会文化氛围对人产生积极的影响，使人诚信、有责任感，有利于降低绩效管理风险发生的概率，而不良的社会氛围则会增大绩效管理风险发生的概率。

#### 3. 经济方面

经济环境包括宏观经济环境和微观经济环境。宏观经济环境包括一个国家的人口总额及发展趋势、国民收入、国民生产总值等情况。微观经济环境主要是指企业所在地区的消费者收入情况、储蓄水平、就业程度等因素。经济环境对绩效管理制度的设计有重大影响。例如，假设一个地区就业机会较多，对当地员工就会有较大的需求，如果企业未能及时制定合理的绩效管理制度，则会出现人员流失的风险。

#### 4. 技术方面

企业需要关注绩效管理领域相关技术的发展状况，及时更新相关技术和知识。如果企业在绩效管理中，技术落后，必然不能最有效率地得出合理、正确的绩效考核结果，这会使得整个绩效管理流程落后，造成绩效管理风险。

### （二）绩效管理风险产生的内部原因

企业内部的因素是产生企业绩效管理风险的主要原因，可以从企业自身环境、管理者、员工三个角度对企业绩效管理风险的产生进行分析。

#### 1. 企业自身环境

企业自身环境对绩效管理有重大影响。如果企业没有明确合理的战略，绩效管理就无据可依，形同虚设；如果企业没有形成以绩效为导向的文化，绩效考核就容易流于形式；如果企业没有对员工进行绩效管理相关知识的培训，则无法让员工认同企业的绩效管理制度，企业的绩效管理工作必然举步维艰。此外，绩效管理制度和流程的设计必须充分考虑企业自身的环境，只有绩效管理的流程、方式与企业自身的环境相吻合，绩效管理才能真正发挥作用。

#### 2. 管理者

管理者在保证绩效管理工作顺利开展方面的作用不言而喻。但人是有局限性的。有些管理者对绩效管理方面的知识并不十分了解，绩效管理工作经验不足，在绩效管理工作中难免会出现漏洞和错误；有些管理者自身观念陈旧，未能正确认识绩效管理的必要性；还有些管理者对绩效管理没有系统的认识。这些因素在很大程度上会导致绩效管理风险的发生。

#### 3. 员工

普通员工是绩效管理的客体，是绩效管理的主要接受者。员工绩效意识的提高，有利于企业绩效管理工作的顺利开展，对企业战略的实现有着极其重要的意义。

如果员工对绩效管理的认识不足，认为绩效管理是对他们的束缚，会损害他们的利益，那么就会对绩效考核过程应付了事，甚至出现逆反行为。这在很大程度上会导致绩效管理风险的产生。

企业绩效管理体系的实施受内外部各种因素的影响，当这些因素发生变化时，如果绩效管理体系及制度没有及时进行修正与调整，绩效管理风险便会发生。企业的绩效管理制度应该是动态维护的，应该随着企业的经营状况变化而不断调整。

# 第二节　绩效管理风险的表现形式

企业绩效管理风险的表现形式主要有战略稀释风险、缺乏绩效沟通风险、业绩考核导向的短视性风险、缺乏关键绩效指标风险以及人力资源流失风险等。

## 一、战略稀释风险

目前，关于奖金的发放，很多企业是这样一种做法：年初企业与各个部门、员工签订责任书，到年底的时候根据责任的完成情况兑现奖金。但是，这种做法却受到了这样一种现象的挑战：各个部门、员工的绩效目标完成情况都非常好，但是公司整体的绩效情况却不是很好。

通过分析发现，主要问题在于企业的目标设立和分解过程出现了问题。部门和员工制定绩效目标时，只考虑了部门和员工个人的利益，并未从公司的战略和整体经营绩效角度去考虑，而公司在审核部门和员工提出的绩效目标时也没有考虑公司的战略和整体经营绩效，部门、员工绩效目标的完成并未对企业整体战略目标的实现产生促进作用，在某些时候甚至会产生负面的影响，最终导致"战略稀释"现象的发生。

绩效管理是战略实施的有效工具，战略能否落地最终体现在目标能否层层分解并落实到每位员工身上，促使每位员工都为企业战略目标的实现分担责任。绩效计划中对绩效目标的分解不到位，部门和员工的绩效目标只是考虑各自的工作内容提出，而不是根据企业的战略逐层分解得到，使得绩效管理与战略实施发生了脱节现象。这是战略稀释现象产生的最主要原因。

## 二、缺乏绩效沟通风险

促使员工绩效的不断提升和技能的不断提高是实施绩效管理的重要目标之一。员工是绩效管理的主体之一，员工参与绩效计划、绩效实施以及绩效考核和反馈的全过程，对于绩效管理工作的顺利开展起着至关重要的作用。所以实施绩效管理，必须要加强员工和主管之间的双向沟通，管理者必须对员工的发展真正承担起责任，积极引导员工参与到绩效管理活动中，而员工则要积极配合绩效管理工作，使得个人绩效目标支撑公司整体绩效目标的实现。

但实际工作中，很多企业的员工并不了解企业的绩效管理制度，员工不知道公司的考核指标是如何得出的，考核是怎么进行的，考核结果是什么以及是如何被运用的。

管理者也认为绩效考核是比较敏感的。通过绩效考核对一个员工的工作表现进行评价，必然有人的绩效考核结果处于最末位置，对该员工利益造成损害，如果将这些评价办法、评价过程都公开的话，那么就有可能导致管理者和被管理者之间直接的矛盾冲突，不利于工作的开展。事实上，不公开更会使员工对绩效考核结果产生质疑，甚至抵制绩效管理工作的实施。由上述分析来看，缺乏沟通将导致绩效管理无法切实的推行下去，使得绩效管理对于员工的引导作用不能有效地发挥出来，阻碍组织的发展。

## 三、业绩考核导向的短视性风险

目前，很多企业将财务指标作为绩效考核的主要指标，在绩效管理中以业绩结果论英雄。员工的薪酬待遇等都是由其业绩决定的，管理者并不关注这些行为可能给企业长期经营带来的危害。例如，美国的安然公司过度追求业绩而忽视了企业的安全，最终导致了破产。

传统的财务指标只能反映企业的短期绩效，不能反映长期绩效；只能反映最终结果，不能反映关键过程。采用单一的财务指标进行绩效考核，偏重短期利益，势必会引发公司经营管理者和员工的行为短期化，给企业的长期发展带来隐患。

## 四、缺乏关键绩效指标风险

在实际中，很多企业追求指标体系的全面和完整，没有突出岗位所需的关键绩效指标。绩效考核指标常常包括设备指标、质量指标、安全指标等，并且每个部门还都有一套独立的绩效考核指标。事实上，绩效考核只需要抓住对组织绩效起关键作用的指标，抓住那些对员工行为起引导作用的指标。复杂而全面的绩效考核指标不仅不能对企业的经营管理起帮助作用，反而会增加管理的难度和降低员工的满意度，给企业的管理造成困难。

例如，某企业对于生产线上的操作工人的考核指标多达六十多个，从产量、考勤直至机台卫生等，几乎所有的活动都规定了具体的考核指标，但员工表示，几乎没有人能够把所有的考核指标和考核标准弄清楚。这些考核指标并不能有效引导员工的行为，员工们每天考虑的是如何不犯规，怎样避免触到处罚线。在一些部门甚至出现了能少干一点就少干一点的现象，究其原因是干得越多出错的机会也越多，被扣罚的可能性也就越大。

## 五、人力资源流失风险

绩效管理的主要目的是引导员工提升绩效水平。绩效考核的结果必须和激励相结合，才能发挥它对员工的牵引作用。但是目前很多企业在绩效考核完之后，或将考核结果束之高阁，或只作为奖金分配的依据，没有很好地与其他激励措施结合起来，导致员工满意度降低。虽然人力资源流动对社会、行业、个体是件好事。但站在企业的角度，人力资源的非正常流动，特别是优秀员工的流失常常给企业带来巨大伤害。人力资源的流失不仅加大了企业人力资本重置成本，而且可能损害企业信誉，导致重要客户流失、商业技术和机密泄漏、市场缩减、企业竞争力下降等。

# 第三节　如何预防绩效管理风险

## 一、绩效管理风险的识别

风险识别过程是进行风险控制的前提，只有全面认清企业绩效管理过程中的各种风险因素，并且确定风险的性质，把握其发展趋势，才能更好地进行绩效管理风险的控制。绩效管理风险按具体工作流程可分为绩效前期规划风险、绩效考核与评价风险、绩效结果应用风险，如图 8-1 所示。

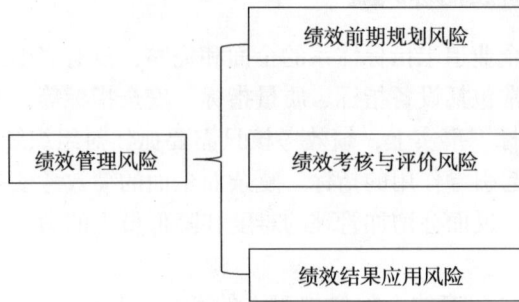

图 8-1　绩效管理风险的结构

对绩效管理风险因子进行识别，形成如图 8-2 所示的鱼骨图。

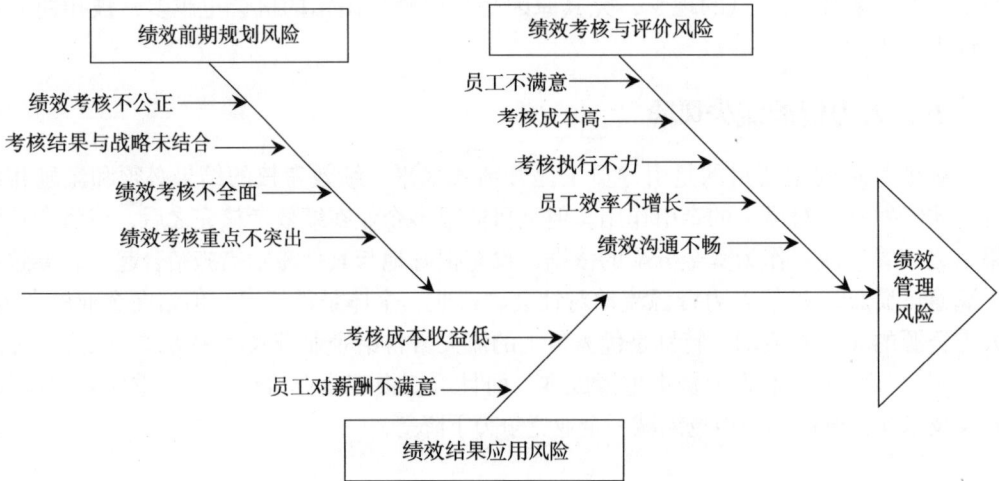

图 8-2　绩效管理风险因子识别的鱼骨图

## 二、绩效管理风险的评估

风险评估是在风险识别的基础上，采用合理的评价方法，对风险发生的可能性以及损失程度，进行全面测量、估算，从而对风险进行综合分析。表 8-1 是企业绩效管理风险评估指标体系。

表 8-1　绩效管理风险评估指标体系

| 一级指标 | 二级指标 | 三级指标 |
| --- | --- | --- |
| 绩效管理风险 | 绩效前期规划风险 | 绩效考核公正认可度 |
| | | 结果与战略的结合程度 |
| | | 绩效考核的全面性 |
| | | 绩效考核的重点性 |

| 一级指标 | 二级指标 | 三级指标 |
|---|---|---|
| 绩效管理风险 | 绩效考核与评价风险 | 绩效考核员工满意度 |
| | | 考核成本率 |
| | | 考核执行度 |
| | | 员工效率增长率 |
| | | 绩效沟通的有效性 |
| | 绩效结果应用风险 | 考核成本收益增长率 |
| | | 员工薪酬满意度 |

## 三、绩效管理风险的防范措施

### （一）规避企业绩效管理风险

这是企业绩效管理风险控制技术中最简单，也是比较消极的一种方法。通常，企业为了防止花大价钱引进绩效管理后对企业造成不利影响，常放弃绩效管理，但这样做是消极的，往往不能满足企业发展的需要，也不能调动员工的积极性。

规避企业绩效管理风险还有许多限制条件，第一是有些企业绩效管理风险不能完全规避，如战略稀释风险，其实只要进行绩效管理，就有可能发生此类风险，所以要完全规避风险是不可能的；第二是规避风险可能带来经济损失，如企业在引进绩效管理后，能够很好的运用，其价值往往要大于企业不进行绩效管理，如果规避了高风险，则获得高效益的机会也失去了；第三是规避了这种风险却有可能产生那种风险。尽管如此，在一些情况下，特别是企业风险承受能力较差时，采取风险规避措施还是有必要的。

### （二）预防企业绩效管理风险损失

在企业绩效管理风险不能规避时，可以通过构建有效的绩效管理体系、营造适合绩效管理运行的环境、建立绩效管理运行保障机制，从根源上预防风险损失的发生。

#### 1.构建科学有效的绩效管理体系

通过对绩效管理理论的学习，了解到绩效管理是由各个环节构成的一个循环体系，如果要预防绩效管理风险的发生，那么就要构建一个有效的绩效管理体系。其具体包括以下方面。

（1）制订明确的绩效计划。

（2）通过沟通实施绩效。

（3）客观、公正地进行绩效考核。

（4）和谐地做出绩效反馈与面谈。

（5）科学地运用绩效结果。

## 2. 营造适合绩效管理运行的环境

企业的绩效管理系统需要在企业内部环境中运行并发挥作用，绩效管理的运行环境是由企业战略、企业文化以及人力资源管理其他功能等因素决定的企业内部环境，绩效管理的运行必然受到企业内部环境因素的影响和制约。因此，要引导这些影响因素向有利于绩效管理运行的方向转化，为预防绩效管理风险产生铺平道路。其具体包括以下方面。

（1）构建以战略为导向的绩效管理系统。

（2）树立绩效导向的企业文化。

（3）争取广大员工的理解与支持。

（4）获取人力资源管理其他职能的支撑。

## 3. 建立绩效管理运行保障机制

建立绩效管理运行保障机制的目的是保证绩效管理系统能够在企业内有效地实施，并保持绩效管理系统自身的正确性和先进性，预防绩效管理风险的发生。其具体包括以下方面。

（1）设立组织实施机制。

（2）建立追踪管理机制。

（3）建立监督和纠偏机制。

（4）完善激励机制。

（5）实行动态调整机制。

## （三）抑制企业绩效管理风险损失

由于管理者知识和能力的有限性以及企业外部环境的不可控性，有些企业绩效管理风险可以通过预防的方法，避免风险事件的发生；而对于大部分已发生风险事件，则可以采取措施降低风险损失。一般情况下，损失抑制措施在损失幅度较大、而且无法进行风险转移或者风险规避的情况下运用。损失抑制的方式主要有两种，即分散风险和备份风险单位。

## 1. 分散风险

分散风险是指将风险划分成若干个较小并且价值较低的独立单位，分散在不同的空间，以减少风险单位的损失程度。分散风险的目的是减少某一损失造成的最大可能损失的幅度。例如，在绩效管理中对涉及技术或商业秘密的员工，设定保密或安全指标，严格限定某一员工接触秘密资料的范围和界限，分散商业秘密，防止泄露。只让必要的人知道，或者把这些秘密分散，只让他们知道一部分，有利于降低泄密风险的可能性和损失。

## 2. 备份风险单位

备份风险单位是指再准备一份有可能发生风险的单位，在原有的风险单位不能正常使用时，备份风险单位可以替代其发挥作用。使用备份风险单位有助于降低损失程度。

例如，在绩效管理中，对绩效表现在一段时间内发生较大变化，特别是绩效突然恶化的员工，要及时了解情况，找出原因。一旦发现关键岗位的员工绩效异常并且出现离职的意图，除了坦诚沟通、改善管理和尽力挽留外，还应该及时设置储备人员，保证企业正常运转。无论是基层还是中高层，企业员工的流失，都可能会影响到企业的正常运转，从而给企业造成经济损失。例如，流水线上某道工序的工人突然辞职后，造成该工序缺岗，机器无人操作，如果无其他替补人员，流水作业就会中断。为了防止这种损失的发生，在培训员工时，要求他们掌握两种以上的工序操作。在管理人员中普遍设置副职和助理职务，一旦正职缺位，副职和助理可以随时行使正职职权；还可以建立干部储备，以满足各种缺员的需要。这些措施都可以保证员工流失后企业能正常运转。

### （四）转移企业绩效管理风险

企业绩效管理风险转移是通过合同或协议把风险造成的损失，部分地转移到企业以外的第三方。企业绩效管理风险和其他风险相比，能够进行风险转移的情况比较少。

#### 1. 担保

担保是指保证人对被保证人的行为不忠、违约或失误负间接责任的承诺。如果职业介绍所、猎头公司、推荐人向企业承诺，当他们所推荐的员工在工作和离职过程中有弄虚作假行为和违约行为时，由他们间接承担一部分责任。当然为取得这种承诺，用人企业需要向这些机构交纳一定的费用，并以合同形式规定中介机构的责任。有了这种担保后，用人企业就可以把由于员工行为不确定性带来的风险损失转移到第三方，降低企业的人力资源风险。

#### 2. 业务外包

业务外包是指企业将与业务相关的活动部分地或全部地外包给供应商的过程。如企业可以用合同的形式把员工的绩效考核、绩效反馈等业务活动外包给专业服务机构，一方面可以减少企业因自己能力不足造成的管理风险；另一方面可以通过合同约定，对供应商的服务提出要求，当他们的服务达不到要求时，根据合同的约定要他们给付赔偿金，从而达到风险转移的目的。

### 案例讨论

#### HS 公司绩效管理的困境

HS 公司成立于 20 世纪 50 年代初，经过多年发展，目前公司有一千多名员工。总公司只设有一些职能部门，下设若干从事不同业务的子公司。公司无论是在业绩上还是对管理的重视程度在同行业的国有企业中都处于领先水平。但随着国家政策的变化，HS 公司所处的竞争环境日益激烈，面临着众多小企业的挑战。为缓解竞争压力，改变被动局面，HS 公司从前几年开始，一方面参加全国百家现代企业制度试点，另一方面着手对管理制度进行改革。

HS 公司对管理的改革重点在于对绩效管理进行改革。公司的高层对绩效管理工作给予高度重视，决定由人事部具体负责绩效管理制度的制定。人事部在原有的考核制度基础上制定并出台了《中层干部考核办法》，作为指导绩效考核工作的制度文件，另外，在年底正式开展考核前，制定当年具体的考核方案，让考核工作便于操作。

公司高层领导和相关职能部门人员组成考核小组，具体负责公司的考核工作。考核的方式和程序通常包括被考核者填写述职报告，在各子公司召开全体职工大会进行述职，民意测评（范围涵盖全体职工），向科级干部甚至全体职工征求意见（访谈），最后，考核小组进行汇总写出评价意见并征求主管副总的意见后报公司总经理审批。

考核的具体内容主要包括：被考核单位的经营管理情况；被考核者的德、能、勤、绩及管理工作情况；下一步工作打算，重点努力的方向。具体的考核细目侧重于经营指标的完成、政治思想品德，对于能力的定义则比较抽象。各子公司都会在年初与总公司就任务指标进行讨价还价。

公司领导通常在年终总结会上对考核相关情况进行说明，并将中层干部的考核情况反馈给个人。尽管考核方案中明确表示考核与人事的升迁等方面挂钩，但从未实施过。

各部门的领导负责一般员工的考核。对于业务人员的考核，重点在于经营指标的完成情况（该公司中所有子公司的业务员均有经营指标的任务）；对于非业务人员的考核，通常是到了年底分奖金时，部门领导主观地对自己的下属做一个排序。

第一年，HS公司的考核获得了较大的成功。由于征求了一般员工的意见，让一般员工觉得受到了重视，普遍对绩效考核感到非常满意。而领导也觉得非常满意，因为该方案得到了大多数人的支持。但是，也有被考核者觉得自己的部门与其他部门相比，由于历史条件和现实条件不同，年初所定的指标不同，相互之间无法平衡，心里不服。考核者尽管需访谈三百人次左右，忙得团团转，可是由于大权在握，体会到考核者的权威，还是乐此不疲。

进行到第二年时，大家已经丧失了第一次时的热情。第三年、第四年进行考核时，员工考虑前两年考核结果出来后，业绩好或差的领导并没有得到任何奖惩，而自己还得在他手下干活，负责考核的领导来找他谈话时，他也就敷衍了事。被考核者认为年年都是那套考核方式，没有新意，失去积极性，只不过是领导布置的事情，不得不应付。

讨论题：

1. HS公司的绩效管理存在哪些风险？
2. HS公司的绩效管理风险会带来哪些危害？
3. 如何对HS公司的绩效管理风险进行评价和管控？

## ➤ 课后习题

1. 简述绩效管理风险的定义和表现形式。
2. 简述绩效管理风险演化为绩效管理危机的过程。
3. 绩效管理危机的危害有哪些？
4. 绩效管理风险产生的原因有哪些？

## 参 考 文 献

杜慧敏 . 2008. 企业绩效管理风险研究 [D]. 中国石油大学硕士学位论文 .

高小平，盛明科，刘杰 . 2011. 中国绩效管理的实践与理论 [J]. 中国社会科学，（6）：4-14，221.

李丁 . 2012. 企业绩效考核的风险与对策研究 [D]. 兰州理工大学硕士学位论文 .

李铁源 . 2008. 企业绩效管理中存在的问题及对策 [J]. 经济纵横，（3）：119-121.

刘军胜 . 2009. 劳动关系实务讲堂十八 如何避免绩效管理风险 ?[J]. 企业管理，（12）：55-58.

慕小雁 . 2012. 供电企业绩效管理风险研究 [D]. 吉林大学硕士学位论文 .

王平换，李丁 . 2011. 企业绩效考核风险测度分析 [J]. 企业活力，（11）：61-64.

徐峰 . 2012. 人力资源绩效管理体系构建：胜任力模型视角 [J]. 企业经济，（1）：68-71.

# 第九章

# 预防薪酬管理风险

## C公司的薪酬管理风险

C公司是集药品研发、生产于一体的国有制药企业，产品主要集中在心脑血管疾病的防治领域，近五年公司总体盈利水平稳步上升。随着行业竞争的加剧，公司为了及时应对市场变化，通过业务重组和组织结构调整，推行了扁平化管理，将公司原有的26个处室合并为9个部门，原有的管理层级由11个降为8个。

上次工资制度改革以来，该公司长期实行岗位技能等级工资制：管理、研发、生产、销售四大系列岗位的工资结构在总体上呈现为典型的倒"Y"模式。在此模式下，员工薪酬水平的增长必须以管理层级的上升为前提，而非以业绩考核为依据；另外技能工资比重偏高，由于技能工资主要和职称挂钩，同一岗位相同绩效的员工薪酬水平却因职称不同、资历不同而差别较大。

当前，扁平化结构改革减少了中高层管理岗位，进一步加大了靠晋升管理级别而提高薪酬水平的操作难度，大部分毕业生在工作一两年、掌握核心技术之后就离开公司，从而造成研发、销售人员梯队断裂、核心技术流失、市场占有份额逐步下降。2010年至今，C公司所招聘的应届毕业生已经有47%选择离开。所流失的人员中，管理岗位占5%、研发岗位占51%、生产岗位占8%、销售岗位占36%。为此，C公司付费参与了北京地区制药行业薪酬调查，调查结果却表明该公司核心技术、研发类、销售类岗位的员工工资水平普遍处于市场较高分位。

思考题：

1. 分析C公司倒"Y"模式薪酬结构的弊病。

2. C公司的薪酬管理存在哪些风险？

3.针对 C 公司薪酬管理的风险，你认为应该如何预防或控制？

# 第一节　薪酬管理风险概述

## 一、薪酬管理风险的界定

薪酬管理风险是指组织在既定的薪酬战略下，由于内外部环境发生变化以及薪酬的支付对象预期在未来发生行为的不确定性而使组织偏离预期目标的可能性。如果缺乏有效的风险预警管理机制，在内外部因素的相互作用之下，薪酬管理风险就可能演变为人力资源危机。

## 二、薪酬管理风险的起因及危机引发机理

### （一）薪酬管理风险成因分析模型

薪酬管理风险的产生与外部环境变化、薪酬制度缺陷、管理不善与员工消极行为有密切的关系。可将导致薪酬管理风险的原因划分为外部环境、薪酬制度、管理行为与员工行为四部分，薪酬管理风险成因分析模型如图 9-1 所示。

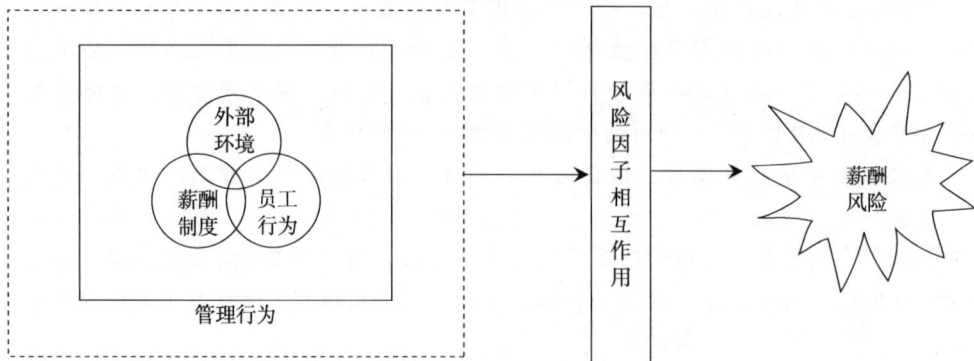

图 9-1　薪酬管理风险成因分析模型

企业内部的薪酬管理是动态循环的过程，存在于外部环境当中，企业的薪酬管理应随着政策法规、市场经济环境等外部环境的变化，进行合理的调整；如果企业薪酬管理行为的功能发挥不出来，不能协调企业的外部环境、薪酬制度、人员行为的失调，就会出现薪酬管理的波动与失误，从而导致风险因素的相互作用，最终使企业薪酬管理风险演变为薪酬管理危机。

## （二）薪酬管理危机的引发机理

根据经济学理论、心理契约理论以及薪酬管理危机实践的归因分析，薪酬管理危机与组织行为主体的管理行为、薪酬制度以及外部市场环境的影响作用有关。因此，可从以下方面来分析各个因素对薪酬管理风险的影响。

一方面，环境对薪酬管理危机具有引发作用。一般情况下，员工行为的变化受到企业内外部环境的影响。企业的薪酬管理行为和薪酬制度均会影响员工对其所处组织的态度。此时，员工会根据自身的价值定位和期望调整他对企业的态度以适应环境。当员工无法适应组织环境时就会出现消极态度。如果组织环境不能及时调整，那么将会增强员工对薪酬不满，表现出工作中消极懈怠、违章甚至离职。如果从这个角度归纳，薪酬管理危机是由于员工对薪酬强烈不满而引发的。另一方面，员工对薪酬管理危机具有引发作用。真正对员工态度起决定性影响的是薪酬管理模式。管理者是造成组织环境变化的推动者，对改善组织环境和缓解员工不满意度起了关键作用。因此，员工对组织环境的态度其实质可以等同于其对薪酬管理模式的态度。管理行为与组织环境同时影响员工个体，而员工个体对组织环境的意见就是对管理者的意见。从这个角度归纳，薪酬管理危机是薪酬制度不完善、管理模式不合理、组织环境不和谐共同作用所致。薪酬管理危机的引发机理如图 9-2 所示。

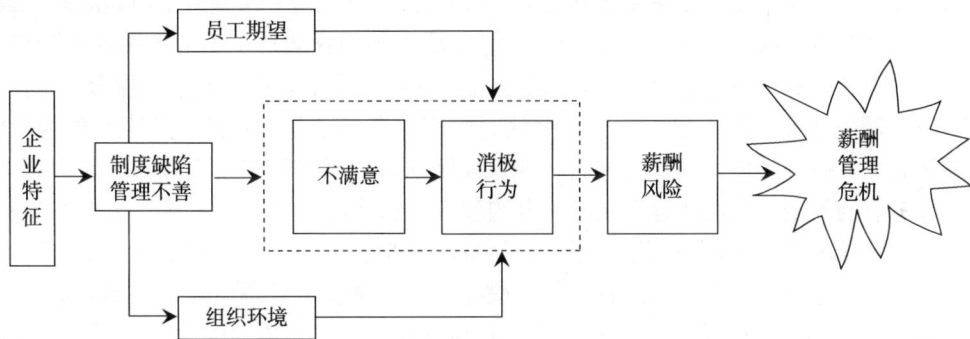

图 9-2  薪酬管理危机的引发机理

具体来看，企业本身特征所决定的企业战略发展需要，促使企业进行薪酬管理方式方法的改进、薪酬决策的实施。根据亚当斯公平理论，人的工作积极性不仅与个人实际报酬多少有关，而且与人们对报酬的分配是否感到公平有关。人们总会自觉或不自觉地将自己付出的劳动代价及其所得到的报酬与他人进行比较，并对公平与否做出判断，公平感直接影响职工的工作动机和行为。如果员工对他所获得的报酬（包括物质上的金钱、福利和精神上的表彰奖励等）和自己工作的投入（包括用于工作的时间、精力和其他消耗等）的比值与他人的报酬和投入的比值进行比较；或将他所获得的报酬与自己工作的投入的比值同自己在历史上某一时期内的比值进行比较后，认为收支比率不相等，便会感到自己受了不公平的待遇，会认为组织的薪酬管理存在不公平性，从而引发消极行为。

期望理论认为，人们采取某项行动的动力或激励力取决于其对行动结果的价值评价和对预期达成该结果可能性的估计。薪酬管理危机的引发，一方面是由于员工认为组织没有为其提供期望得到的回报，员工付出的努力没有在绩效考核中体现出来，当员工达到公司要求的绩效水平后，组织没有给予员工相应的奖励或报酬，因而心中产生了不满情绪。这种回报可以分为以薪酬为核心的交易性回报和以个人价值实现为核心的发展性回报；另一方面是由于员工认为组织内部没有良好的文化氛围和关系氛围。

概括而言，之所以会出现薪酬管理危机征兆，是因为员工根据自己的期望以及管理方的态度进行归因，一旦他们认为是由于组织因素造成的薪酬期望落差，就会产生不满意感，进而引发消极行为，造成薪酬管理危机。

# 第二节　薪酬管理风险的表现形式

在未来发生的劳动行为的不确定性决定了薪酬的风险属性，这表明，风险其实是薪酬的内在属性之一。

鉴于雇佣方和受雇佣方在约定薪酬时，劳动过程一般没有发生，因此双方的薪酬约定是根据雇佣双方对劳动者未来的劳动行为的预期得出的。由于劳动者未来的劳动行为在劳动的数量类别、质量等方面都具有很大的不确定性，所以薪酬对双方都有一定程度的风险性。对企业来说，如果员工在实际工作中所表现出的工作能力比预期的低，或者工作中不如预期的那样积极努力，企业可能会认为聘用这名员工不值得用这样的薪酬，即企业付出的薪酬没有充分利用；而如果员工在实际工作中表现出的工作能力高于预期，或者比预期的还要积极上进，则企业会认为聘用这名员工是合理的，并把它作为投资，甚至是低投资高回报的。对员工而言，如果实际从事的工作所要求的能力、努力程度超出自己之前的预期，他可能觉得先前约定的薪酬太低从而产生不公平感；如果实际从事的工作所要求的能力、努力程度低于自己以前的预期，而且工作条件舒适，工作压力较小，他会觉得这是一个好工作，任务轻，收益大。这种薪酬管理风险，实际上是一方的风险是另一方待的额外所得，体现了双方利益的冲突与矛盾。因此在实际的工作中，应该在双方的矛盾中寻求一个平衡点，使得薪酬管理风险降到双方都能接受的限度之内。

具体而言，薪酬管理风险可分为薪酬计划制定风险和薪酬的执行风险。

## 一、薪酬计划制订风险

激励薪酬在计算模式及调配比例选择方面存在风险。企业在制订激励薪酬计划时，面临着按照工资的一定比例浮动和采用固定的现金两种模式选择。如果采用前一种模式，基本工资高的人会得到更多的奖励。例如，一个5%的奖金分配方案，收入10万元的经理可获得5 000元的奖励，而对于收入只有2万元的职员来说，却只能拿到1 000元奖励，由此，工资差距很大，导致大量的低收入员工牢骚不断；若采用后一种模式，基本工资较低的员工将获得更大百分比的加薪，如每人可获得4 000元，对收入只有2万元的职员来说，获益20%，而对收入10万元的经理只获收益4%，这将导致经理级别的不满。显然，选择其中任何一种方式都面临着风险。

　　激励薪酬制度及其设计方案本身也存在风险。根据二八定律，企业中两成的员工创造八成的业绩，于是按照这一原则设计出激励薪酬的奖励方案。待方案实施，人们在观察中总是那两成的人一再地得到奖金，并且对这部分经常得奖的人来说，激励薪酬未必总能起到预期的作用，因为激励薪酬只对特定有需求的人才有效；相反，挫伤了绝大多数未能得到奖励的人的积极性。可见，激励薪酬制度的设计缺陷对内在激励机制是有破坏作用的。

## 二、薪酬的执行风险

### （一）方案制订与执行的不一致

　　一般来讲，激励薪酬是以效率和结果为导向的。在激励方案的实际执行中，强调效率时，往往把时间作为一种奖励的标准；在强调结果时按资历来进行奖励；在激励员工努力工作时，却以高于普通员工数十倍的薪金去聘请高管。许多方案制订得没有错，但是得不到很好的贯彻而导致执行结果与方案目标发生偏差。执行激励薪酬方案往往面临以下风险：第一，怎样挑选奖励的候选人。如果公司的挑选程序不能做到民主和公开，员工对挑选标准不了解，再加上一些组织还采用秘密奖励的办法，就失去了激励薪酬的意义。第二，激励薪酬缺乏公平原则和适当原则，奖励与获益的对比差距太小。第三，缺乏内在的稳定性。员工遇到奖励无法兑现的情况如果很多，就造成了一种诚信危机。

### （二）个人薪酬与团队薪酬的不一致

　　过分推崇个人英雄主义，对于团队的整合与管理不利。企业效益的影响原因分为个体原因和普遍原因，企业的盈利和亏损与普遍原因关系更大。过分奖励个人会打击其他人的积极性，引发员工之间相互嫉妒。如果这种奖励在一个团队中实行，将会导致团队成员之间的不和谐，不利于团队的整合与管理，甚至会导致团队分裂。

### （三）薪酬的外延风险

　　随着员工知识水平和收入水平的提高以及职业生涯的发展，单一的激励薪酬的作用会递减。激励薪酬的外延风险不是指本身的设计或执行风险，而是指除激励薪酬之外的其他激励方式所带来的"风险"。给员工足够的金钱让员工努力地干活在现实中不一定能起到作用。美国学者迪桑·詹克斯及其同事的调查得出，除了金钱指数在众多激励因素中名列榜首，另外13项非金钱因素，如个人发展和晋升机会、教育培训、心理收入、自主时间安排等因素的指数之和是现金指数的两倍。人们除了追求生理、安全需求，也注重实现自我的价值。因此，内在激励和福利政策不恰当也有潜在的风险。

# 第三节　如何预防薪酬管理风险

## 一、薪酬管理风险的识别

薪酬管理的风险主要包括外部风险与内部风险两个方面，下面以外资代工生产企业为例，进行薪酬管理风险的识别和评估，如图 9-3 所示。

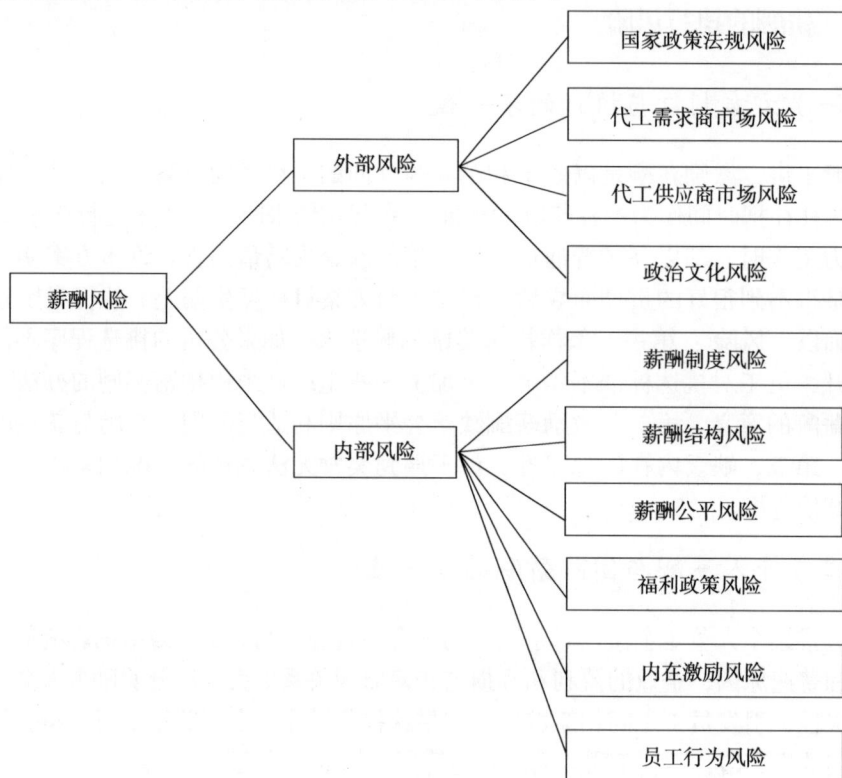

图 9-3　代工企业薪酬管理风险识别的内容

风险因子识别是薪酬管理风险管理的开端，也是风险评估和风险管控的基石。薪酬管理风险受到许多因素的影响，通过头脑风暴法可找出这些风险因素，将它们按相互关联性整理成层次分明、重点突出的鱼骨图。

1. 外部风险因子的识别

企业的外部风险主要包括以下四个方面，如图 9-4 所示。

2. 内部风险因子的识别

企业的内部风险主要包括以下六个方面，如图 9-5 所示。

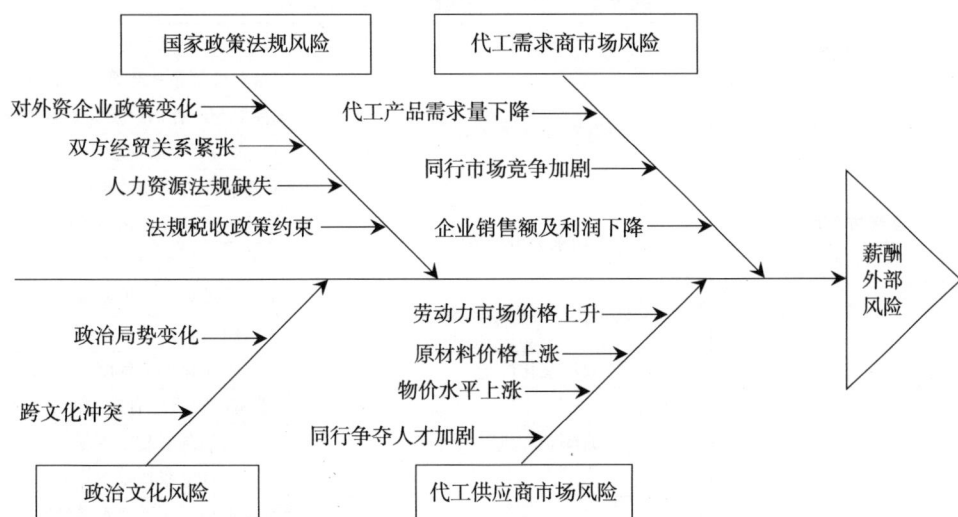

图 9-4　薪酬管理外部风险因子识别的鱼骨图

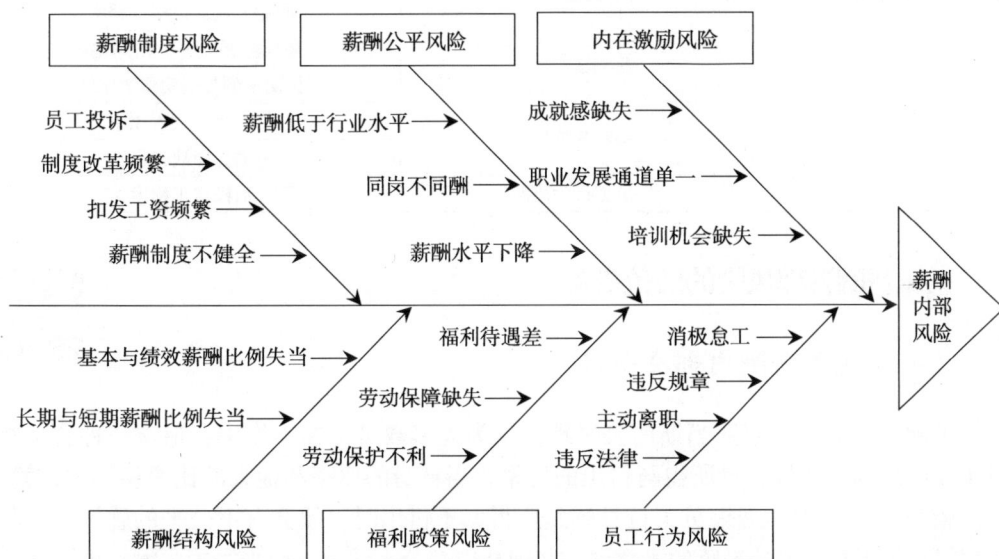

图 9-5　薪酬管理内部风险因子识别的鱼骨图

## 二、薪酬管理风险的评估

对企业薪酬管理风险的研究是企业人力资源管理的重要内容。对企业薪酬管理风险进系研究不仅仅关系企业内部管理的问题，同时也将影响企业的利益相关者甚至社会公众，它将对企业产生一系列的效应。表9-1是外资代工生产企业薪酬管理风险评估指标体系。

表 9-1　薪酬管理风险评估指标体系

| 一级指标 | 二级指标 | 三级指标 |
| --- | --- | --- |
| 薪酬外部风险 | 国家政策法规风险 | 国家对外资企业政策的变化度 |
| | | 外资来源地与所在国经贸关系紧张程度 |
| | | 人力资源法规缺失率 |
| | | 国家对违反人力资源法规的处罚力度 |
| | 代工需求商市场风险 | 代工产品需求量下降率 |
| | | 同行市场竞争激烈程度 |
| | 代工供应商市场风险 | 本土劳动力市场价格提升率 |
| | | 原材料价格上涨率 |
| | 政治文化风险 | 文化冲突程度 |
| 薪酬内部风险 | 薪酬制度风险 | 薪酬原因员工有理投诉率 |
| | | 薪酬制度改革频度 |
| | | 月工资扣发率 |
| | 薪酬公平风险 | 薪酬水平与行业平均水平的差距 |
| | | 同岗不同酬程度 |
| | 内在激励风险 | 成就感缺失程度 |
| | | 职业发展通道单一程度 |
| | 薪酬结构风险 | 基本薪酬与绩效薪酬比例 |
| | | 长期薪酬与短期薪酬比例 |
| | 福利政策风险 | 员工福利收入比率 |
| | | 劳动保障缺失程度 |
| | 员工行为风险 | 消极怠工程度 |

## 三、薪酬管理风险的防范措施

### （一）完善薪酬内部公平性

美国著名心理学家亚当斯的公平理论认为大多数员工在工作中会追求一种公平感。员工彼此之间会比较各自所得与付出的比率，当自身的比率和他人的比率相等时，就会感觉较为公平；但是如果员工自身感到所得低于付出时，便会有不公平的感觉。因此，要想提升员工对薪酬公平感的满意度，必须从内部公平性等方面来完善薪酬管理制度。

应当建立公开透明的薪酬制度。在制定薪酬制度时，应着重加强对岗位的分析，慎重考虑岗位的计酬因素，从而确定各岗位的相对价值，只有使各岗位的薪酬差异有章可循，才能提高员工的公平感。通过实行公开透明的薪酬管理制度，让员工了解企业薪级制度、每一薪级的起薪点、最高的顶薪点等信息，才能使企业员工深切体会到公平、科学的薪酬管理体系，减少不必要的猜疑，保证员工的工作热情。

此外，在制定薪酬制度时，可以选择一定数量的员工代表参加，在薪酬制度实施后，企业还可以设立一个员工信箱，随时解答员工在薪酬方面的各种疑问，从而确保企业薪酬制度的透明公开化。

## （二）完善薪酬激励制度

### 1. 普通员工和一线员工的短期薪酬激励

技能工资制是比较适合于高新技术、加工类企业的一种短期的激励方式。技能工资制度不是根据个人的职位，而是根据员工实际掌握了多少技能及能做多少种工作来确定工资等级，它是相对于岗位工资制度而言的。通过使用技能工资制度，组织能够将更多的注意力集中在提高员工技能上，不仅可以有效地避免管理盲点的出现，而且相对于职位工资而言，提供了更多的机遇，从而能使企业有较为客观的评定标准来制定员工的薪资水平，既易于进行横向及纵向比较，又具有较高的信度和效度。

### 2. 核心员工长期薪酬激励

股票期权是一种比较适合于核心员工的长期的激励方式。股权激励制度是以员工获得公司股权的形式给予其一定的经济权利，使其能够以股东的身份参与企业决策、利润分享，并承担经营风险，员工自身利益与企业利益更大程度地保持一致，从而勤勉尽责地为公司的长期发展服务的一种制度。股权激励对改善公司治理结构、降低代理成本、提升管理效率、增强公司凝聚力和市场竞争力起到非常积极的作用。

## （三）优化薪酬结构

一个企业的薪酬结构要适应该企业各阶段的战略目标。每个企业有其自身的生命周期，大体分为创业期、成长期、成熟期和衰退期。针对不同的时期，企业都会有不同的战略目标，所以薪酬结构的设计应根据其自身实际情况，选择适应企业不同阶段战略目标的薪酬结构，这样才能更好地促进企业发展。

对于一线员工而言，应该提高基本薪酬的比重，降低绩效薪酬的比重，以满足其基本的生理需求。而针对核心员工而言，则应降低基本薪酬的比重，提高绩效薪酬的比重，设计多样化的绩效薪酬形式，由此来强化作为报酬核心部分的薪酬的激励作用。此外，在除社会保险等基本法定福利之外的其他福利的分配中，应该体现按劳分配或绩能主义的原则，淡化福利的平均主义色彩，按照绩效的高低、贡献的大小、能力的强弱拉开员工享受福利的差距；同时给予员工非法定福利和非核心福利的选择权，使员工可以在一揽子福利项目中选择自己真正需要的福利，进而在达到员工福利效用最大化的基础上产生有效激励。

## （四）重视企业文化建设以实施情感激励

作为一种十分重要的内在薪酬激励方式，企业文化激励在吸引人才方面发挥着不可替代的作用。应充分发挥企业文化优势，对员工进行感情激励，提高员工的满意度。

### 1. 为员工提供一种宽松和自主的工作环境

美国著名的苹果公司之所以能不断开发出具有轰动效应的新产品，源于企业所推崇的人人参与创新和允许员工犯错的企业文化。应让员工参与企业的管理和决策，培养员工的归属感，塑造宽容自由的工作氛围，让员工更加了解公司的薪酬制度。

### 2. 实行"情感激励"来建立企业良好的人际关系

根据双因素理论，良好的员工关系能为员工积极工作提供保障。因此，企业应加强与员工之间的沟通，增进彼此之间的相互信任；同时，鼓励员工之间的互相交流、关爱、支持和帮助；在制度设计上应更加人性化，如生日祝福、节日联欢等。总之，力求在企业中塑造一种健康、互助、互信、互爱的集体环境。同时通过利益共享，建立企业与员工的利益共同体，如上述提到的员工持股等，建立并增强员工对企业的归属感，形成主人翁意识。

## （五）外部风险的管控策略

通过对薪酬管理风险因素的探索和分析，可以发现许多风险因素是可以被识别和及时处理的。除了要重视内部管理的完善，也要重视外部风险的预防和控制。

### 1. 建立并完善企业薪酬管理风险的预警体系以应对外部风险

国家的法律法规及政府政策以及市场的需求等外部环境，都处在不断的变化中，对以上信息保持敏锐的洞察力，利于企业适时调整内部的薪酬战略。应该针对以上外部信息，建立有效的薪酬管理风险预警的体系，做好薪酬市场需求调研的工作，及时了解竞争对手的薪酬动向，保持自身薪酬的主动和竞争优势。

### 2. 提高薪酬外部竞争力度

企业的竞争，归根结底是人才的竞争。若想保持人才优势，就应该实施具有竞争力的薪酬策略。由于不同的工作岗位以及人员给企业带来的效益有别，企业可根据人员的工作能力、知识结构等因素，制定不同的薪酬分配政策，以发挥薪酬的激励作用。高级的管理和技术人员以及企业急需的人员，其薪酬可高于市场平均水平，此外，还要为他们提供间接薪酬，如良好的工作环境、广阔的发展空间等。对于替代性较强的人员或一般岗位的人员，提供过高的薪酬会增加企业的负担。因此，可将以上人员的薪酬定位与市场平均水平持平或略低，以保证企业有能力为贡献大的人员提供具有竞争力的薪酬。

### 3. 建立风险责任制

薪酬管理风险也会产生责任问题：薪酬政策的执行者与人力资本的所有者在执行企业契约时会带来众多不确定的风险，当风险发生时，人力资本的所有者承担的损失远远小于薪酬政策的制定者和执行者，缺少应有的公平。因此，建立风险责任制，如签订协议约定违约或失职责任的赔偿，可以提高对外部风险的警觉程度，也可以避免由于人员责任心不强所导致的风险。

## ➤案例讨论与角色扮演

### 工资全额浮动为何失灵

WH 建筑装饰工程公司是国家建设部批准的建筑装饰施工一级企业，实力雄厚，经济效益可观。铝门窗及幕墙分厂是该公司下属最大的分厂，曾经在一线工人和经营人员中率先实行工资全额浮动，收效显著。

为了进一步激发二线工人、技术人员及分厂管理干部的积极性，该分厂宣布全面实行工资全额浮动。决定宣布后，连续两天，技术组几乎无人画图，大家议论纷纷，抵触情绪很强。经过分厂领导多次做思想工作，技术组最终接受了现实。

实行工资全额浮动后，技术人员的月收入，是在基本生活补贴的基础上，按当月完成设计任务的工程产值提取设计费。例如，玻璃幕墙设计费，基本上按工程产值的 0.27% 提成，即设计的工程产值达 100 万元，可提成设计费 2 700 元。当然，技术人员除了画工程设计方案图和施工图，还必须作为技术代表参加投标，负责计算材料用量以及加工、安装现场的技术指导和协调工作。分配政策的改变使小组每日完成的工作量有较大幅度提高。组员主动加班加点，过去个别人"磨洋工"的现象不见了。然而，小组里出现了争抢任务的现象，大家都想搞产值高、难度小的工程项目设计，而难度大或短期内难见效益的技术开发项目备受冷落。

彭工原来主动要求开发与自动消防系统配套的排烟窗项目，有心填补国内空白，但实行工资全额浮动 3 个月后，他向组长表示自己能力有限，只好放弃这个项目，要求组长重新给他布置设计任务。

李工年满 58 岁，是多年从事技术工作的高级工程师。实行工资全额浮动后，他感到了沉重的工作压力。9 月，他作为呼和浩特某装饰工程的技术代表赴呼和浩特市投标，因种种复杂的原因，该工程未能中标。他出差了二十多天，刚接手的另一项工程设计尚处于准备阶段，故当月无设计产值，仅得到基本生活补贴 378 元。虽然，随后的 10 月，他因较高的设计产值而得到 6 580 元的工资，但他依然难以摆脱强烈的失落感，他向同事们表示他打算提前申请退休。

技术组长总是尽可能公平地安排设计任务，但大家的意见还是一大堆。小组内人心浮动，好几个人有跳槽的意向，新来的大学毕业生小王整天埋头画图，因在争抢任务上没有优势，收入提成有限，也没有资深的工程师抽出时间给予职业发展的指导，而感到郁闷，干脆不辞而别。组长感到自己越来越难做人了。

小组讨论题：

1. 分析该厂出现的人力资源风险及其成因。

2. 发现"工资全额浮动"受到技术人员的抵制后，分厂领导应怎么做？

3. 当彭工为收入减少而不快时，技术组长和分厂领导应怎么做？

4. 当李工倍感失落时，技术组长和分厂领导应怎么做？

5. 当小王情绪低落时，技术组长和分厂领导应怎么做？

6. 为了防范人力资源风险，该公司领导应采取哪些风险管控措施？

角色扮演题：

分成三个小组，分别进行角色扮演。

1. 选一位同学扮演彭工，另外两位同学分别扮演技术组长和分厂领导，将他们的沟通过程表演出来。

2. 选一位同学扮演李工，另外两位同学分别扮演技术组长和分厂领导，将他们的沟通过程表演出来。

3. 选一位同学扮演小王，另外两位同学分别扮演技术组长和分厂领导，将他们的沟通过程表演出来。

（其他同学要注意观察每组的表演，提出问题并进行讨论，任课教师进行对比分析、点评和总结。）

▶课后习题

1. 简述薪酬管理风险的定义和表现形式。
2. 薪酬管理风险是如何演化成薪酬管理危机的？
3. 薪酬管理风险的危害有哪些？
4. 案例分析题。

### 莫让薪酬导致人才流失

F公司是一个高成长、高盈利行业的重量级企业，近年来发展势头不错。小孙是F公司的业务骨干，但最近他有了困惑。看到曾经最好的搭档小王跳槽去了另一家同业公司，小孙想到自己已经到公司四年多了，但基本工资一直未变，年底奖金倒是不少，但由于奖金不透明，既不知道自己与同事的收入是否相当，也不清楚自己将来能挣多少。这些天，小孙在考虑是不是也应该跳槽。

F公司的薪酬主体包括两部分，即固定工资和业绩奖金。员工只知道自己固定工资的绝对水平，却不知道自己在公司的整体薪酬体系中处于什么样的位置；对于年底究竟可能拿到多少业绩奖金也完全不清楚，奖金的多少似乎同工作业绩的好坏没有明显的关联，主要取决于直接领导的看法，而不是个人所能够控制的；而且公司的薪酬已经多年没有调整过，一成不变的薪酬体系让人看不到希望。

而与之相对应的，跳槽到另一家公司的小王告诉小孙：这家公司在员工入职时，就会清楚地告知员工所在职位的薪酬包括哪几项；每一项分别是多少；是如何决定的；经过多长时间可能会调整；向上可以发展到什么水平；等等。

思考题：

（1）F公司薪酬管理存在哪些风险？
（2）F公司薪酬管理风险会带来哪些危害？
（3）如何管控F公司的薪酬管理风险？

### 参 考 文 献

郭薇.2005.浅谈企业中的薪酬风险[J].江西财经大学学报，（5）：29-31

黄再胜.2012.经理薪酬激励风险效应与风险治理研究述评[J].外国经济与管理，（5）：67-74.

林博瑜.2014.中小企业薪酬管理存在的问题及对策研究[J].北方经贸，（4）：165，167.

刘强.2012.外资代工生产企业薪酬风险评估及管控体系研究[D].武汉理工大学博士学位论文.

罗帆，刘强，黄彬.2012.代工企业薪酬满意度对行为风险的影响及预控[J].武汉理工大学学报（社会科学版），25（6）：827-830.

罗帆，刘强，唐辛欣.2012.航空公司薪酬风险评估指标体系设计[J].交通企业管理，（11）：43-45.

邵敏秋.2014.探讨企业薪酬管理问题[J].新经济，（2）：102-103.

沈志渔，李扬.2010.后危机时代上市公司高管薪酬制度研究——风险控制的长效激励模式[J].产经评论，（6）：63-71.

张莉俊，李建科.2012.运用全面风险管理理念　提升企业薪酬管理效能[J].河北企业，（5）：18-19.

# 第十章

# 预警人员流失风险

## IT企业员工为什么频频跳槽

与广阔的行业发展空间和高速增长的市场规模相对应，IT企业居高不下的人员流失率也颇为引人注目。前程无忧发布的《2009年企业离职与调薪调研报告》指出，在2009年对中国19个行业的员工离职率的统计中，IT行业的离职率是最高的。《2010年度中关村IT业人力资源状况调查报告》则有33.9%的技术员工有创业的打算，这部分人员的离职意愿很强烈且明显高于其他行业的员工。

IT企业的员工年轻、一般都接受过高等教育，素质较高，是企业"知识型员工"的主体。由于IT行业知识更新速度非常快，年轻人往往通过不断地跳槽，学习新的知识、获得薪资和职位的迅速提升，再加上技术人才供需矛盾突出，因此很容易产生较高的流动性。

从个人的角度看，IT企业员工的跳槽原因既具有传统行业人才流失的共性原因，也带有80后、90后年轻人的时代印记。

小李，毕业于某知名高校，工作5年，换了4家IT公司，薪水从毕业时的每月3 000多元，增加到每月2万余元。他总结自己跳槽的原因，就一个字"钱"，他说："我有本事给公司带来财富，公司就应该给我等值的回报，加薪，就留下；否则，就走人。"

小王毕业进入一家德资IT公司，为胜任公司高度专业化设计的工作，被送到德国总部培训了一年，受训期间，公司包吃住，每月提供800欧元工资。回国后在江苏太仓的国内基地工作了一段时间后，小王跳槽到上海一家外资企业去了。提起原因，小王说，江苏太仓离上海虽然只有几十千米，但哪里有上海的发展前途大；再说，自己现在已经不是刚毕业的"菜鸟"了，当然要找更有奔头的单位，人往高处走嘛。

武汉的小张也离职了，他自己说，其实公司的各项待遇还不错，就是自己所在项目部的主管老找碴，犯点小错，就揪住不放，干脆走人。

小黄说自己跳槽是必然的，当年毕业时就跟女友商量好，他在深圳干一段时间，多挣点钱，就回成都结婚。现在他如期回家，开始了新的社会角色下的打拼。

小陈的家庭经济条件很优裕，所以他做工作全凭兴趣，虽然软件工程是自己的所爱，但他喜欢尝试不同的设计思路，接触全新的设计工具。一旦他感到工作没多少乐趣了，就会毫不犹豫地辞职，即使闲在家里也在所不惜。

王平作为一家 IT 公司的人力资源总监，他对 IT 企业员工的流失，表达了困惑："去年招的一个 SAP 系统工程师做了半年就跳槽了，新补充的工程师做了 9 个月现在又走了。如何采用比较好的方法留下这些自命不凡的 IT 技术人才真是个头疼的问题啊。薪水？福利？宽松的环境？漂亮的企业光环？更多的培训？"

思考题：

1. IT 企业离职率居高不下的根本原因是什么？你能解决王平的困惑吗？
2. 如何防范 IT 企业技术人才频繁的跳槽呢？
3. 应如何预警和预控 IT 企业技术人才流失风险？

# 第一节　为什么组织的人员会流失

人员流失属于人力资源流动范畴中的一种特定形式。对人员流失的研究可以追溯到 20 世纪初，当时主导这一研究领域的经济学家，从宏观角度考察了劳动力市场结构、就业机会、工资、一般培训等因素对员工流动（特别是流失）的影响，如 Burton 和 Parker、March 和 Simon、Hicks 和 Pencavel 等。然而，经济学家对人员流失的研究过于强调经济因素的作用，忽略了非经济因素的影响力，并且无法阐明雇员如何做出离职决策的心理过程，从而使人员流失的关键环节成为一个"黑箱"。直至 20 世纪 60 年代，随着组织行为学派的兴起，工业心理学家取代了经济学家的主流地位，开始从微观层面，运用心理学、社会学、管理学的理论，解释人员流失的动因和过程。自此也奠定了从组织角度研究人员流失在本领域的主导地位。从单个组织的视角，分析组织之间人力资源流动的起因、过程、后果，旨在找寻防范人才流失、维护本组织利益的有效措施。

## 一、什么是人员流失

人员流失，又称人力资源流失、人才流失或雇员流失等，是人力资源流动中的一种单向流出形式，英文原称为"employee turnover"。按照学者 Mobley 的定义，人员流失是指"从组织中获取物质收益的个体终止其组织成员关系的过程"。该界定是一个中性的概念，既没有明确雇员与雇主结束雇佣关系、离开企业的行为是否出于意愿，也不强调由此带来的影响是正面抑或负面。然而，站在组织的立场上，人力资源流失属于不合理的人才流动的伴生现象，往往是雇员主动选择在先，这对组织而言，则意味着组织智慧和竞争能力的损失。因此将人员流失界定为：原隶属于组织且组织希望保留的员工，主动、彻底与组织解除劳动合同和工资收益关系，从而给组织利益带来消极影响的过程或现象。在这一定义中，突出以下五个要点。

（1）人员流失是员工主动选择离开，组织则是被动（involuntary）接受的，区别于以组织为主的辞退、裁员、开除等流出形式，也不包括员工退休、伤残、死亡等自然流出形式。

（2）人员流失需同时具备雇佣双方"解除劳动合同和工资收益关系"两个条件，因此在我国特定发展阶段出现的停薪留职、下岗及无劳动合同的雇用者离职等现象均不在该定义之列。

（3）人员流失具有外显的形态，即员工与组织之间有解除雇用关系的外显行为，从而有别于未与组织解除劳动关系、但不安心在组织工作的"内隐性流失"。

（4）此定义立足于组织，组织流失了想保留的人力资源，利益受损，因而人力资源流失对组织的影响必然是消极的。

（5）人员流失既是一个过程也是一种现象。当动态地考察人力资源流失行为时，它是一个过程；当静态地考察人力资源流失的结果时，它又是一种状态现象。

需要强调的一点是，"turnover"还有一种译法，称为"离职"。它与"流失"一说的区别在于立场不同。从员工个人的角度来看，离开原来归属的组织，就是"离职"；然而，同一行为在组织看来，则是原有的人力资源从组织中游离出去，使组织丧失了对其占有、支配、使用与获益的权力，因而称为"流失"。两者的内涵并无本质的差别。

## 二、人员流失的诱因有哪些

### （一）人员流失的主要环境因素

#### 1. 就业机会

就业机会是人才供需关系共同造就的，归根结底是经济发展和行业成长状况的体现。当某一行业发展迅速，而所需人才又比较短缺时，就业机会使得人员离职有了相当的可行性。例如，IT行业有经验的软件研发人员的跳槽，就业机会无疑就是一种外部催化剂。这些年来，我国IT行业取得了迅猛的发展，与此同时，经验丰富的软件研发人员炙手可热。当然，就业机会的作用力是双向的：较多的、有利的就业机会会刺激个体的离职意向；反之，稀缺的就业机会则大大减少雇员的离职念头。

#### 2. 转换成本

小栾原本在家乡武汉的一家机械公司当车间主任，年薪虽然与沿海的城市相比差了一大截，但在当地仍然很可观。年初，小栾酝酿着跳槽。几经周折，到了扬州一家企业任业务主管，收入可观，也有了车。可是小栾说，他每天穿过车流和人流，从公司回到居住地，或者从居住地去公司，心情经常处于郁闷和烦躁中，内心似乎再也无法获得以前那样的平静和安宁。"离家很远，人生地不熟，也没交到几个朋友。""生活秩序的重建，其实是需要代价的，是一件让人筋疲力尽的事情。"小栾的感受，淋漓尽致地描绘了离职的转换成本。相反，如果某人跳槽的转换成本很小，这种体验往往会成为进一步诱发他离职的意向。

转换成本是指个体从一个用人单位转换到另一个用人单位或从一个职业转换到另一个职业所付出的代价。它对人员流失起到制约作用，有多种表现形式，包括物质损失和精神损失两大方面，如违约赔偿金、由于暂时性失业等待和累计性社保福利丧失所造成的物质损失，精神损失则包括烦琐的离职磋商、人际关系断裂、新环境适应等。其中，违约赔偿和累计性的社保福利损失对人员流失的威慑作用较为显著。

### 3. 制度障碍

在我国，目前只有极少数职业的流动存在制度障碍，这些职业往往存在于计划经济体制未变革或改革不到位的管理框架之内。例如，民航飞行员。由于国家和民航总局关于飞行员流动的法律政策不明朗，现行的法律政策中也缺乏具体的、可操作的制度设计，因此，即使法院判决飞行员与航空公司解除劳动关系、飞行员交纳了违约金，老东家故意刁难、拖延时间等现象也并不少见，这也成为很多想要离职的飞行员不得不再三考虑之处。因此，对这些从业者来说，制度障碍在现阶段是单向的、纯粹的制约因素。

### （二）人员流失的主要个人因素

#### 1. 时间因素

时间因素（含"年龄""工龄""任职时间"等）对人才流失的影响，实质是由于工作能力的积累（即工作经验）导致了个体人力资本的变化，从而影响到个人对现有工作的评价以及是否留任的决策，它反映的是从事某一工作的时间长短对人才流失的效应。2007 年 12 月，前程无忧发布的《2007 中国企业员工离职率调查报告》显示：中国企业员工离职率最高的是工作 2~3 年的人，离职率达到了 36%；其次是工作不满 2 年的人，其离职率为 28%，其中大多数是年龄 25 岁左右的新就业的大学生。

#### 2. 技术等级

技术等级（或技术职称）对人才流失的影响，体现的是工作能力的质的提高改变了个体的人力资本，从而影响到个体对现有工作及是否留任的判断。例如，在飞行员中，与工龄相对照，驾驶经验比较丰富的副驾驶、机长及以上技术等级者，往往是流失的主体。工龄和技术等级的变化，意味着飞行员自身人力资本的增减，归根结底反映出，飞行员在劳动力供求关系中交易能力的变化。当飞行员工龄增长并获得了更高级别的技术职称，他与航空公司就个人在组织中的所得而讨价还价的能力也随之增强，此时如果航空公司不能满足其要求，飞行员就会萌生去意。

### 3. 婚姻和家庭责任

"婚姻状况"和"亲属责任"经常成为辞职理由。例如，英才网的一项调查显示，对于一些频繁跳槽的"跳蚤"来说，有9%的人在选择职业时期望在家乡与父母生活在一起，履行儿女应尽的责任和义务；有27%的人选择与心爱的人一起打拼，共创天下。频繁的跳槽往往是亲情的需要总也达不到。然而，在中国的情景下，"为了家庭和睦""回老家照顾父母家人"等作为辞职说辞并不完全可靠。一些人在辞职报告中写上这样的一些原因，实际上很多是为了顾及自己和单位领导双方的颜面。从其根源分析，由于"婚姻"和"亲属责任"所造成的流失，可能或多或少都与用人单位的内部管理有关。

### 4. 个人心理特征

还有一些个人心理特征的因素对人员流失也会产生影响，如"积极/消极情感""心理预期"等情绪色彩比较浓郁的诱因。具有消极情感倾向的人，在工作中遇到困难或出现职场矛盾时，习惯于退缩、回避或产生不良的心理预期，更容易用"一走了之"解决问题。又如，有的人具有较高的"退出倾向"。无论做什么工作，干久了就想换换单位，这种流失有时可能难以避免。还有一些具有较高"投机偏好"的人，当对单位给予自己的待遇感到不满时，往往放出口风要跳槽，实际上是以离职为手段，与组织讨价还价，实现提高待遇、晋升等个人目的，并非实质性的离职。由于这种做法带有一定风险性，所以"投机者"通常会掌握单位比较重要的资源（如客户资源、技术专长等）后再出手与雇主博弈。

## （三）人员流失的主要组织因素

组织因素是人才流失的焦点诱因，一般被认为是人员流失中最重要的"推力"。

### 1. 薪酬待遇及其公平性

薪酬是员工为组织提供劳动和服务而得到的报酬，包括内在薪酬和外在薪酬，主要是指工资、奖金、福利、津贴、股票期权以及各种间接货币形式支付的福利等。在中国经济还不是足够发达，绝大多数劳动者还要依靠雇主派发的薪酬生存的现状下，薪酬水平及其公平程度成为人员流失最敏感的因素。有关数据指出，当前企业中的职场新人跳槽原因中80%的因素来源于薪酬的吸引力。员工在付出努力、致力于工作的同时，都向往过美好的生活，他们对衣、食、住、行不仅有起码的要求，而且十分希望生活条件得到进一步改善，因此，他们更有可能从薪酬较低的企业离开，流向薪酬较高的企业。

除了薪酬的绝对水平，薪酬分配公平包含的内容更丰富，对某些人的离职具有更强的解释效力。薪酬分配公平包括三个方面，即外部公平、内部公平与个人公平。外部公平表现在同一行业在不同企业之间、同一公司总部与分公司之间、下属不同分公司之间的收入差距上，如果差距过大，人员从低收入单位向高收入单位流动就不可避免。内部公平是对一个单位内部收入的比较，因此往往对员工的工作积极性影响更大。所谓个人公平，是指劳动者感觉个人付出与所得的匹配程度，如果个人觉得从雇主那里得到的薪酬收入相比自己的劳动付出是值得的，就达到了个人公平。

### 2. 职业发展/晋升

从马斯洛的需求层次理论来看，职业发展属于较高层次的心理需要。当个体的职业发展需要不能在当前组织得到满足的时候，其不满情绪可能不会十分突出和外显，但确实会极大地挫伤其工作积极性和对组织的忠诚度，从而诱发其跳槽的意图。

员工在组织中工作，希望自己的个人能力得到提高、工作经验和经历得到积累，同时希望能符合自己的职业生涯成长计划。生存竞争的加剧、忧患意识和个人成长的需要，迫使员工在为单位贡献的同时，期望通过各种方式获得个人能力的提升，如培训、同行交流、接触核心业务、职称晋级、职位晋升等，使自己与本行业的先进技术、重要资源、高端关系同步，不至于因为职业发展的落伍丢失"饭碗"。当组织不能为员工提供这样的成长环境、不给员工以相应的"进补"时，员工跳槽走人可能是迟早的事。

### 3. 领导行为

领导行为也是人员流失的一个不可忽视的作用力。领导行为又可以分为领导与下属的关系、领导的管理方式和工作作风。

"关系"是中华文明中相当重要的一部分，在以关系为导向的中国社会中，组织内部的权力距离普遍较大，"领导—下属关系"往往对整个组织的人际交流氛围具有引导性的影响，这种关系在员工生活的各个方面都发挥着重要的作用。中国的领导者往往会根据人际关系的远近而做出工作分配、绩效考核及晋升决策，这暴露了广泛存在的人治主义与偏私主义。另外，中国社会的"领导—下属关系"已经超出了工作领域，拓展到工作以外更为私人的情谊，员工对于领导者不乏权力幻想，同时也愿意接受更多正式职权以外的影响。中国社会关系中的差序格局，导致了这种领导与下属独特的互动关系的产生。"差序格局"是我国社会学家费孝通在20世纪40年代提出的，用以解释华人社会行为的内在逻辑。他认为，中国传统的社会结构像同心圆波纹一样，是一种差序性格局。波纹的中心是自己，与他人的社会关系如水的波纹一圈圈的向外延伸，水波与中心的距离反映了他人与自己的人际亲疏关系；因此，领导者会根据血缘、姻缘、同乡、同学、同年等在组织内发展出类似家族中的亲密关系，在自己的社会网络中对下属进行定位，领导者在决策与行为上对于不同差序形态中的下属，不会一视同仁。但是作为管理者，组织经营目标和任务的职责也会对他们产生制约，因此，领导在处理与下属的关系时，除了"亲疏"以外，还会考虑"忠诚"与"才干"两个标准。这里的忠诚对象并非是员工任职的组织，而是对领导者个人，也就是一种毫不保留的奉献的"私忠"。要达成组织的经营目标，"才干"是必需的，所以领导者在处理双方关系时也会对下属的能力和绩效表现加以考虑。依据亲疏、忠诚、才干这三重标准，领导者将下属区分为圈内人与圈外人。领导者与圈内人是以关怀为导向的关系，他们之间有更多的双向沟通，并且保持着较为密切的私人交往，领导对他们的态度更为宽容慈爱，授权幅度也较大，圈内人参与决策的可能性及次数相对来说都更高。当出现职业发展中所需要的重要资源或晋升机会时，领导者更愿意提供给关系好的下属。与此相反的是，领导者与圈外人的关系大多以自利为导向，在管理上更多地施以正式的权威和监督，对待他们的态度也较为严格、苛刻。于是，被领导者当做圈外人的下属，为了摆脱这种不愉快的上下级关系，很有可能会选择跳槽。例如，某学院近些年来先后有四十余名教师辞职，起因是这所由三家专科学校合并而成的高等院校，内部因来源不同分成三大派系，每一任领导上任就提拔、栽培自己派系的人员，几个派系之间矛盾十分尖锐。在这种情形下，教师频繁跳槽也就不足为奇了。

领导的管理方式和工作作风同样也有可能造成人员的流失。中华文化崇尚等级、尊重权威，而且中国人十分重视名誉和面子，对于他人的意见、标准、褒贬尤其敏感，在心理与行为上非常容易受到他人的影响。在心理上希望给别人留下良好的印象，以获得接受、赞同和欣赏；在行为上努力与别人保持一致，以避免他人的拒绝、讥讽和责罚。因此，领导者的管理方式和行事风格将会在很大程度上影响员工的自我定义，如果某个员工因其良好工作受到领导的表彰，他可能就会根据领导的评价而对自身能力的信心有所提高，并会对自己与领导之间产生积极的人际知觉。相反的，当领导者并不依靠客观绩效来对下属进行奖惩，尤其是当惩罚性行为与客观绩效无关甚至相悖时，就会使下属产生抵触或反抗的心理或行为。跳槽就是反抗的一种形式。自我国改革开放以来，企业制度也在悄然发生变化，在根本性的变革与制度创新之后，许多国有企业的领导者也正经历着角色的转变，逐步从行政官员的角色变为企业经营者。但由于个人行为和管理模式的惯性，仍有不少国有企业的领导者沿用传统的领导和管理方式，他们往往更关注企业的经济效益，对员工的其他需要关注较少，在管理中以奖惩作为主要工具，着重绩效标准和任务导向，保留了比较专权和官僚的工作作风，使得员工的权利受到伤害，造成了人际关系和劳资关系的紧张。所以一些国有企业内部的人员流失现象也比较常见。

### 4. 组织文化

组织文化的内涵非常丰富，包括整个组织内部的人际关系与氛围、组织管理制度、价值观、行为准则等。组织文化对人员流失的影响主要表现在三个方面：一是在价值理念方面，个人与组织存在难以弥合的根本性的分歧，员工选择离职以消除这种不匹配状况。例如，有些公司口头上强调公平，强调以业绩优先，但实际上无论是员工晋升还是薪酬分配、奖励等方面，资历和人脉关系总是起到决定性作用。当某个员工对单位这种实际上"论资排辈"的核心价值深恶痛绝，并且不愿调和这种矛盾时，往往会通过离职这一手段来解决问题。二是员工的需求偏好与组织的激励不相匹配，员工难以与公司形成默契的心理契约，从而导致人员流失。个体通过向组织提供其工作能力，来换取组织各种形式的报酬，不仅只是物质报酬还包括精神的满足。与此相应地，企业通过提供各种适当的工作条件来吸引员工为组织作贡献。然而，当某些企业只提供单一的物质或精神激励，造成员工的合理需求长期得不到满足，就可能导致他们另谋高就。三是个体的个性特征与组织的人际关系氛围不相容。例如，企业内部同事之间互相攻讦，某个员工不满这样的组织氛围，一旦有合适的机会，自然会选择跳槽来摆脱这种不愉快的生存网络。

### 5. 组织发展前景

组织发展前景对雇员流失的影响在许多职业中得到了广泛证实。一般来说，在一定程度上个人对组织发展前景的预期与对个人发展前景的预期具有一致性，当个体对组织的发展前景没有信心时，难免也会对自己的未来产生忧虑，自然会去找寻一个前景更好的组织。组织发展前景不仅对个人的心理预期有一定的影响，还会使其对组织的忠诚度发生改变。一个没有前途、不能使个体实现自我价值的组织，很难吸引个体对其长久的保持忠诚，人才流失不可避免。当面临困境或处于重大变革时，组织的发展前景对人员流失的影响显得尤为突出。例如，当东星航空公司面临经济困境、出现破产迹象之前，该公司一些消息灵通的飞行员开始尝试联系新东家，表现出了十分明显的离职意向。

## （四）人员流失的主要工作因素

### 1.工作压力

所谓的工作压力，是指在组织内员工对工作中的某一方面没有足够能力应对从而产生的心理情绪和反应。员工的工作压力主要来自于两个方面：一方面来源是工作责任和工作负荷。由于外部竞争日趋加剧，组织的生存压力增大，往往会对员工的工作职责的要求不断增加，加大劳动强度和任务量；另一方面，组织内部的工作完成通常需要各个员工与其他岗位及部门的人员配合完成，协调不当很容易造成员工夹在领导、客户和其他部门之间"受气"，个人在这种环境中工作会感到压抑。长期下去，无法承受这种压力的员工必然会选择离开。

### 2. 工作的单调性

工作内容是否单调，不同的人有不同的理解。有人觉得比较枯燥的工作内容，也有人会毫不介意，而热爱这项工作的人，还可以从看似枯燥的工作内容中找到自己的乐趣。现阶段对大多数中国人而言，因工作的单调性而辞职的情况并不多见。然而，不可否认的是，充满个性的年轻一代正在逐步成长为职场的主力，他们对于工作乐趣的要求明显比长辈们要高，这也迫使人力资源工作者要把工作的再设计提上日程以应对新的挑战。

### 3. 工作自主性与参与管理权

工作自主性与参与管理权在西方人员流失研究中是一个不容忽视的因素，但是，在我国处于人力资源管理相对落后的状态下，中、基层劳动者似乎还无暇顾及这样的工作因素。虽然因为工作中没有自主权或缺少决策权可能给他们带来困扰，但因此而跳槽的例子在广大员工群体中还是比较鲜见的，这种情况更多存在于比较高端的管理层。在中国最常见的科层式组织框架中，越往高层，工作自主性与参与管理权对个体的绩效及整个组织运转的影响越突出。如果高层管理者感到工作中处处受制于人而难以有所作为，跳槽就成为一条"出路"。

# 第二节 人员流失是怎样发生的

人力资源流失诱因的研究解释了哪些因素与流失相关，但却不能说明个体做出离职决策的心理变化过程。为了进一步揭示人力资源流失的机理，许多学者站在员工个人的角度，构建了大量的流失心理过程模型，考察从离职意向的产生到付诸行动的心理过程，试图通过对各种流失影响因素的交互作用，以及对流失者主观心理状态的全面剖析，为人们从组织维度理解人才流失提供心理学的依据。

## 一、人员流失心理过程研究概况

国外学者对人力资源流失过程的早期研究主要是考察各流失诱因在雇员流失过程中的关系，然后以概念化的框图表达出来，并采用定量分析的方法来预测和解释流失（离职）或留任变量。其中，比较著名的有 March 和 Simon 的流失模型、Price 模型、Mobley 中介链模型、扩展的 Mobley 模型等。

随着对人力资源流失研究的深入，早期的经典模型得到了实证的检验，并被不断修正、完善；另外，在吸收权变理论、复杂的决策理论及突变理论等最新成果的基础上，整体性、多角度、多路径、非线性的流失模型大量涌现出来，精彩纷呈。例如，Steers 和 Mowday 共同提出的人才流失模型，Sheridan 和 Abelson 提出的"尖峰突变"模型，Lee 和 Mitchell 提出的多路径展开模型。

进入 21 世纪以来，国外对人力资源流失的研究涉及了更广泛的领域，实证研究成为了主要的研究手段；在实证的基础上对前人的理论模型进行修正、完善和延伸，也成为主流的研究思路之一。例如，2000 年，综合社会学、心理学和经济学领域已有的成果，凝聚数十年研究的结晶，Price 和 Mueller 等修正完成了一个反映人员流失整体过程的模型，在解释员工流失心理变化过程方面产生了深远的影响。

归纳起来，关于人力资源流失心理过程模型的演变，既反映了人类对这一问题认识的深入，也从另一侧面说明了知识经济和信息时代对人力资源保留提出的挑战以及研究这一现象的重要意义。同时，不难发现国外对人力资源流失的心理过程模型研究表现出以下趋势。

（1）不再是把"离职（流失）意向"作为唯一的因变量，"离职行为""留职动机"等也都占据了一席之地。

（2）研究中包含了更多的自变量，中介变量也从"工作满意度""组织承诺"，发展到"心理契约""工作参与度""寻职行为"等。

（3）心理过程模型不仅讨论各因素对员工流失的独立作用，还着手分析各因素的交互作用。

（4）权变理论、决策理论、突变理论的引入，深化了对流失心理路径的认识，从多条路径防范人力资源流失成为共识。

国内对人力资源流失的密切关注不过十年左右的时间，其研究方法可以分为定性和定量两类。定性研究主要是对人员流失现象进行经验性分析，提出相关对策和建议。定量研究则聚焦在两个方面：一是探讨个体、组织和环境变量对人员流失的影响；二是讨论国外某个流失模型在我国某个群体或组织中的适用性，对经典模型进行检验和修正，并在此基础上尝试构建具有中国特色的理论模型。从研究深度来看，国内现有模型对各流失诱因的作用机制还缺乏深入的探讨，而且绝大多数理论模型没有实证资料的支撑；从国内研究成果的影响力来看，也是任重道远。

## 二、代表性的人员流失模型

### （一）March和Simon的参与者决定模型

美国学者 March 和 Simon 提出的"参与者决定模型"，建立在员工理性决策的假设之下，包括两个主要的流失决定量：一个是雇员感知到的流出的合理性，一个是雇员感知到的流出的容易性，如图 10-1 所示。

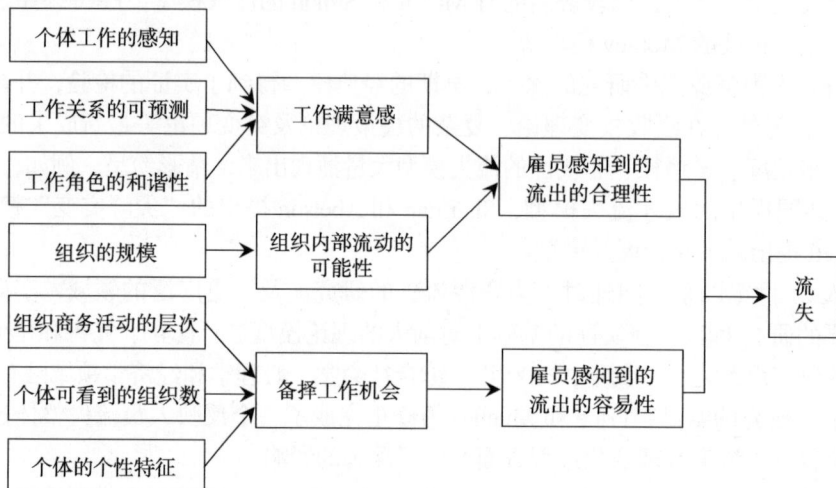

图 10-1　March 和 Simon 的参与者决定模型
资料来源：March J G, Simon H A. Organizations[M].New York：Wiley, 1958：34-45

雇员感知到的流出的合理性又取决于雇员对工作的满意程度及其对企业内部流动可能性的估计。工作满意感来自于雇员对工作中自我价值的实现、工作关系的把握以及各种角色胜任程度的综合感知与评价。显然，工作满意感越低，从雇员的角度来看，离开组织、另谋职业的理由越充分；组织内部流动的可能性则与组织的规模相关，一般而言，组织的规模越大，雇员在组织内部实现流动的机会越多，不一定必须通过离开现有组织达到其职业目的。雇员感知到的流出的容易性实际上是对备择工作机会（就业机会）的判断，即雇员认识的外界可提供选择的组织数目。备择工作机会（就业机会）的多少，从组织角度看，取决于组织所处商务活动的层次，如企业的地位、产品知名度、产值、增长率，以及企业能提供的具有较高社会地位的职位或人员等；从雇员角度看，则取决于雇员参与的能力和水平，包括雇员接触具有不同特质的人或事的能力、雇员个人的洞察力及辨认事物的能力、雇员本身具有的探索倾向或偏好等。

该模型明确指出，当感知到的流出的合理性和流出的容易性较大时，个体更有可能结束与组织的雇用关系，换言之，组织更可能出现人力资源流失。后来的学者将两个主要的流失决定量进一步提炼，逐步演变为对"工作满意度"和"备择工作机会（就业机会）"两个构念的深入探讨，并归纳出了员工流失的充要条件，即工作不满意是员工流失的必要条件，但并非充分条件；备择工作机会（就业机会）才是员工流失的充分条件。当充分和必要条件同时发生时，人员流失才更有可能出现。

March 和 Simon 的模型对于人力资源流失研究的影响深远，具有理论奠基的意义。这不仅表现在该模型采用的许多变量在后继者的研究中被广泛吸纳，更重要的是，它提出的"雇员的心理或性格机制是连接雇员离职行为和经济、企业及人口等变量关系的纽带"的观点，主导了后来大多数此专题研究的思路。

## （二）Mobley 的中介链模型

Mobley 吸收了 March 和 Simon 的参与者决定模型的优点，将一些可能的中介变量加入工作满意与离职之间，强调雇员的离职是一个选择过程，于 1977 年建立了中介链模型（图 10-2）。

Mobley 认为，雇员从产生工作不满到出现离职行为，这之间有一系列的关键中介环节，包括：雇员对工作不满意导致其产生离职的想法；之后会寻求对这种想法和行动的评价；进而衡量其他可能的选择方案；产生离职意向；最终决定离职。雇员每做一次选择都要进行反复地琢磨和反馈。例如，当雇员寻找新工作不成功时，会重新评价现有的工作，或许会对现有工作重新感到满意。

这一模型的主要理论贡献在于，明确指出了雇员打算离职的意向才是最终导致雇员流失的变量。Mobley 测算出离职意向与实际的离职行为之间的相关系数为 0.49，具有显著的正相关关系。由此，离职意向而非离职行为，成为了后来许多离职模型的最终变量。

## （三）Price 和 Mueller 的雇员离职模型

美国离职研究专家 Price 和 Muller 持续地修订其理论模型，其中最新的模型为 Price & Mueller（2000）模型，如图 10-3 所示。

Price & Mueller（2000）模型的理论核心由一系列假设构成。首先，假设雇员带着一定的期望进入组织。其次，假设雇员与组织之间存在收益交换，组织对雇员的种种回报用于交换雇员的服务。最后，假设雇员追求净收益的最大化。如果存在多个收益和成本，雇员会权衡成本与收益以获得最大的净收益。

该模型从过去大量的实证研究中辨识出四类与离职相关的变量，即环境变量、个体变量、结构变量和过程变量。

```
┌─────────────────────────┐
│      对现有职位的评估       │
└─────────────────────────┘
            │
            ▼
┌─────────────────────────┐
│ 对职位的体验（满意/不满意） │────────▶ 其他形式的退出（如缺勤）
└─────────────────────────┘
            │
            ▼
┌─────────────────────────┐
│         考虑辞职          │
└─────────────────────────┘
            │
            ▼
┌─────────────────────────┐
│  估计辞职的预期收益和成本   │
└─────────────────────────┘
            │
            ▼
┌─────────────────────────┐
│   产生寻找其他职位的意图    │◀──────── 非工作因素
└─────────────────────────┘
            │
            ▼
┌─────────────────────────┐
│        寻找新职位         │
└─────────────────────────┘
            │
            ▼
┌─────────────────────────┐
│   对已经找到的职位的评估    │◀──────── 如果有多个新职位可供选
└─────────────────────────┘          择，会刺激评估
            │
            ▼
┌─────────────────────────┐
│   比较新职位与现有职位     │◀──────── 如果只有一个新职位可供选
└─────────────────────────┘          择，会导致退出劳动力市场
            │
            ▼
┌─────────────────────────┐
│      辞职或留下的意向      │
└─────────────────────────┘
            │
            ▼
┌─────────────────────────┐
│        辞职或留下         │◀──────── 推动采取行动
└─────────────────────────┘
```

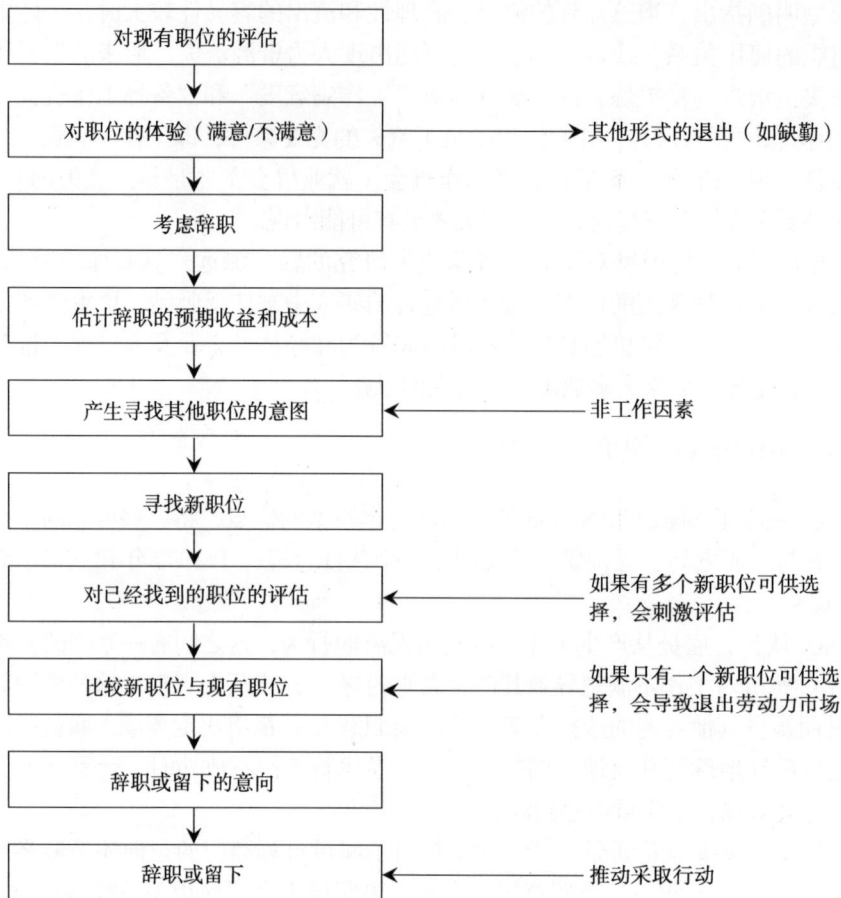

图 10-2　Mobley 的中介链模型

资料来源：Mobley W H. Intermediate linkages in the relationship between job satisfaction and employee turnover[J]. Journal of Applied Psychology, 1977, 62（2）: 237-240

　　其中，环境变量有两个，即机会和亲属责任。机会与劳动力市场相关，Price 认为，机会对人才流失的影响，除了直接诱使雇员离职外，还通过降低雇员对现有工作吸引力的评价，减少其工作满意度，间接助长人才流失；该模型指出，保持当前的雇佣状态是实现个人对家庭和亲属责任的重要途径，因此亲属责任会阻止雇员离职，有助于组织减少人才流失。

　　个体变量有三个，即一般培训、工作参与度和积极 / 消极情感。一般培训是经济学家们强调的变量，它的增加使雇员从事通用性工作的竞争力增强，从而导致雇员离职的增加。Price 和 Mueller 认为，工作参与度高的雇员工作努力，因此能够得到更多的回报，而更多的回报，反过来，又增强了雇员的工作满意度和组织承诺，减少了流失的可能；引入积极情感和消极情感是对 Price 早期模型的重要补充，它是基于个性的变量，直接影响工作满意度。相比之下，对工作和组织具有积极情感倾向的人，选择离职来解决工作不满的比例要小些。

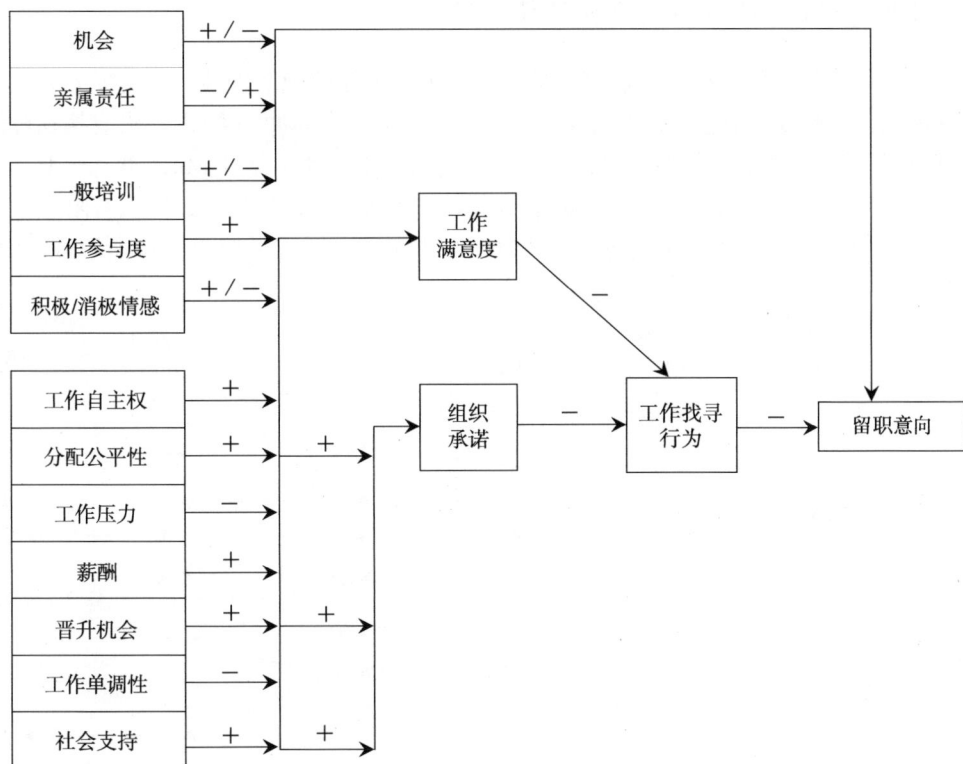

图 10-3 Price 和 Mueller 的雇员离职模型

图中机会、亲属责任、一般培训和积极 / 消极情感斜杠前的正负号表示对工作找寻行为的影响；
斜杠后的正负号表示对留职意向的影响

资料来源：Price J L. The Development of a Causal Model of Voluntary Turnover[M]. Ames：University of Iowa，
2000：78-79

结构变量有七个，分别是工作自主性、分配公平性、工作压力、薪酬、晋升机会、工作单调性和社会支持。模型假设这些结构变量都是通过工作满意度和组织承诺来间接影响离职选择的，其影响的正负效应为图 10-3 中相应路径上的正负号所示。

过程变量主要是指中介变量，在 Price & Mueller（2000）模型中，工作满意度、组织承诺和工作寻找行为三个变量的中介作用显而易见。工作满意度是指雇员对其工作各个方面的主观反映和情感体验。Price 和 Mueller 认为工作满意度直接影响雇员的流失意向，并与之存在显著的负相关关系；组织承诺是雇员对整个组织的情感反映和全部态度，Price & Mueller（2000）模型认为，组织承诺与流失意向呈负相关关系。工作寻找行为，或称寻职行为，是把流出认知转化为实际流失行为的一个重要过程。萌发离职意向的员工通过工作寻找行为，来推动下一步的心理评估和反馈，进而决定是否留在目前的组织。

Price & Mueller（2000）模型吸收了多个学术领域对人才流失的研究成果，在解释雇员离职心理过程方面表现出了很好的预测能力，其对多个构成变量的内涵界定，以及对构成变量与流失意向的关系分析，都具有深刻的启迪意义。

## （四）Lee和Mitchell的多路径演进模型

传统的流失心理过程模型假设雇员在离职决策中能够绝对理性，但实际上雇员可能无法做到，因此传统模型难以解释生活中并不少见的"个体冲动离职""没有找到替代工作就离职""对工作满意的雇员也会离职"等现象。1994年Lee和Mitchell基于Beach的映像理论（image theory）提出了雇员主动离职的多路径演进模型，试图从有限理性、适用性更强的角度来解释人才流失。后经数度修改完善，形成了如图10-4所示的1999年版模型。

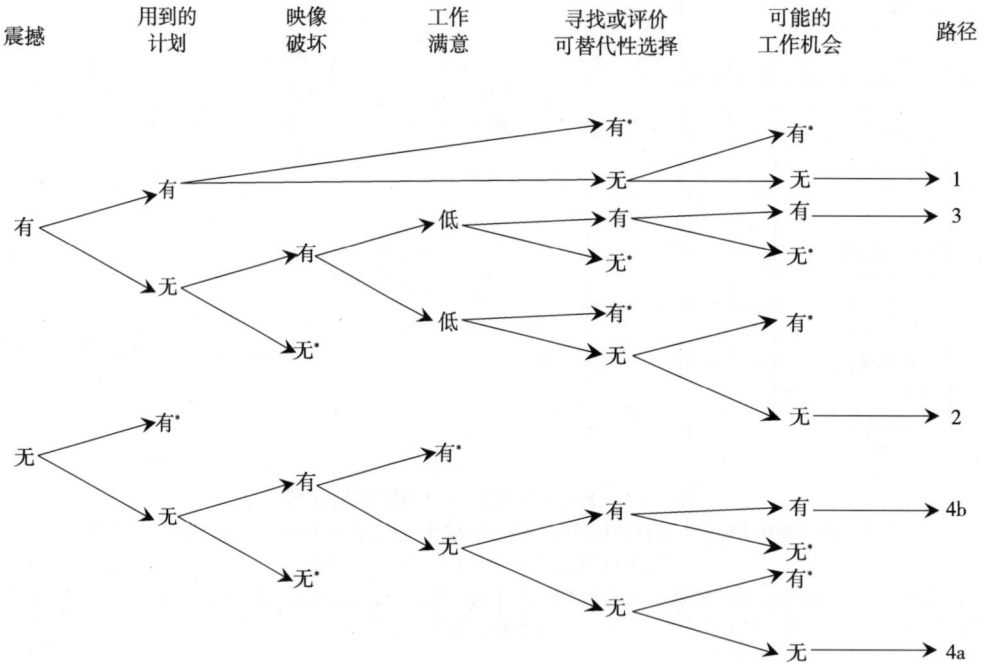

图 10-4　Lee 和 Mitchell 的雇员主动离职多路径演进模型
星号（*）表示所在路径不可归类，通过它个体也可能离开组织
资料来源：Lee T W, Mitchell T R, Holtom B C, et al. The unfolding model of voluntary turnover: a replication and extension[J]. Academy of Management Journal, 1999, 42（4）: 450-462

这个模型第一次提出雇员流失可能存在多条心理路径，雇员做出的一些离职决策可以是独立于工作满意度水平的。为了论证这一结论，Lee 和 Mitchell 的多路径演进模型构建了七个变量，其中四个（工作满意度、寻找和评价、其他可替换的工作选择、可能的工作机会）是对传统模型构成变量的继承，表明该模型并未抛弃传统离职研究模式的思路，是在传统模型基础上的拓展。另外，Lee 和 Mitchell 又创造性地提出了以下三个独特的变量。

### 1. 震撼

震撼（shock）是指对一个人工作产生作用的、特别的、不和谐的外部事件，会引发个体对当前工作状态有意识的判断。它可能是预料中的，也可能是意外的；它对雇员的影响可能是积极的、中性的或负面的。典型的"震撼"的例子如其他公司主动提供的工作机会、结婚或怀孕、家庭住址迁移、公司变动等。雇员将震撼与周围环境及自己的映像（即价值观、目标及策略）进行比较，如果两者不匹配，就会考虑离职。"震撼"概念的提出，将一些随机事件和外部因素引入对人才流失的考察中，提高了对雇员离职行为的解释效力。

### 2. 计划

计划（script）的内涵比事先存在的行动计划要宽泛，还可以指基于过去或观察他人或通过阅读等形成的经验或社会期望，带有非理性的色彩。

### 3. 映像破坏

映像破坏（image violation）是指个体面临的选择与其自我标准（自己的价值观、目标和为实现目标而采取的策略）相比较出现不匹配的状况。例如，某员工所在工作单位的价值取向，与其遭遇到震撼事件时表露出的价值观不匹配。映像破坏有可能导致离职意向的产生。

Lee 和 Mitchell 模型给出了 17 条可能的雇员流失心理路径，并对 4 种心理路径进行了重点讨论。其中，路径 1、2、3，导致雇员流失的主要原因都是"震撼"事件。在路径 1 中，系统震撼刺激了雇员，受到影响的雇员在记忆中搜寻以前相关的决策、规则、从读物或他人身上习得的相关反应，以及以前类似震撼发生时所处的环境等，只要震撼事件与以往记忆相匹配，雇员就不考虑当前对组织的情感，也不考虑是否找到可替换的工作，而离开现职。换言之，当雇员选择了第一种心理路径，人才流失就与工作满意度无实质性关系，也不涉及映像、对可替换工作机会的寻找与评价。路径 2 是一种映像推动决策，受到震撼刺激的员工，会运用其价值观、目标和策略映像，重新评价自己对当前组织的情感依附和忠诚度，一旦判断两者不符，除非个体愿意更改主观的映像，否则雇员会选择离职。该路径不涉及寻找与评价可替换工作的行为。在路径 3 中，雇员首先与路径 2 有相同的心理体验，受到震撼刺激对组织的情感有所波动，不同的是，雇员出现了寻找可替代工作并进行心理评价的行为，然后雇员才根据对新工作与现职的比较结果，做出留下还是离开的决定。因此，可以说这种人才流失更多是外界机会（新工作）拉动的结果。路径 4 是对传统离职研究成果的概括，雇员流失是由工作不满意而非震撼引发的。通常，雇员隔一段时间会重新评价其对当前组织的基本承诺，如果判断当前组织与其价值观、目标不再相符，进而对工作产生比较强烈的不满时，可能会选择 4a 或 4b 路径退出组织。在 4a 路径中，雇员的工作不满十分突出，以至于不考虑是否还有其他选择而坚决离开；在 4b 路径中，雇员则非常理性地遵循 Mobley1977 年的模型去寻找和评价可替换的工作，再做出是否离职的决策。

Lee 和 Mitchell 的多路径演进模型，不仅为非理性的离职行为找到了合理解释，而且借助于路径 1，使准确描述全职劳动力市场以外的临时工、兼职工的流失过程，成为可能，因此被视为对传统研究的突破。

## 第三节　人员流失前有什么征兆

　　根据危机生命周期理论，危机的演化过程具有阶段性特征，一般包括四个阶段，即潜伏期、发展期、爆发期和消退期，每个阶段的跨越都是从量变到质变的过程。针对人员流失危机来说，在流失危机的潜伏期，人员流失的诱因或风险出现，表现出一些微小的不易觉察也不构成威胁的征兆，因此很容易被忽略；在流失危机的发展期，组织人员流失的风险已经转化成为一种直接的威胁，出现了一些显性的征兆并且这些征兆明显增多；在流失危机的爆发期，出现了大量易识别的人员流失征兆，往往出现某一突发事件引爆危机，此时需要组织使用危机干预手段才能恢复组织功能；在流失危机的消退期，各项危机处理措施开始奏效，人员流失被遏制，组织进入危机事后的管理阶段。在这一过程中，预警管理的关键之一是及时发现并识别警情征兆。警情征兆识别，是指运用组织行为学、系统科学、信息经济学等学科的理论成果，找出人员流失危机形成的主要原因及表现症状，分析并归纳其共同特点，做出科学分类的整理过程。一般要深入分析劳动力市场的宏观背景与组织的实际情况，在管理信息系统和数据挖掘技术的辅助下，经专家小组的综合评判来完成。

### 一、个人跳槽前会有哪些征兆

　　个体流失的主要征兆包括心理情绪类的征兆、行为表现类征兆和绩效反馈类征兆。最早出现的是心理情绪类征兆，它与人员流失的内外部诱因相互作用，使员工产生了离职的念头。此时往往还处于流失危机的潜伏期，而且它们并不一定会导致人员的流失，因此这些征兆不容易被察觉；最容易观察的是行为表现类征兆，员工个人的心理状态正在从离职意图向离职决策发展的过程中，围绕着寻职这一核心动作，员工会有十分明显的行为表现，如比较明显的缺勤、频繁与外界联系等，但由于个体尚未做出离职的最终决定，因此可能会有意掩饰其行为表现，而这些行为又难以用量化的标准进行判断，并且易于与其他原因造成的表象发生混淆，如因家庭成员意外事件而出现的频繁缺勤，所以更加增加了识别的难度。绩效反馈类征兆可以进行定量的判断，在搜集的数据资料基础上，分析差错率、工作中的不良事件、服务对象的有理投诉等，进行识别。个体流失的主要征兆如表 10-1 所示。

表 10-1　个体流失的主要征兆

| 分类 | 描述 |
| --- | --- |
| 心理情绪类 | Z1. 对现有工作负荷、内容、合作关系等不满程度加强 |
|  | Z2. 对所在单位各方面管理的牢骚增多 |
|  | Z3. 对现有薪酬福利水平的不满尤其强烈 |
|  | Z4. 对单位、部门的各项决策和发展计划异乎寻常的冷漠 |

续表

| 分类 | 描述 |
|---|---|
| 行为表现类 | Z5. 与同事或领导冲突的频度和强度增加 |
| | Z6. 请假、迟到、早退等缺勤现象增加 |
| | Z7. 工作时间打私人电话次数和时间增加，且接电神秘 |
| | Z8. 格外关注业内或本单位跳槽个案的进展 |
| | Z9. 与本单位已跳槽或已提出辞职的员工交往突然增加 |
| | Z10. 关注其他企业或单位的建立、招聘及人事安排等方面的情况 |
| | Z11. 留意搜集所在单位的一些文件资料和管理漏洞 |
| 绩效反馈类 | Z12. 工作中不良绩效增多，差错率或事故率上升 |
| | Z13. 顾客或相关部门的有理投诉增加 |

　　以航空公司为例，通过调研访谈法，将上述三类流失征兆进行进一步细分，得到航空公司核心员工离职征兆如图 10-5 所示。

| 心理波动征兆 | 行为变化征兆 | 满意度改变征兆 | 信息关注征兆 | 工作差错征兆 |
|---|---|---|---|---|
| ·不公平感增强<br>·情绪浮躁、牢骚增多 | ·工作绩效降低<br>·工作时间打私人电话时间和次数增多<br>·人际冲突频度和强度增加<br>·缺勤率增加<br>·对公司决策和发展表示冷漠 | ·对现有的薪酬福利水平不满意<br>·对现有的绩效考核体系不满<br>·对企业文化认同度降低 | ·关注其他公司的建立及招聘情况<br>·关注业内员工离职个案进展情况 | ·顾客有理投诉率增加<br>·工作差错增加 |

图 10-5　航空公司核心员工离职征兆图

资料来源：刘金诺. 航空公司核心员工离职的预警机制研究 [D]. 武汉理工大学硕士学位论文，2007

## 二、集体流失前会有哪些征兆

　　人员流失中虽然个体流失比较常见，但若从对组织的损害而言，集体流失往往更为致命。近些年来，这种集体出走事件时有发生。例如，牛根生携一批骨干退出伊利创建蒙牛，TCL 的万明坚及其手机团队集体跳槽到长虹，方正的周险峰带领数十名技术经理易主海信，科龙集团以副总裁为首营销团队加盟 TCL，等等。

　　集体流失经常与组织中的非正式群体有一定关联。这种非正式群体是由同一个单位中同学、战友、关系要好者或某一事件中利益一致者（如参与劳动纠纷）组成的"人脉圈"或"小集团"。出于其他原因和需要，它可能早已存在，当某个核心人物或几个有一定影响力的员工产生离职的念头并得到"圈内人"呼应后，这个"小集团"活动频繁、行动秘密。也可能由于多个员工不约而同产生离职想法而迅速结为同盟，形成"小集团"。

可以参照个体流失征兆观察其中小集团里的每一位个体，由此来识别员工集体流失的征兆，尤其是所谓核心人物的行为表征。只有熟悉员工中的交往关系和人际圈子，才有可能及时发现蛛丝马迹。员工集体流失的征兆主要是行为表现，如表 10-2 所示。这种征兆难用量化的标准进行判断，因此比起个体流失征兆，集体流失征兆的识别更为困难。

表 10-2　集体流失的主要征兆

| 分类 | 描述 |
| --- | --- |
| 行为表现类 | J1. 员工中原有的"小集团"（同学或派系）活动频率突然增加且较秘密 |
| | J2. 原来关系一般或较好的人突然结成"小集团"，经常一起吃饭或活动，比较秘密 |
| | J3. "小集团"的核心人物表现越来越嚣张并且与外界接触频繁 |
| | J4. "小集团"成员与外界的接触普遍增加 |
| | J5. "小集团"成员的抱怨增多或向领导提出更多更高的待遇、职务方面的要求 |
| | J6. "小集团"成员的工作热情普遍降低，效率下降，差错增加 |

# 第四节　人员流失风险预警指标体系

全球经济一体化加剧了企业之间的竞争，加上不断变化的市场环境，致使人员流失风险随时都有可能发生。企业之间的竞争归根结底是人才的竞争，核心人才和企业中高层管理者都是企业的骨干人员，他们的出走无疑会给企业带来致命的打击。因此，设计科学的人员流失风险预警指标，构建完善的人员流失危机预警系统，降低员工特别是核心员工的流失率对企业来说是非常必要的。

## 一、人员流失风险预警指标体系设计原则

人员流失风险预警指标体系的设计应当遵循以下几个原则。

### 1. 科学性原则

在设计过程中，每项指标的概念要能科学地反映评价对象或目标的特点和性质。在系统科学原理的指导下，对收集的信息进行综合分析。

### 2. 实用性原则

每项指标的设置都必须有足够的基本数据做支持，便于计算、量化。指标的测评要简便可行，实施和考核方便，可操作性强，并能灵活进行修改完善。

### 3. 可比性原则

预警指标在不同时段的状况下可以纵向比较，同时对企业内员工也可以进行横向对比分析。

4. 相对独立性原则

有些人才流失因素的测评只需要一个指标，而有些则可能需要多个指标测评；有时一个指标只能测评一个对象，而有时一个指标可以同时测评多个对象。在设计指标时要尽量减少指标之间的重叠区域，将其相关性减少到最低限度，使各个指标相对独立。

5. 定性与定量指标相结合原则

有些指标无法使用准确的数据来描述和表达，只能定性地加以阐述，但它们对人才流失的预警管理却非常重要，因此必须加以利用，全面地反映人才管理的现状和趋势。

## 二、人员流失风险预警指标体系的构成

人员流失风险预警指标体系可以从社会因素、组织因素、个人因素三个层面进行设计。常用的指标如图 10-6 所示。

1. 社会因素预警指标

社会因素预警指标通常包括行业发展前景、业内员工离职率和业内人才需求增长率三个指标。

2. 组织因素预警指标

组织因素预警指标通常包括组织目标认同感、同事对其工作协作满意度、薪酬福利水平同业比率、职业生涯管理的科学性、晋升的可能性、顾客有理投诉率六个指标。

3. 个人因素预警指标

个人因素预警指标具体包括不公平感、工作满意度、工作压力强度、工作差错率、缺勤率、工作时间私人电话数及时间、人际冲突频度和强度七个指标。

## 三、人员流失风险预警指标体系的测量及警戒值的确定

人员流失的各项预警指标分别由指标名称、指标说明、指标定义/公式、预警等级、预警周期五个部分组成。在预警指标的测量过程中，有定性与定量的两种不同类型的指标，其中定量指标有特定的测量方法，根据企业的实际情况按固定的公式进行计算和监测；对于定性指标，则根据企业的情况及指标监测的需要划分级别进行测量。该预警体系中的预警等级通常分为正常状态、一级超限、二级超限三种状态，具体的警戒值范围需要根据企业的实际的情况进行设计。表 10-3 列举了常用的人员流失风险预警指标的界定、测量方法、预警等级和周期。

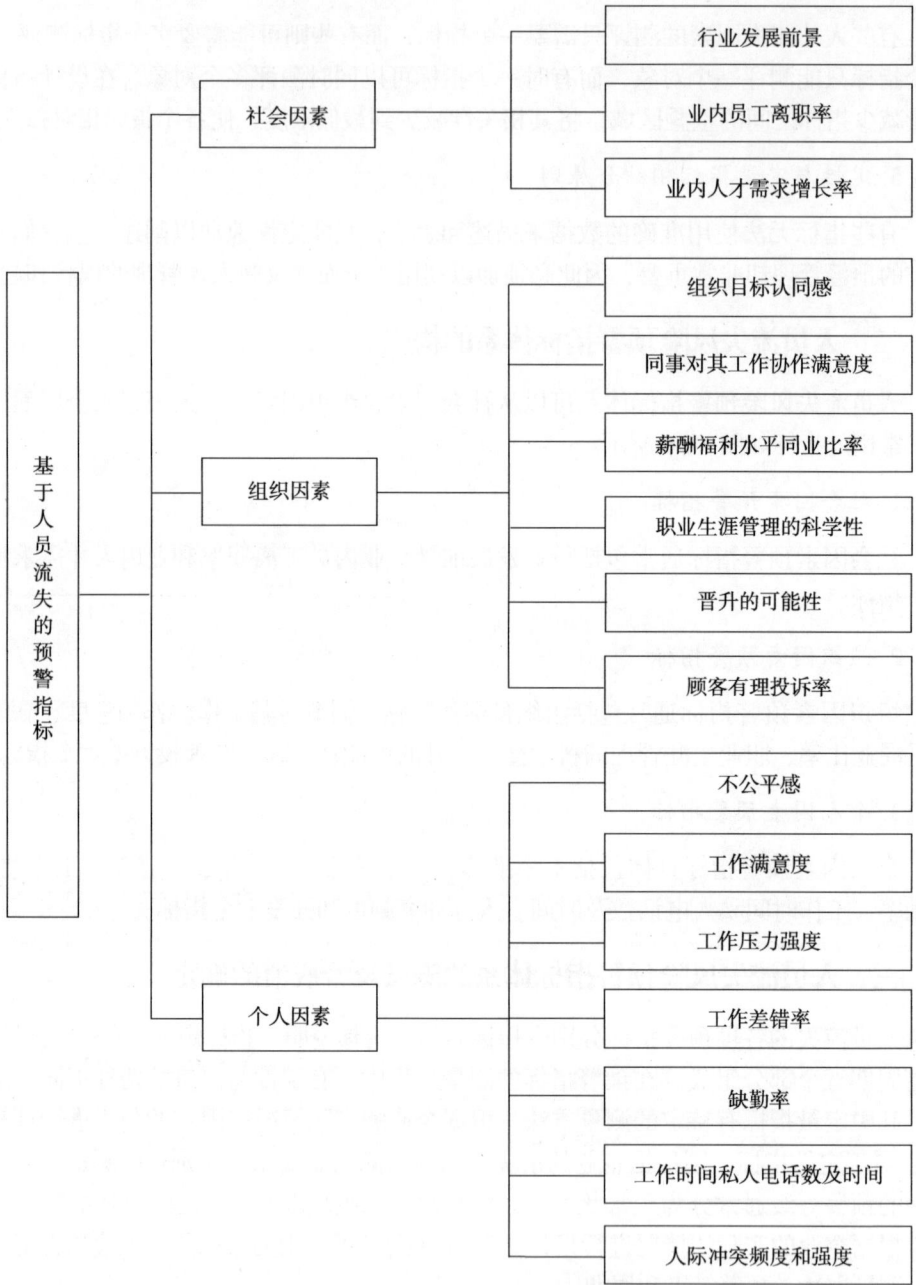

图 10-6　企业人员流失风险预警指标

资料来源：刘金诺.航空公司核心员工离职的预警机制研究 [D].武汉理工大学硕士学位论文，2007

表 10-3　企业员工流失预警指标体系

| 指标类别 | 指标名称 | 指标说明 | 指标定义/公式 | 预警等级 | 预警周期 |
|---|---|---|---|---|---|
| 社会因素 | 行业发展前景 | 定性指标，体现本行业的吸引力 | 该项指标测评方式可以将行业发展前景分为3个等级进行评定 | 正常<br>一级超限<br>二级超限（较低/低）报警 | 年度 |
| | 业内员工离职率 | 定量指标，监测存在竞争关系的业内公司员工离职率 | 关注同业动态 | 正常<br>一级超限<br>二级超限 | 季度 |
| | 业内人才需求增长率 | 定量指标，监测人才需求的总量变化和需求速率情况 | 人才需求增长率=［（人才需求总量−人才保有量）/人才保有量］×100% | 正常<br>一级超限<br>二级超限 | 季度 |
| 组织因素 | 组织目标认同感 | 定性指标，可权衡员工对组织目标、愿景的接受程度和理解程度，反映员工个人价值观与企业价值观一致的程度，员工对于企业文化的认可度程度等 | 该项指标测评方式可以将组织目标认同感分为3个等级进行评定 | 正常<br>一级超限<br>二级超限（较低/低）报警 | 年度 |
| | 同事对其工作协作满意度 | 定量指标，可衡量与之工作协助较为紧密部门的员工对其工作配合的满意程度，可采用"部门协作满意度"量表进行测评 | 根据量表评分，总分为100分 | 由量表中数据和评分规则得出最终满意度分 | 年度 |
| | 薪酬福利水平同业比率 | 可将薪酬福利水平进行横向及纵向比较的量化指标，体现公司现有薪酬福利体制的全面现状 | 薪酬福利水平同业比率=（本公司薪酬福利水平/业内平均薪酬福利水平）×100%。 | 正常<br>一级超限<br>二级超限 | 年度 |
| | 职业生涯管理的科学性 | 定性指标，反映企业是否能合理配置资源，调动人的积极性 | 该项指标测评方式可以将职业生涯管理的科学性分为3个等级进行评定 | 正常<br>一级超限<br>二级超限（较低/低）报警 | 年度 |
| | 晋升的可能性 | 定性指标，反映企业对员工的长期激励性 | 该项指标测评方式可以将晋升的可能性分为3个等级进行评定 | 正常<br>一级超限<br>二级超限（较低/低）报警 | 年度 |
| | 顾客有理投诉率 | 定量指标，能够反映员工的工作效率和服务质量 | 顾客有理投诉率=（顾客有理投诉次数/投诉总次数）×100% | 正常<br>一级超限<br>二级超限报警 | 月度 |
| 个人因素 | 不公平感 | 定性指标，能够反映出工作绩效考核和工资奖励制度的合理性 | 可设立弱、较弱、较强、强4个等级来进行测量 | 弱<br>较弱<br>较强<br>强（报警） | 季度 |
| | 工作满意度 | 定量指标，企业员工工作态度的敏感性指标，能反映出组织和人力资源管理的合理性 | 根据量表评分，总分为100分 | 由量表中数据和评分规则得出最终满意度分数 | 季度 |

| 指标类别 | 指标名称 | 指标说明 | 指标定义/公式 | 预警等级 | 预警周期 |
|---|---|---|---|---|---|
| | 工作压力强度 | 定性指标，可衡量工作分析和职位分类工作的完善程度以及员工技能与工作岗位要求的适应情况 | 需通过相关员工对工作任务的主观感受评判进行评价指数的确定 | 弱<br>较弱<br>较强<br>强（报警） | 月度 |
| | 工作差错率 | 定量指标，能够考察在一定时期内员工自身因素所导致的工作差错次数，反映人员素质、人岗匹配性、工作态度与工作情绪等 | 工作差错率=（员工自身因素导致的工作差错次数/工作小时数）×100% | 正常<br>一级超限<br>二级超限报警 | 月度 |
| | 缺勤率 | 定量指标，能够反映员工到岗状态的监测指标 | 缺勤率=（缺勤次数/应工作天数）×100% | 正常<br>一级超限<br>二级超限 | 月度 |
| | 工作时间私人电话数及时间 | 定量指标，能够监测员工在工作时间内的专注程度或精力分散程度 | 该项指标以监测时间段内的电话数量和时间为评定值，同时也需要注意员工对于私人电话接听的隐秘程度 | 少<br>较少<br>较多<br>多（报警） | 月度 |
| | 人际冲突频度和强度 | 定量指标，能够反映员工人际关系状况和处理的能力，且能反映员工的工作情绪和心理状态 | 设立为4个等级进行评价，分别为低、较低、较高、高 | 低<br>较低<br>较高<br>高（报警） | 季度 |

# 第五节　如何进行人员流失风险预警管理

对人员流失进行预警管理，着眼于改善组织内部管理以防范人员流失，这种管理思路基于以下两个前提。

（1）可以推断或确定人员流失的主要诱因和心理变量。

人员流失现象不仅原因复杂多变，而且存在多条离职的心理路径，因此并非所有的人员流失，都能够通过组织的预警预控来防范和阻止。能够防范的流失行为是那些可以通过预警指标的监测诊断、征兆观察或者沟通交流，找到主要诱因和关键变量，然后"按图索骥"确定相应的预控措施的情况。

（2）预控的对象主要是可控可预期的。

从成本与效率的角度出发，那些与工作满意度和组织承诺密切相关的流失征兆、那些可以通过组织管理改善来避免的流失行为，以及那些根据人员的背景信息与统计规律、可以通过提前采取措施来减小损失的流失，这才是预控的重点。

针对人员流失进行预警控制有两条思路：一是通过干预流失的过程来阻止流失结果出现，此乃预警的核心宗旨和预控的重点；二是对于那些无法避免的人员流失，减小结果的危害程度成为预控追求的目标。

## 一、针对人员流失过程的预控策略

针对人员流失过程的预控策略出自于人员流失的具体原因，"对症下药"来打消个体的离职意向。常见的预控策略如下。

### （一）改善薪酬公平

薪酬福利是组织维系员工忠诚和提高其工作满意度的物质基础，薪酬公平包含外部公平、内部公平和个人公平。

为了做到薪酬的外部公平，组织需要从人力资源管理的基础工作（薪酬调查）入手，通过各种渠道，如委托专业的调查公司，从网络、报刊上搜集可比的岗位薪酬、查阅国家权威机构发布的指导工资等，获取劳动力市场或竞争对手给予不同工种、不同技术等级人员的薪酬水平，然后通过统计、整理，绘制出市场上各类人员的薪酬曲线；同时，依据本单位现行的薪酬水平，绘制出本单位相应的薪酬曲线；再将二者并入同一个坐标系中，比较其差异，综合考虑本单位在业内或地区的竞争力、当地消费水平、维持单位可持续发展的利润提留和组织整体的薪酬策略，确定员工薪酬水平需要调整的幅度与范围。一般情况下，建议尽可能使本单位员工的薪酬水平与市场水平持平，以保证薪酬的行业竞争力。如果有足够的经济实力，不妨适当调高本单位人员的薪酬水平，以增强对现有员工和外部优秀人才的吸引力。

薪酬的内部公平主要包括内部水平公平和程序公平。内部水平公平主要依靠岗位评价和薪酬体系设计来保证。岗位评价是根据岗位的职责轻重、技能要求、工作难度、工作环境和复杂性等因素，确定组织内部各工种和岗位的相对价值，并据此决定其合理的相对报酬水平。然而，对于一些高科技企业和要求技能更新较快的岗位来说，传统的岗位评价可能不足以保留人才，不妨尝试基于能力的岗位价值评价，将岗位评价和能力评价结合起来作为计酬的依据。例如，系统工程师岗位，除了评价在本企业该岗位的重要程度，再考虑该岗位需要哪些能力，也叫胜任力，假设需要学习能力、逻辑思维能力、创新能力、专业知识和技能等。通过能力测验来具体确定某人具不具备这些能力、能力的水平高低。同样是系统工程师，能力水平不同的人，将承担着不同的责任，对应拿着不同的薪酬。这样，更有利于有能力的人留在组织中。薪酬体系设计则是通过设计薪酬的构成内容及支付基准，使岗位评价得到的某工种或某岗位的报酬水平合理地分解为多个组成部分，以体现出个体差异。设计薪酬体系首先要确定薪酬的构成内容，如某企业销售员的薪酬可以由基本工资、绩效工资、津贴和补助、福利、长期激励等构成，这种结构薪酬能将短期激励与长期激励结合起来，一定程度上为企业节省现金成本并有助于留住人才。此外，还要根据岗位结构确定薪酬各等级的薪酬范围，如起薪点、顶薪点和薪酬区间以及相邻等级间的重叠程度等，以便能够在同工同酬的基础上区别出个人资历与表现的优劣，如年资长的、技术等级高的、兼任了管理岗位的、业绩突出的员工，都可以从员工队伍中凸现出来，因其优异的方面而得到更多的劳动补偿。

薪酬的内部程序公平主要应该从薪酬管理制度的公开和薪酬管理程序的完善来改进。组织可以将现有的各种薪酬管理制度进行梳理与修订，通过决策层和职工代表机构的认可后，以员工手册的形式发放给每一位人员或在内部网络平台上公布，使员工清楚地了解自己薪酬的来龙去脉，消除误解；同时也让员工们感受到管理部门对薪酬这个敏感问题的诚意以及所付出的努力，在现有的薪酬管理程序中添加薪酬沟通与申诉环节，而不是因为薪酬的敏感性，试图通过"捂"和"回避"的方式来模糊操作。在组织的内部网络中，人力资源管理部门可以开辟专门的沟通平台。例如，部门答疑、部门信箱、专题论坛、征求意见箱等板块，或者设立热线电话，由专人专岗，对单位人力资源管理的各项制度和措施，进行答疑、解释、接受申诉、意见反馈和传递信息的工作。这样员工对于薪酬的不满情绪可以及时得到疏导、缓解，不至于发展成流失的主动因。

薪酬的个人公平主要靠绩效工资来实现，保证多劳多得，优劳优得，使个人劳动付出与所得之间的匹配得到较好的体现。要做到这一点，一套科学的绩效考核方法和程序必不可少。而且，绩效结果转换成薪酬奖励的转换系数或对应关系，也值得深入研究。

## （二）完善职业生涯管理

对员工的职业生涯进行规划和管理，并鼓励和支持员工实现其职业目标，从而提高其工作满意度和组织忠诚度，是留住人才、实现个人与组织双赢的重要手段。完善员工的职业生涯管理，要抓住以下三个关键点。

第一，组织应该给予个体职业规划的必要指导。

广大的员工渴望职业成长，但他们在这方面往往不具备必要的知识，因此，组织的人力资源管理部门有责任向他们提供职业发展规划的指导。首先，人力资源管理部门应该组织职业生涯规划的相关培训，让员工了解职业生涯规划的程序、参与者、如何寻求帮助、如何处理个人职业目标与组织需要的矛盾等基本知识。其次，人力资源管理部门要为员工提供职业咨询的便利，可以邀请外部职业生涯规划方面的专家和本组织的资深员工，以定期或不定期的专题培训、热线电话、网络聊天、心理门诊等多种形式，帮助员工了解自己的职业锚和职业倾向，进行个人优劣势的分析，解答职业发展中的各种困惑以及提供职业成长建议等。

第二，组织应该努力增加员工职业成长的机会。

人力资源管理部门有必要对有限的职业发展通道进行创新设计，增加大多数人员的职业成长机会。一方面，对技术岗位，可以借鉴日本企业"多级别、长通道"职业晋升通道的设计思路，将技术职称晋级进一步细化，在职称等级之间，再增设一些小的技术等级，相对应地匹配技术等级薪酬的增加。另一方面，根据能力进行岗位设计，明确员工目前的能力水平和能力缺陷，提供匹配的能力培训，提高和丰富员工的各种能力。当员工能力增加时，可能岗位名称没有变化，所担负的责任却有所增加，随之而来的是薪酬和待遇上的同步增长。这样员工可以看到自己在职业上的进步，有能力的提高，也有回报的增加，还有伴随责任变化带来的工作内容的改变，不用担心知识老化或面临淘汰，这也是一种职业成长。同时，还可以为少数具有管理能力的技术骨干预备管理上升通道，将其培养成为懂技术的领导者。

第三，组织应该提高选拔和晋升的科学性。

由于选拔和晋升直接关系到每一位员工的职业发展，所以组织应该尽量提高其科学性和透明度。首先，建立科学的人员测评体系，采用成熟的测评量表，或聘请经验丰富的专家和业内人士设计各种用途的测评量表，或委托专门的测评机构，准确、真实地掌握每个员工的综合素质、技能、特长、职业倾向等，作为选拔、聘任、培养的科学依据。其次，明确科学的筛选程序和方法。针对具体岗位（特别是领导岗位）选拔时，应该及时公布职位空缺和该职位的任职资质等相关信息，采取竞聘方式，选择符合组织实际情况又科学有效的技术手段与方法，如情景模拟、现场答辩等，掌握候选人员的实际胜任能力、对组织文化的认同度等，再由选拔专家小组做出综合评定意见，供决策层或人力资源管理部门进行人事决策。选拔人选确定后，张榜公示，同时接受申诉，公示期满没有异议者才能正式上任。

## （三）提高领导者的管理水平和自身修养

在权力集中、差序格局、人治主义等传统文化背景下，中国人心目中的领导与组织的界限往往是模糊的，领导者的行为在很大程度上会影响员工对所在组织的忠诚度和工作满意度，因此，各级领导者有必要加强自身修养、改善管理作风、提高管理水平。

### 1. 更新管理知识、改变管理理念

管理知识的丰富，使得领导者在实际工作中有能力选择更科学、更高效的管理手段，增强员工对领导者的信服感；管理理念的升华，则直接引导领导者的制度创新与工作作风改变，强化员工对组织前景的信心和对领导者的拥戴。领导者可以尝试用更加积极的强化手段，引导和规范员工的工作行为。奖励与惩罚因绩效而变，有理有据，杜绝与绩效无关的、偏私的惩罚，"以奖励为主"替代"以惩罚为主"的管理思想。

### 2. 加强修养，培养领导魅力

Law 等学者研究发现，在日常组织工作环境中，有三分之一的不公平事件与领导者的个人品质和职业操守有关，因此领导者应该加强自身修养，在工作中严格要求自己，针对组织既定的规章制度，不以领导身份搞特殊化，不能时时处处以权势制人，适当地增加柔性管理，学会以情动人，增强领导魅力。例如，以良好的沟通技巧及优异的专业能力来影响下属；适时地对下属表达高度的期望和信心；加强与下级之间的感情交流；给予下属在工作和生活中力所能及的支持与帮助等。高层领导者尤其要注重以身作则，因为他们在组织中的高端地位，会在很大程度上影响整个单位的文化和关系氛围，所以要努力树立积极、正面、诚信的形象，通过规章制度的建设、监督机制的完善、沟通渠道的增加、员工参与企业管理等方式，改善决策与管理工作的科学性、民主性，特别要避免人际关系的庸俗化、权力交易和腐化作风。否则，上行下效，整个组织的文化就会蜕变，人心涣散。一旦员工丧失对领导者的信任和对组织的信心，人才流失就难以避免了。

### 3. 推行对领导者的绩效考核，考察下属对领导者行为的认可度

目前对领导者的绩效考核在中层、基层领导者中比较常见，一般由其上司按一定的周期，考核中层、基层领导者的业务指标，也有个别单位赋予普通员工对主管进行民主评议的权力；但是，对高层领导者，或没有绩效考核，或只有财务和安全指标，而且考核者也是更高级别的上司或董事会，一般不考虑普通员工对领导者的意见。事实上，在中国的组织中，权力距离偏大及领导者的特殊职能，使得他们具备过度占用组织资源和滥用权力的机会，而这一切恰恰会妨碍到广大员工的利益，也成为员工工作不满的一个原因。由于普通员工没有一条对领导者管理作风与行为反映意见的制度性途径，更谈不上对各级领导者形成有效的监督和制约，所以由领导行为导致的不满更难被及时疏导，由此造成的人员流失往往也很难逆转。伴随民主管理的趋势和绩效管理的推进，今后可以尝试在更大范围内对领导者的绩效进行考评，政府机关和行政事业单位则可以与领导问责制的建设结合起来。对领导者的绩效考核在指标设计上要更加科学，除了至关重要的财务和业务指标外，增加管理行为方面的指标，如"领导行为有效性""下属满意度"等；考核人不局限于上司，适当增加下属的比例。借助计算机和内部网络系统，选择匿名或实名的方式，由下属对自己的领导做出评价。这样，人力资源管理部门或更高级别的领导就可以了解到员工对某位主管的总体评价，再通过细致的沟通，就可以掌握员工对主管不满的主要原因，采取相应的措施，帮助主管改善领导行为、纠正管理作风、澄清误解、调节关系。

### （四）缓解工作压力

工作压力分为"良性压力"与"劣性压力"两种。适度提高员工工作中的"良性压力"有利于绩效的改进，如不断强化人员的安全责任与社会责任，使其保持一定程度的紧张，是十分有益的。但是不少员工现在面临更多的是"劣性压力"，如工作量超载、工时延长。对于这类压力，组织应该采取措施缓解或消除，从而提高员工的工作满意度，减少离职意向。可以选择的措施有以下几种。

### 1. 科学、合理分配工作量

对于一些加班成为常态的单位，不应对员工的超量付出坐视不管，要着手解决这个问题。首先，人力资源管理部门需要会同具体的业务部门，细致分析员工工作超载的原因，理清工作超载是共性问题还是个别问题，是长期现象还是暂时现象，是工作流程导致还是任务本身造就，问题的症结在哪里，是否可以改变等。其次，搜集以往人员任务量分配的历史数据，综合考虑业务量的增长、人员的年龄结构、生理状况、工作能力以及团队搭配等因素，确定一些趋势性的参数。然后，借助比较成熟的规划模型或软件，求解模型得到人员任务分配的数量解。再由业务部门的领导结合下属的实际情况，进行微调，并将具体任务下达到个人，从而兼顾任务分配的科学性和管理的人性化。

### 2. 逐步开展压力管理

压力管理对我国企业而言，还属于新生事物，但是面对员工工作压力与日俱增的趋

势，人力资源管理部门应该逐步尝试开展这方面的工作。例如，当员工加班或任务负荷加大的情况难以避免时，从加班薪酬、工作环境、服务措施、劳动保护等方面配套补偿，减少员工心理上的排斥、弥补员工的生理付出。又如，在常规沟通渠道之外，利用网络增加沟通渠道，便于领导层或人力资源管理部门及时对员工进行慰问和安抚。工作的高峰期或周期性的加班季，领导班子应该对在岗人员形成制度性的巡视，表达组织对其劳动的重视和感谢。再如，配备专业心理咨询人员，或通过协议的方式常年聘请外部的专业心理咨询人员，建立情绪"发泄室"、心理健康门诊等，帮助员工及时疏导工作压力。有条件的组织也可以尝试国外比较前沿的个性化支持手段——工作—家庭平衡计划，即帮助员工调和工作与家庭生活之间的矛盾，缓解职业与生活关系失衡而给员工造成的压力，如帮助员工解决年幼子女或老人的照看问题、调节家庭冲突等。

### （五）勾画和宣传组织正面的发展前景

组织的良好发展前景是吸引人员留任的重要因素之一。由于单位的发展前景中包含了员工个人对组织发展客观趋势的主观判断，因此，组织在扎扎实实地提高自身的经济实力、竞争能力以及品牌影响力的同时，还需要及时、恰当地给员工传达组织发展的美好蓝图、宣传组织正面的发展前景，以增强员工对组织的信心，改善其对组织的心理预期。为此，计划部门或战略管理部门，应该选择合适的时机，适度地透漏单位未来发展的规划与部署，同时提供做出这些规划的数据支持和理论支撑，增强其说服力。也可用3年或5年规划的形式，定期发布，使广大员工了解所在组织的发展走向，并通过构建的正式通道（意见箱、讨论会、热线电话、网络聊天、领导接待日等），发表个人的意见。当然，相关管理部门对这些意见必须给予积极的反馈，这样才能实现员工真正的参与管理。另外，组织领导还要积极地提高自身的管理水平，因为这也构成了员工对组织发展前景判断的一个组成部分。例如，设置对高层领导权力运用的有效监督机制，防止权力滥用；提倡并逐步制度化领导深入一线办公，为基层人员解决实际困难；将目前华而不实的员工参与管理或民主管理制度化，出台可操作的细则，提高执行力度等。

### （六）关注与人员流失相关的统计规律

某些行业或组织的人员流失在人口统计变量上有一定的规律可循，如人员流失在公司性质、工龄、技术等级上表现出某种特点，那么可以考虑从员工的信息管理方面设计预控对策。

首先，需要建立或完善员工个人信息的数据库，集成员工个人各方面的资料，包括员工的年龄、工龄、籍贯、工作经历、培训背景、技术职称、家庭情况、个人测评的部分结论、主管综合评价、职业发展可能的通道或作为候选人的晋升机会，以及一些必要的工作动态跟踪信息等。

其次，将工龄在一定时间段（如大学毕业3年以内或成长为熟练员工所花费的平均年限），技术等级在中上等水平的人员，以及个人测评显示具有较高退出倾向（即偏好离职）和消极情绪的人员，作为流失的高危人群，标记出来。

同时，针对全体员工，定期做需求调查，了解他们的优势需要和需求变化；掌握员工对工作不满意的程度以及不满意的主要原因。然后，将两方面的分析结合起来，对于工作满意度低以及优势需要得不到满足的人员（尤其是流失高危人群中的不满员工），采取针对性的改进措施。

### （七）充分利用离职约束

研究表明，各种离职约束（制度障碍、违约赔偿、失业等待和心理压力等）的增加会减少人员流失，但其作用力在不同行业、不同工种有显著差别。一般来说，对人员进行流失预控时应该多种约束手段并用，充分发挥多种离职约束的调节作用。

首先，对于极少数还存在离职制度障碍的职业，组织应该明确规定人员离职的约束制度。可以将国家法律法规对跳槽行为的规定、行业主管部门对人员跳槽的具体限制，以及本单位通过合同约定的跳槽违约条款，汇集起来，明确公布。既让这些特殊工种的员工知晓他们流动的权利与义务，也让其明白跳槽的一些制度性障碍和带来的经济损失，还体现出组织对人员流动采用依法管理、科学管理的姿态。

其次，组织应该强化对员工的劳动合同管理。在与员工签订的劳动合同中，明确地约定双方的权利、义务关系，详细地罗列员工主动离职需要对单位承担的违约和赔偿责任，如竞业禁止条款、违约赔偿条款、培训费返还条款、期权或股权返还条款、福利待遇撤销条款等。其中，竞业禁止条款可以要求员工在与本单位解除劳动关系后一定期限内，不得在具有竞争关系的其他组织任职或兼职，不能泄漏本单位的商业机密或用其所掌握的本单位的商业机密服务于竞争对手，不得引诱其他员工（尤其是核心技术人员）离职等。这对于防范员工集体跳槽和维护组织秘密有一定作用。违约赔偿条款要详细载明员工哪些行为属于违约行为，各种违约行为赔付的标准和计算方法。培训费返还条款可以要求辞职人员返还公司为其支付的各种培训支出，对容易引起争议的问题，如培训费的范围、计算方法、起止日期等，一定要约定清楚。期权或股权返还条款与组织的长期激励措施相关，如果组织试图通过期权或股权等长期激励措施留住人才，在合同中就应该明确约定，员工辞职将在多大程度上被取消长期激励的待遇或收益。福利待遇撤销条款针对组织给予员工生活方面的支持，如安置配偶的工作、解决子女读书等，合同中要写清楚哪些待遇是组织给予所属人员的优待，发生怎样的情况将会取消这些优待，等等。

最后，组织还应该从福利项目、生活环境、社会支持等方面增加员工离职的转化成本。人力资源管理部门在设计福利项目时，除了考虑福利措施的完善程度、水平高低，还要增加福利享受额度与员工服务年限累积性关系的考量，使得员工一旦辞职，将会在福利方面遭受较大的损失，从而增加员工留任的权重。组织应该尽力改善员工的生活环境，如通过社会化的手段为员工配套完备的生活服务设施（如幼儿园、对口学校等），通过工会组织、联谊等方式丰富社区生活，从生活角度使得员工眷恋本单位。组织还可以从社会网络角度挽留人员，如鼓励良性的非正式群体（同学会、老乡会、战友会等）发展，编织出比较结实的社交关系网络，留住人才。

## 二、针对人员流失后果的预控策略

针对人员流失后果的预控策略，其立足点是减少员工流失的有形和无形损失。20世纪80年代末兴起的一种新型管理职能——知识持续管理，对减少人才流失带来的损失，具有一定的启迪意义。

知识是置于员工头脑中而不是存在于某个实际的空间，因此它不能被组织拥有而只能被借用，当员工辞职、调任、合同期满或退休时，这些知识（尤其是"只可意会、不可言传"的隐性知识）就会随之流失，迫使继任者费时费力地重新建立所需的知识库，从而给组织的生存和发展造成威胁。为了防范这种风险，组织有必要建立自身核心知识的战略储存、共享、保护及应急处理机制，这就是知识持续管理，换言之，知识持续管理是保持知识连续性的管理。这一管理方式尤其适用于保留知识型员工的智慧并将其知识转化为组织知识的情况。知识型员工一般具有较高的个人综合素质，受过系统的专业教育和职业培训，凭借隐含于头脑中的知识和专业技能完成任务，工作中表现出较强的独立自主性，成就需要较高，重视组织提供的个人成长机会与职业发展空间。通过对现有人员的知识持续管理，组织可以掌握大量具有本单位特征的操作知识，并记录在案，这不仅能大大减少人员离职造成的知识流失和由此引发的组织在生产效率与利益方面的损失；而且，用这些知识培训继任的员工，能加快新手的适应过程，使之更快地融入组织既有的社会网络中去。

对员工进行知识持续管理可以按照图 10-7 所示的步骤推进。

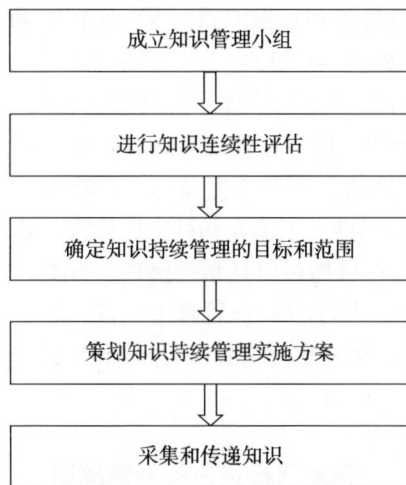

图 10-7　对员工进行知识持续管理的流程

第一步，成立知识管理小组。知识管理小组的职能是进行员工持续管理的计划、实施和协调工作，其成员由单位的高层领导、人力资源管理者及业务部门的负责人构成。

第二步，进行知识连续性评估。这是一种风险评估，是通过测定失去了某类员工的关键知识给组织带来的损害程度，来判断问题的严重性和实施知识持续管理的紧迫性。

第三步，确定知识持续管理的目标和范围。针对人员流失这一现象，持续管理的目标，毋庸置疑是将员工的个人知识转化为组织知识，保持组织的关键知识的"DNA"，减少流失损失。持续管理实施的范围则可以通过广度、深度、技术精密度和支持度四个方面来描述。广度是指有多少员工是掌握了关键知识、需要进行知识持续管理的对象；深度是指从每个员工那里获取多少有效的知识；技术精密度是指在获取和传递员工的关键知识时，使用的技术手段的精密程度；支持度则是指组织倡导的文化和出台的奖励措施支持持续管理实施的程度。

第四步，策划知识持续管理实施方案。知识持续管理的实施方案可以根据组织的具体情况，分成若干个阶段，先易后难，逐步深入。方案的内容包括前期的技术准备与宣传、参与知识持续管理人员的培训、人员内部知识交流小组的构建、相关奖励制度的出台、配套的组织文化变革、知识的采集和传递等。

第五步，采集和传递知识。这是知识持续管理的核心。其具体操作是，首先进行员工关键知识的采集，主要通过对员工的访谈、问卷调查、整理员工知识交流小组的活动记录和培训录像以及梳理员工个人网页信息来完成，是隐性知识显性化的过程。其次，创建存储与管理载体，如设计某一类知识手册或知识电子文档、专家网页、知识地图、班组或团队知识故事集、知识管理数据库、知识管理传播平台，开发员工网络专家系统等，来存储已转化为组织知识的关键知识。这一环节并不是简单的录入，而是要对采集的关键知识进行分析、整理，并按照性质分类、按照优先顺序或重要程度排序，同时还囊括对整个组织知识管理的优势、劣势、机会和威胁的 SWOT 分析。最后，通过授权（即指定不同范围的人员允许接近和获得不同层次的知识）和针对性的培训，将知识传递给继任的员工，完成持续管理的一个循环。

综上所述，对员工进行知识持续管理，是预控人员流失的一种全新思路，现阶段付诸实践，可能还面临着大量的技术和管理障碍。但是，时代的发展也已经为这一管理思路提供了可能。从技术上来说，在前文提及的人员流失预警管理信息系统中增加一个"知识采集与传递"的模块，借助人工输入和社会性软件，如 QQ、MSN、博客、WIKI 等，就可以完成员工知识的采集；再通过信息系统整理、分类、统计、查阅等多种功能，实现知识的传递与分享也是完全可行的；从管理上来说，随着知识型员工的增加，组织进行知识管理将成为大势所趋，因此也存在着践行知识持续管理的内在动力。

### 案例讨论

#### 民航飞行员为何频频辞职

2008 年 3 月 31 日，东方航空云南分公司从昆明飞往大理、丽江等地共 14 个航班，在飞到目的地上空后，不降落就直接返航，造成千余名乘客滞留昆明机场。这一飞行员隐性罢工事件使航空业内普遍存在的超时飞行以及近年来频见报端的飞行员与航空公司之间的矛盾被推到了风口浪尖。当东方航空的风波在前台舞动时，海南航空也正面临着危机：从 2006 年起，飞行员辞职潮出现在海南航空。2006 年元旦，波音 767 机长彭业明不惜回家种地也要离开海南航空；2007 年年底，又有 8 名飞行员在短短 2 个月内提出辞职。2 年中提出辞职的海南航空飞行员总数已达 24 名。中国的飞行员们到底有哪些委屈？中国的航空业又到底出了什么问题呢？

提到辞职原因，飞行员们首先讲到的就是超时飞行。按照中国民用航空局的规定，飞行员每日最多飞行 8 小时，连续 5 天飞行后则必须要有 48 小时的连续休息。但是，飞行员段学军、张忠明出示了他们的飞行记录，超时飞行的内容基本每个月都有。他们说，超时飞行如同潜规则一样在公司内部盛行。这带来的后果便是他们在驾驶飞机时极度疲倦，使航程充满了各种潜在的危机。超负荷的工作使飞行员们与妻儿聚少离多，他们中有的甚至因此而失去家庭。长期疲劳的飞行还给飞行员们的身体带来了严重损害，他们中大部分得了颈椎、后背或肩胛部位的疾病。不仅如此，有的甚至因为压力巨大出现了精神失常。但是，想要拒绝超时飞行，对他们来说，却几乎是不可能的。公司基本上没有反映问题的正规渠道，要是反映给机队，机队的小经理们也没有实权，他们再往上反映的话，往往石沉大海。

除去危险和疲劳，飞行员们还要面对飞行以外的各种压力，但是他们的收入却时常被克扣，福利待遇也久不兑现，这让他们不再任劳任怨。飞行员张忠明说："我是 1997 年进的公司，我的住房公积金 2005 年才给建立账户，住房、养老保险和医疗保险，不给我足额的；我是一个军人，1982 年入伍，然后转业，海南航空没有把我部队的军龄计算工龄。"段学军说："我 10 年前进入公司，公司一直答应给房子，等吧，我等到第十年也没看到房子。"

各航空公司中率先不满的似乎总是支线飞行员，东方航空返航事件如此，海南航空辞职潮也是如此。他们说支线的辛劳却没有换来相应的尊重和回报。飞支线的，通俗的说，就是机型比较小、飞的机场属于比较穷的，机场的导航设备通常要差，有些小机场的净空条件和气象条件很复杂，风险系数更高，所以飞行支线比干线压力大。张忠明说："当时我们到支线的时候，公司对我们说，你们支线成熟起来了，就可以回到干线，等支线这帮飞行员都成熟起来了以后，我们向领导提，领导说说我们没有承诺过这个。再有就是，不经过我们同意，就把我们工作的地点给换掉了，我们提出来，但是得不到任何的回应，就是强迫你（去干活）。"

飞行员们说，对于他们的辞职要求，航空公司通常会采取"堵"和"拖"的方式，坚决不肯调解，因为飞行员的收入是以飞行时间计算的，拖得越久便损失越大。另外，公司也想以此来吓阻其他飞行员，使之不敢轻易辞职。

在这样的背景下，飞行员消极怠工、隐形罢工成了近几年航空业内的常见现象，几乎每家航空公司都出现过数位机长同时报病假的状况。当压力巨大而又无处发泄时，有的飞行员甚至会采用非正常驾驶或破坏飞机的方式来发泄内心的不满。例如，东方航空的返航事件。

发人深省的是，在严防死守之下，自 2004 年以来，还是有 200 余名飞行员通过艰难的法律诉讼与原航空公司解除了劳动关系。

（本案例根据 2008 年 4 月 25 日凤凰网报道改编）

讨论题：

1. 归纳一下飞行员辞职的主要原因。
2. 飞行员频繁辞职给航空公司带来的危害有哪些？
3. 针对飞行员流失风险，请站在组织角度提出预控的对策。

### 阅读材料

## 基于工作压力的人才流失预警与预控

罗 帆  黄蓉蓉

随着科技的进步、经济全球化的发展以及社会竞争的日益激烈，工作压力越来越成为影响员工身心健康、工作绩效和工作满意度的一个重要因素。大量研究表明工作压力影响组织成员的生理、心理和行为，并进一步对工作绩效和员工生活质量产生影响。由慈铭体检联合智联招聘及三九健康网举办的《职场人群健康权调查》，通过汇总 13 195 份问卷结果以及慈铭体检在全国 30 余家分院的 100 万份体检数据分析显示，"加班文化"等因素使七成职场人群处于过劳状态，而员工因不堪压力频繁"跳槽"使企业人力资源成本上升。探寻人才流失的根本原因，识别人才流失的初期征兆，建立完备的人才流失预警机制，制定及时有效的预控措施，已经成为企业亟待解决的现实问题。

## 一、基于工作压力的人才流失预警模型

Yerkes-Dodson 法则认为，工作压力与员工绩效成"倒 U"形关系，即在适当的工作压力下，员工的工作绩效达到最大化；但过大或过小的工作压力都会影响员工的工作满意度，致使员工工作绩效处于较低水平。过大或过小的工作压力都可能引起员工焦虑、沮丧或情感衰竭等不良情绪，造成高离职率和高缺勤率。根据工作压力理论和人力资源危机预警管理原理，建立基于工作压力的人才流失预警模型，如图 10-8 所示。

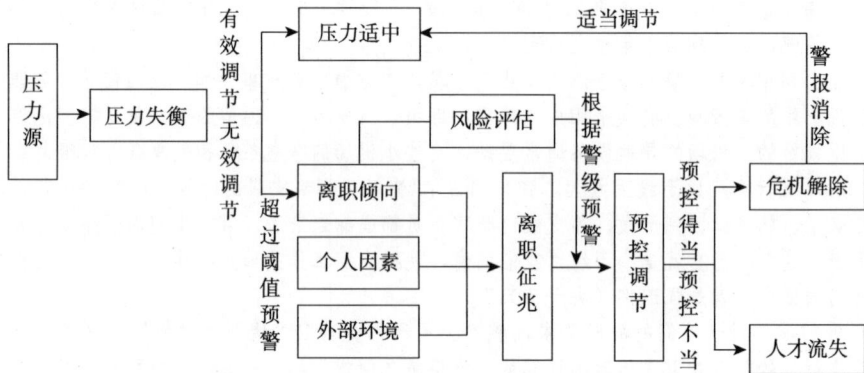

图 10-8　基于工作压力的人才流失预警模型图

当员工的工作压力过大或过小造成压力失衡时，员工的负面情绪增长，工作绩效下降。此时企业应及时采取积极恰当的管理措施，对员工的工作压力进行调节，使工作压力恢复到适当程度，则员工的不满情绪减少，工作绩效回升，员工与企业的关系趋于和谐。反之，若组织对员工的负面情绪放任不管，或者对员工工作压力的调节措施未能达到员工预期的目标，工作压力超过压力阈值，员工的不满情绪日渐积累，形成对组织的抗拒心理，员工就具有了离职倾向。因此，人力资源部应设法确定不同岗位的压力阈值，对员工的工作压力进行动态监测，当发现工作压力超过阈值时就可发出预警信号。可以根据超过阈值的程度制定警级，如分成 1 级、2 级、3 级超限，分别发出 1 级、2 级、3 级警报。

此外，具有离职倾向的员工往往会表现出一些离职征兆，如出勤率下降（包括迟到早退现象增加）、违纪率上升、人际冲突的频率加大、工作责任心降低、工作配合度下降、牢骚抱怨增多、对外部招聘关注度上升等。部门主管可根据以上预警评价指标进行识别和判断，若发现下属可能形成离职倾向，应上报人力资源管理部门对其离职风险的可能性和严重性进行评估，进而确定警报级别，必要时立即发出黄色和红色警报。

接到预警信息后，人力资源管理人员应根据警级选择或提出相应的预控方案，督促相关领导或部门实施，如对关键岗位人员流失或集体跳槽的风险，应不惜成本力求挽留人才。若预控得当，则人才流失的危机得以解除，此时可消除警报，对员工的工作压力进行适当调整，使其恢复到适当状态；反之，若预控不当，即针对人才流失所实施的预控措施未达到效果，则会促使人才流失危机爆发。此时，企业应尽快采取危机应对措施弥补损失，消除影响，同时分析检查预控失误的原因，修正完善预控机制。

## 二、确定工作压力阈值的方法

压力阈值是人才由于工作压力失衡，而又未对其进行有效调节从而产生离职倾向的界限值。当人才的工作压力达到并超过压力阈值时，人才会产生离职倾向，并积极判断自身条件及外界环境对离职是否有利，员工的工作积极性大大降低。

关于压力阈值的确定方法，建议从以下三个方面进行考虑。

### （一）离职面谈分析法

一旦出现员工主动要求离职，人力资源部结合离职面谈，分析其对压力源各个维度的敏感程度，确定是压力源的哪个维度指标导致离职，并对该指标进行重点分析，从而确定离职的压力阈值。该方法根据本企业离职员工的实际情况进行定性分析，可确定压力源维度的等级，对人才流失的预警具有借鉴价值。

### （二）压力测试分析法

以压力源的各个维度，如工作负担、工作角色、自我期望、人际关系等作为监测指标，人力资源部应定期或不定期对关键岗位的员工进行测试。对历史上本企业离职人员的统计结果进行分析，计算测试结果的平均值，将测试结果作为对企业员工进行压力阈值分析的参考。该方法能反映各职位工作压力的实际情况，并进行定量分析，但需要积累较多的历史数据。

### （三）专家评估法

以压力源的各个维度作为相应的预警指标，人力资源部可组织人力资源相关专家，根据行业特点和企业的具体情况，设计人才流失的压力阈值。这种方法要利用专家的专业知识及实践经验，因此，选择合适的专家是操作中的关键。

## 三、警报级别的判定

对人才流失的风险评估可采取矩阵评估法，从人才流失的可能性和严重性两个维度分别进行评估，根据风险级别从而确定综合风险警报的级别。建立风险评估的二维表格，其中横轴为风险的严重性，分为五个等级，依次为可忽略的、轻微的、严重的、危险的、灾难性的；纵轴为风险的可能性，也分为五个级别，依次为频繁发生、可能发生、很少发生、比较罕见、不可能发生。根据专家评估得出的可能性和严重性等级，对照风险评估矩阵可得综合风险等级，分为四个区域，"不可接受"区可用红色表示现行条件下风险不可接受，应发出红色警报；"不可容忍"区可用黄色表示风险不可容忍，需通过管理决策进行风险管控和缓解，应发出黄色警报；"可容忍"区可用蓝色表示风险可容忍，整改后可接受，不发出警报；"可接受"区可用绿色表示现行条件下风险可接受，不发出警报。

## 四、基于工作压力的人才流失预控措施

### （一）人才流失的短期预控措施

离职倾向并不足以导致人才的流失，除了组织内部的"推力"作用，人才流失还需要外部一定的"拉力"作用。人才选择是否离开企业会考虑离职效益和离职成本之间的关系，当离职效益小于离职成本时，员工会选择继续留在企业内部，暂时不流动；当离职效益大于离职成本时，员工会做出流动决策，选择离开企业。因此，当员工由于工作压力不当形成离职倾向后，加上个人特征因素（如性别、年龄、婚姻、教育等）和外部环境契机（如国家人才政策法规、人才市场供求状况、外部企业人才需求等），促使人才做出离职决策的可能性提升，进而形成人才流失危机。因此，当员工做出离职决策时，企业应及时采取相应的挽留措施，争取改变人才的离职决定，将人才流失对企业的损失降到

最低限度。

### 1．进行离职面谈

当人才做出离职决策而提出离职申请时，上级应立即与人才进行面谈。首先，上级的态度一定要诚恳、热情，让人才感觉出领导对离职一事有足够的重视和相应的反应，积极进行挽留或劝阻。其次，要聆听人才选择离职的原因，是工作负荷过重，还是人才能力与岗位之间的匹配度不够，抑或企业的绩效考核方式、激励手段等给人才造成过重的压力，了解造成人才流失的关键原因。在确定造成人才流失的主要原因后，应立即采取挽留人才的相应措施，满足人才的合理需求，打消人才离职的念头。

### 2．建立回归渠道

人才选择离职时，可能人为地将本企业的负面因素扩大化，而把其他企业理想化，在离职后可能才会发现原企业的长处；另外一种情况是原企业没有真正发掘人才的潜力及优势，失去人才后才发现其闪光之处。针对以上两种情况，企业都应在人才离开企业后，仍与人才保持一定的联系，如定期询问其工作进展及工作感受，建立双方良好的沟通，为人才回归提供一定的渠道。例如，摩托罗拉公司就非常重视"回头的好马"，公司有一套科学完备的回聘制度，为了鼓励核心人才回归，公司对服务年限的计算方法也进行了相应调整，从而大大增强了人才回归的效果。

## （二）人才流失的长期预控措施

### 1．防止过度激励

激励是一把双刃剑，过度会产生负面效应。北京某房地产业公司6位销售副总监集体跳槽事件，正是由过度激励所引起的。该事件的发生不排除有多种外部原因，但根本原因是雇主和雇员双方一致认为"压力太大"。该公司每月都要淘汰掉6个销售小组中销售额最少的小组销售副总监，而不管其销售额的增长速度、各个小组实力不同等因素，在如此压力下，人员要保持稳定几乎是不可能的。企业需要激励，但不能过度，不能导致人员的过分流动，否则会引起短期行为和"机会主义"行为的泛滥，企业也更难以形成持续的竞争力。

### 2．优化企业文化

企业要获得长远发展，保持持续的竞争力，在加大员工工作压力的同时，应更多地给予人文关怀，注重员工的身体和心理健康。近年来，华为公司的企业文化引起外界的一些质疑，涉及床垫文化、加班文化、群狼文化等。2006年5月，25岁的华为员工胡新宇因患病毒性脑膜炎导致死亡。入院前，胡新宇一直处于超负荷工作状态，医学专家证实身体长期疲劳造成免疫力迅速下降是其致死的根本原因。华为文化的一个明显特征是过于强化危机意识，并通过市场压力传递到每个员工，使得员工必须时刻绷紧神经。华为所倡导的"高压力、高绩效、高回报"的企业文化具有积极作用，但消极作用是给部分员工造成了过大的生理和心理压力，这也是造成离职率居高的原因之一。企业应不断优化组织文化，将刚性管理与柔性管理有机地结合起来，促进员工的工作与生活平衡。

### 3．注重人岗匹配

人岗匹配有两层含义：一是岗位所要求的能力需要有人能够具备，即岗需其才；二是某人具备的能力完全能够胜任该岗位的要求，即人需其岗。人岗匹配达到最合理的状态使人在该岗位上能够发挥最有效的作用；同时，该岗位能给人以最大的心理满足，使人的绩效达到最优。若员工的能力不足以胜任所在岗位，员工需花费极大的努力才能完成工作任务或无法完成任务，则工作本身会给员工造成巨大的工作压力；反之，若员工的能力远远超过所在岗位，员工无需任何努力即能完成任务，员工的工作压力过小，同样会造成员工的工作压力失衡，使之感觉工作单调、枯燥、缺乏挑战性。企业在进行科学的工作分析和岗位描述的基础之上，寻求有效的人员评价方法，使人员与岗位的匹配度达到最合理的水平，并注重人岗匹配的动态均衡，是预防员工因为压力失衡而跳槽的有效措施。

4. 实施员工协助计划

20 世纪 80 年代，员工协助计划（employee assistance programs，EAP）在欧美发达国家及日本开始广泛采用，但在国内还很少有企业应用。员工协助计划的服务范围包括工作压力、心理健康、灾难事件、职业生涯困扰、健康生活方式、法律纠纷、理财问题、减肥和饮食紊乱等，旨在全方位帮助员工解决个人问题。专业人员综合团体辅导和个别咨询中员工反馈的信息，为公司的管理提供相应的建议。实施员工协助计划可以有效地缓解员工的工作压力，促进员工的身心健康。

➤课后习题

1. 你认为哪种人员流失模型比较适合中国情境？
2. 请比较人员流失和员工跳槽的异同。
3. 案例分析题。

### 饭店核心员工频繁跳槽的原因

某知名饭店集团成立了员工培训中心对员工进行全方位的培训，新进的员工在正式工作之前会被送到培训中心接受长达一年的业务培训，培训所需全部费用由饭店承担。至 2004 年，该培训中心已先后培训了 6 届员工。然而，人力资源部门通过统计发现，经过饭店"斥巨资"培训的员工，特别是核心员工在近两年出现频繁跳槽的现象。当第 1 届参加培训的 35 位核心员工中只有 10 人继续留在饭店工作时，饭店管理者并没有给予足够的关注，他们认为这是偶然现象，此现象一直持续到第 2 届、第 3 届。在问及离职原因时，离职员工大都诚恳地回答，他们认为经过培训，自身的知识和技能得到了提高，但在日常工作中自身价值得不到体现，集团缺乏晋升机会，工作绩效的好坏无法从薪酬中得以体现，工资福利待遇差，致使员工在工作中常常粗心大意，工作绩效下降，服务态度差等。

面对大量的人才流失，饭店现在已无心继续培训工作，他们最担心自己花钱花心思培训后的员工翅膀硬了，饭店留不住，白白为他人作嫁衣，于是取消了员工培训中心。与之相对应的最直接的后果就是员工服务水平与技能每况愈下，饭店口碑大不如前，反过来又导致了人员流失，饭店经营陷入低谷。

思考题：

（1）你认为饭店是否应该继续对员工进行培训？
（2）如何对饭店人才流失风险进行识别和评价？
（3）如何对饭店人才流失风险进行防范和管控？

### 参 考 文 献

成娅 . 2011. 激励公平性、心理契约与离职倾向各维度之间的回归分析 [J]. 现代商业，（14）：206-209.
丁娟娟，郑春梅 . 2007. 构建高新技术企业人才流失预警系统 [J]. 中国人力资源开发，（1）：42-44.
何叶，冯倩瑜 . 2013. 战略性人力资源管理视角下国企核心员工流失风险管理研究 [J]. 科技广场，（8）：166-170.
李华军，张光宇 . 2009. 高新技术企业知识型员工流失风险管理——基于心理契约的视角 [J]. 科技进步与对策，26（8）：153-156.
李洁，吕康银，熊顺朝 . 2012. 职业成长、工作满意度和离职倾向关系的实证研究 [J]. 经济视角，（3）：15-17.

刘金诺 . 2007. 航空公司核心员工离职的预警机制研究 [D]. 武汉理工大学硕士学位论文 .

刘金诺 . 2007. 汽车企业人才流失危机的预警管理 [J]. 上海汽车，（9）：15-17.

刘平，张春瀛 . 2006. 建立核心人才离职危机预警系统 [J]. 中国人才：57.

瞿媚，赵璟 . 2012. 心理契约维度与企业员工离职关系研究 [J]. 中国林业经济，（5）：57-61.

孙泽厚，罗帆 . 2007. 人力资源管理——理论与实务 [M]. 第二版 . 武汉：武汉理工大学出版社 .

王新平 . 2011. 浅析知识型员工流失风险管理 [J]. 黑龙江科技信息，（34）：140.

王忠民，陈继祥，续洁丽 . 2001. 试论影响员工离职的若干组织因素 [J]. 管理现代化，（5）：44-46.

吴清津，张秀娟，李洪西 . 2006. 工作压力、压力源与工作态度关系的实证分析 [J]. 广东外语外贸大学学报，17（1）：22-25.

武艳 . 2010. 企业核心员工流失风险管理措施简论 [J]. 人力资源管理，（4）：50-51.

谢磊 . 2010. YS 集团核心员工流失预警系统研究 [D]. 重庆大学硕士学位论文 .

谢玉华，曹建，曾铮 . 2006. 基于忠诚度的知识型员工流失预警管理研究 [J]. 财经理论与实践，27（2）：104-106.

辛蕾 . 2007. 软件企业员工工作压力与离职意向的关系研究 [D]. 中国科学院研究生院硕士学位论文 .

张雪飞 . 2009. 如何构建人才流失预警系统 [J]. 科技与管理，11（2）：123-125.

张颖超 . 2012. 酒店员工关系管理及其与员工离职倾向的关系研究 [D]. 海南大学硕士学位论文 .

Beach L R, Mitchell T R. 1987. Image theory: principles, goals, and plans in decision making[J]. Acta Psychologica, 66（3）: 201-220.

Moore J E. 2000.One road to turnover: an examination of work exhaustion in technology professionals[J]. MIS Quarterly, 24（1）: 141-175.

Muchinsky P M, Tuttle M L. 1979. Employee turnover: an empirical and methodological assessment[J]. Journal of Vocational Behavior, （14）: 234-246.

Quinn R P, Baldi de Mandilovitch M S. 1980. Education and job satisfaction[J].The Vocational Guidance Quarterly, 29（2）: 100-111.

# 第十一章

# 破解企业文化风险

## 爱达利公司的两次经历

1982年，Santos 先生在澳门创建了爱达利电讯有限公司，2002年2月，该公司开始在香港证券交易所上市，上市第一年的年度财政营业收入为6亿港元，税后营业利润为5 800万港元。爱达利公司总部在中国澳门特别行政区，目前其办事处分布在中国北京、广州、上海、沈阳、杭州、南昌、郑州、济南、银川、香港、长沙及新加坡等地。爱达利主要面对的客户为电信用户，其经营业务范围包括为客户提供数据通信工程的系统集成及售后服务等。

爱达利电讯有限公司国际化经营的历史，可追溯至 1985 年 Santos 先生控股成立的澳门捷朗菱电讯有限公司。1992 年中国通信事业发展迅速，Santos 先生借鉴国外通信发展经验，预见数据通信在中国存在广大的市场，决定成立爱达利电讯有限公司，着力于数据通信产品的发展。中国改革开放之初，陆续出现了一批批从国有企业辞职下海的大学生。爱达利电讯公司把招聘对象瞄准邮电院校毕业的辞职下海的大学生，通过给予一定的培训培养出了一批数据通信专业技术支持的精英。爱达利电讯公司还完善了中国国内销售与服务网点，形成了在中国大陆进行国际化经营的本地化网络。

儒家文化对人们的信仰、感情和行为习惯有很大的影响，而中国大陆、东南亚与澳门同属儒文化圈，因此这些地区的人们在种族、信仰、感情和行为习惯上存在相似性。爱达利电讯公司在中国大陆和实施国际化过程中，与客户之间、与本地员工之间，很容易建立对对方道德文化传统的认同，增进相互之间的信任，进而形成了比较牢固的伙伴关系。另外，受中国传统文化的影响，爱达利电讯公司也有着相当强烈的人情关系导向，讲究"忠诚、和谐"，整个经营管理架构和约束机制带有浓厚的"家族色彩"。在爱达利电讯公司创办的初期，其管理方式以血缘关系为特征，对公司的发展起到了积极作用。

2002 年年初，爱达利电讯公司将市场的扩展方向瞄准了澳大利亚及葡语系国家，决定从收购澳大利亚 VCMS 软件公司出发，从此打通进入澳大利亚通信软件市场的道路。最终爱达利电讯公司以 100 万美元收购了澳大利亚 VCMS 软件公司，并将澳大利亚的全面发展工作交予澳门总公司的一名总经理负责。但是这一次，爱达利的国际化进程遇到了巨大的障碍。首先，公司夸大了澳门文化与葡萄牙、葡萄国家文化的相似性，进而忽视了产品与服务对东道国文化的适应，导致因文化的差异与冲突在国际竞争中表现不佳。其次，爱达利电讯公司准备了一大批懂英语、葡萄牙语的外语人才及对国际市场变化有强适应力的人才，缺乏拥有在西方实施国际化经营管理的经验、懂得跨东西方文化管理的人才，导致其对西方国家市场的研究和开发不够深入。此外，澳大利亚和葡语系等西方国家文化属于低度关系文化，主张按照法定程序进行招聘，依照个人能力确定职位，很难认同东方"家族式"管理模式中选人、用人看重"亲缘"与"忠诚"、实行论资排辈的做法。员工流失率居高不下。跨文化团队的建设也一直没有引起公司足够的重视。最终，爱达利电讯公司一直未能很好地实现与澳大利亚及葡语系等西方国家的跨文化认同和融合，也未曾拥有具备强大凝聚力的团队。新产品研发长期不能按计划进度完成，致使爱达利电讯公司与客户签订的合同无法按期履行，澳大利亚的销售额持续下降，管理陷于一片混乱，蒙受了巨大损失。

思考题：

1. 你认为跨国公司在向海外发展的过程中应该注意什么？
2. 请对比爱达利电讯公司在向中国和葡语系国家发展的异同点。
3. 应如何识别爱达利电讯公司的企业文化风险？
4. 应如何破解爱达利电讯公司的企业文化风险？

# 第一节　企业文化风险的危害及特征

文化之所以会构成企业经营中的危机，其根源在于文化差异。每个国家、地区、组织甚至每个人都是独立的文化系统，具备很强的稳定性和继承性，一旦人们所期望的和所在环境共享的意义之间存在差异，所谓的文化冲突便产生了，因此企业经营中无法避免地存在文化风险。文化风险对企业决策效率、企业凝聚力、企业成员之间的相互沟通等方面有着很大的影响，并最终决定企业的存亡。

## 一、企业文化风险的危害

企业文化风险对于企业内部的整合力、外部的扩张力、企业增长都具有重大的影响。了解和认识企业文化风险的首要条件是要了解什么是企业文化和文化的共享模式。Schein 将组织文化定义为一个共享模式，这个模式是在团体解决外部适应问题和内部整合问题而逐步形成的，不仅仅在精神价值观层面，还包括行为预期等方面，是在企业的发展过程中经过不断的强化而形成的。在这种共享模式下，企业文化以一种潜移默化的方式制约和规范着每一个组织成员的行为，并赋予个体行为、组织行为以意义。与之相对应的是，企业文化风险是企业特定阶段文化模式的失灵或失范。特别是在现代国际化经营过程中，企业难免会处于不同的文化环境之中，由于文化交汇过程中存在复杂性、不确定性，从而引起文化误解、文化冲突和原有文化模式失灵，进一步危及企业经营目标的实现。企业文化风险不仅会对企业产生不利影响，还会对企业经营造成危害。

### 1. 文化风险引发企业经营低效率和高成本

企业文化风险最直接的表现在于认知方式的变化。认知方式的差异会影响对信息的提取、加工、整理的方式。当原有的认知方式发生变化，文化模式就不再能很好地给员工行为提供指引和依据。与此同时，随着认知差异的进一步分化，企业认识、解决问题的认知成本就会随之大量增加，进一步降低企业执行效率。个人与部门之间、部门与部门之间、部门与企业之间由于存在对于企业经营管理认识和理解上的差异，不可避免地会造成企业内部摩擦不断，使得管理者必须花费大量的精力和时间来处理个人和部门的矛盾，从而产生内部交易和协调的高成本。

### 2. 文化风险导致企业内部结合力下降

在企业发展稳定期，企业现有的文化模式、文化传统，能为员工提供自发的或自觉的价值标准，并以此确立他们对企业文化的认同感。新质文化给企业带来的冲击，使旧质文化模式的地位发生动摇，形成对企业文化的认同危机。在企业文化整合转型期，多元文化冲突与融合，实质是价值理念上的冲突与融合。价值理念冲突的结果是员工的价值取向多元性和非系统性。在冲突过程中，新文化模式建构尚未形成，使得员工忠诚度、战斗力和执行力大大减弱，员工缺乏归属感，可能会因此离开企业，组织的人才队伍建设失去了保障。换言之，员工对企业价值观认同的心理失衡，引发信仰危机，直接作用于个体行为表现，进而削弱企业内部凝聚力。

### 3. 文化风险减弱企业文化外部扩张力

企业文化外部扩张力，是指拥有先进管理理念、管理制度、管理手段和先进技术的企业对以上诸要素相对欠缺企业的一种强有力的资源整合能力。这种资源整合能力能够创造出大于原先两个或多个企业所创造出的价值的总和。在文化外部扩张力构成中，文化的涵化力居于核心地位，涵化力的大小决定了人们对一种文化模式的认同和接受程度，一种文化越是具有涵化力，人们就容易减少抵触情绪，产生认同感，并快速接受这种文化，进而产生合乎组织要求的、高效率的行为方式。文化涵化力通过对文化的辐射力、目标指向力、激励力和约束力来对文化的扩张力施加影响，并决定着文化扩张力的强弱，而企业文化风险正是对文化涵化力的侵蚀和对文化扩张力的破坏。企业文化风险是对现有企业文化模式的怀疑，是对企业现阶段的思维方式、行为方式和运作形式的不认同，人们不再轻易相信和接受现有企业文化，因而，企业文化的扩张力也就失去了根基，其作用力大大减弱。

## 二、企业文化风险的特征

### 1. 客观性

企业文化风险的客观性从根本上源于不同国家、地区、人群之间存在着的文化差异，人们的消费需求、价值观念、处事原则、思维方式等都是以其所在区域的文化背景为基础，企业要满足不同文化背景下消费者的需求，要与来自不同文化背景的各类组织机构合作，要聘用与管理来自不同文化背景的职员，这些文化差异是客观存在的，是必须面对的。

### 2. 复杂性

文化的内涵非常丰富，体现在语言、教育、宗教、社会组织、价值观等多方面。一个国家或区域的文化经过了漫长的历史积淀，且仍在不断变化与演进中，因而文化风险常常具有多种不同的表现形式，其对企业经营的影响也是多方面、全过程的。

### 3. 层次性

文化的层次可以分为国家文化、组织文化、职业文化、个体文化等。文化的层次性决定了文化风险的层次性。例如，宏观层面的文化风险对在东道国文化环境下经营的外国企业产生影响，而微观层面的文化风险只对特定国家的企业发生作用；此外，在相同的风险环境中，由于企业的国际化程度、规模化程度及应付文化风险事件的能力与技巧不同，企业所感受的文化风险也有所不同。

### 4. 可控性

但由于企业经营中的文化风险因素成因复杂，在危机控制与管理风险方面有一定的特殊性。这就要求风险管理者对于文化风险的产生根源、作用过程和具体表现有系统全面的认识，对企业文化风险进行科学的测度与评价，并以此为基础进行有效的风险控制与管理。

# 第二节　企业文化风险的原因

## 一、跨国经营活动引发的文化风险

随着经济全球化的快速发展，各国公司、企业的连锁经营、并购经营等跨文化的经济活动与日俱增，跨国公司的大量涌现更是对公司内部的跨文化经营管理提出了挑战。适用于本国的有效的管理方法并不一定适用于东道国，若不加甄别地应用，可能会得不偿失甚至产生截然相反的效果。由跨国经营活动导致的文化风险最关键的因素在于文化差异，具体表现为权力距离、个人主义、不确定性回避等。权力距离是指社会对权力在组织中分配的认可程度。例如，在一些权力距离较大的国家中，企业就应该根据严格的等级观念来设置相应的组织架构；而处于权力距离较小的国家中，企业则应以人人平等的观念来制定规章制度。此外，跨国公司的管理方式、组织的学习能力也会对文化风险的形成产生间接影响。

20 世纪 70 年代肯德基首次进入香港市场失败了。英国市场营销专家史狄尔先生对此事件评价说："当年肯德基是采用与美国一样的方式进入香港市场。然而，当地的情况要求肯德基必须修改战略来适应当地的需求。无论是产品的用途，还是对产品的接受程度，都会受到当地的风土人情影响。当年肯德基的鸡类产品不能满足香港人的要求，其宣传的概念亦不适当。"此后，肯德基开始更多地注重将自身产品和服务与当地宗教文化、民族文化、地区文化进行有效的结合，将预防文化风险作为管理战略之一。在经济全球化发展的进程中，企业尤其是跨国企业要想在竞争中赢得一席不败之地，就必须接受文化风险给带来的巨大挑战，具备识别和处理文化风险的能力。

## 二、企业并购活动引发的文化风险

并购活动中难免会产生企业双方文化活动之间的碰撞和交流。在并购数目上，近年来企业并购的案例屡见不鲜。以我国企业为例，海尔集团自 1995 年兼并青岛红星电器开始，到 1998 年年底总共成功兼并了 18 家亏损企业；中国石油化工集团自 2009 年开始向海外市场大举进军，2009 年以 72 亿元收购了瑞士 Addax 石油公司，2010 年购了辛克鲁德有限公司 9.03% 的股份及雷普索尔公司 40% 的股份，2011 年先后进行了三次收购，2012 年以 15 亿美元交易收购塔利斯曼能源公司英国子公司 49% 的股份。在并购交易金额上来看，2011 年披露价格的 416 起并购交易总额达 277.79 亿美元，同期较 2010 年，并购金额增长高达 91.1%。企业并购对于有效配置社会经济资源具有积极影响，然而并购能否成功取决于多种因素。并购中文化风险产生的根源可以归纳为三个方面：首先是不同行业差异引起的文化风险。不同行业之间在制度、规范、经营等方面都存在着不同程度上的差异，因而会给并购企业带来不同风格的企业文化。可见，企业涉及与不同于自身行业的并购时，文化风险产生的概率较大。其次是地区差异引起的文化风险。在国内，不同地区存在迥异的价值观、思维方式；在国外，历史背景和个性特征的差异就显得更为突出。特别是在跨地区并购案例中，地区差异往往是文化风险中最关键的因素。

最后是不同员工结构引起的文化风险。不同企业之间员工的文化程度、性别比例、年龄结构都不相同，个体认知和理解力的差别会对并购企业价值观、协同合作、沟通等方面产生直接影响。

海尔集团在公司总裁张瑞敏提出的"名牌战略"思想指导下，从一个亏空147万元的企业迅速成长为1994年在全国500强中名列第107位的企业，成为中国家电集团中产品品种最多、规格最全、技术最高、出口量最大的企业。从1991年起海尔集团就在实施资产扩张战略，于1997年12月底兼并了由于管理不善带来业绩大滑坡的合肥市黄山电子有限公司。具有强烈市场意识的海尔人与习惯躺在计划经济温床上的黄山人，起初在思想意识上有很大差别，在产品质量、供应及工人工资上都存在巨大分歧。再加上个别黄山人与海尔的严格管理格格不入，对海尔的文化观极不适应，所以他们跳出来，借机煽动群众，并于1998年6月2日上午组织了罢工事件，最后发展成为聚众闹事、上街游行，整个工厂生产停顿，打、砸事件不时发生。

在许多现实的并购案例中，很多企业会把大部分注意力集中在金融、法律及财务方面，而对于并购过程中最为重要的文化整合则几乎忽略不谈，结果可想而知。组织文化是一种行为模式，是为组织成员所共同遵循的，是约束组织成员行为、保证组织目标实现的某种思想体系。一个组织若存在两种甚至两种以上的组织文化，不利于组织成员识别组织目标、为努力达成目标而做出正确的决策，因为组织的价值观直至其行动惯例均显得模糊不清。而跨国并购面对的是组织文化与民族文化的双重风险，所以企业在并购活动中，如何准确地评估所面临的文化差异及风险，探究行之有效的管理策略，是需要面对和解决的一个重要问题。

## 三、组织内部因素引发的文化风险

即便是同一组织，其内部也存在具有差别的多种"亚文化"，如部门文化，这类组织文化的内部差异的形成，通常与组织不同职能机构及组织中各部门所处地理环境息息相关。亚细亚集团公司曾经凭借其在经营和管理上的创新创造了一个亚细亚现象，只用了7个月的时间就跨入了全国50家大型商场行列，先后在全国各地建立了很多参股公司。随着业务范围的扩大，总经理王遂舟仍是一人独断，不愿意与外人合作，并对外地员工不信任。省内省外连锁店的中层干部均从郑州总部派出，他们不折不扣地在新店里推行原来的经营模式和管理方式。久而久之，公司文化与当地文化的脱离，以及一律套用原模式产生的各种不适应，让各地亚细亚连锁店一蹶不振，最后只能倒闭破产。

文化风险不仅仅存在于组织层面，个人层面的文化风险同样不容忽视。组织文化的变革及组织员工队伍的多元文化背景对个人层面的文化风险影响巨大。跨国跨地区的经济活动往来次数的增加，组织招募的员工文化背景的多元化，对于组织的价值观念、经营思想与决策方式都会产生冲击，在组织内部产生多种文化的碰撞与交流。一个企业不管是否存在并购和跨国经营，若想与时俱进，就必须重视组织文化与地区文化、外来文化的交流，及时更新组织文化。因为组织文化的变革、组织员工队伍文化背景多元化等内部因素对企业经营管理活动的影响是客观存在的，其引发的文化风险虽然不如并购和跨国经营那么显著，然而也是企业面临的一个重大文化风险。

# 第三节 如何破解企业文化风险

## 一、风险识别

文化风险有别于其他类型的风险，它主要存在于意识之中，间接表现在行为上，并最终影响到企业的成败。因此，对文化风险的识别和评估，只能以主观评价为基础。即使通过建立风险评估模型对文化风险进行定量分析，对收集的各种信息、资料进行处理，确定文化风险的因素构成及分析各风险因素之间相互关系等方面，主观因素仍起决定性的作用。

以我国跨国经营企业为例，借鉴一些学者对跨国经营企业文化风险的研究成果，可以将我国跨国经营企业面临的文化风险归类为四个主要方面，即精神文化风险、行为文化风险、制度文化风险和物质文化风险，并在分析各种文化风险的影响因素的基础上，初步建立企业文化风险评估指标体系，如表 11-1 所示。

**表 11-1 企业文化风险评估指标体系**

| 一级指标 | 二级指标 |
| --- | --- |
| 精神文化风险 | 价值观差异度 |
| | 伦理道德差异度 |
| | 集体思维方式差异度 |
| | 领导者经营理念差异度 |
| | 领导者管理理念差异度 |
| | 职员需求和期望差异度 |
| | 企业宗旨、信念差异度 |
| 制度文化风险 | 领导体制与机制差异度 |
| | 领导者制定的各种制度、规定或条例差异度 |
| | 激励机制的差异度 |
| 行为文化风险 | 企业员工沟通风险 |
| | 领导者行为作风差异 |
| | 目标制定差异 |
| | 衡量标准制定差异 |
| | 执行决策过程差异 |
| | 人际关系风险 |
| 物质文化风险 | 企业名称、标志的融合风险 |
| | 企业的生产环境、生活环境的差异程度 |
| | 产品种类、设计、样式的差异程度 |
| | 产品或服务质量的差异程度 |

资料来源：王小艳，陈奇. 我国跨国经营企业文化风险的识别与控制 [J]. 商业时代，2010，（14）：74-75

## 二、风险评估

文化风险评估便于企业有效地管理文化风险，它不仅能够有效地服务于企业整体战略、产品战略、职能层战略等的制定与实施，对于企业人力资源管理及组织文化的构建也具有重要意义。通过对文化风险进行测量，可以帮助企业判断目前的文化风险现状，以采取相应的措施进行风险防范与管理。

文化风险的评估方法与人力资源风险评估的常用方法一致。一般定性评估可以采取问卷调查、风险列举、事件树分析等方法。定量评估通常采用多因素风险评估方法，因为企业文化风险的影响因素一般是多元的、多方面的，所以多因素风险评估比较适用。在各种多因素风险评估方法中，又以"多级模糊层次综合评判法"最受业内管理者和研究者的青睐。针对企业文化风险，用这种方法评估时，也是要首先确定评价因素和评价等级，进而用层次分析法确定评价指标的权重，然后构造模糊评判矩阵，最后进行模糊综合评判和结果处理。具体计算过程见本书第四章，此处不赘述。

## 三、风险防范措施

### 1. 正确认识文化风险

首先，企业要树立正确的文化风险观念。一方面文化风险对企业经营的影响是客观存在且不容忽视的，另一方面企业又必须正视文化风险的不可逃避性。文化是流动的，是不断发展与不断进步的，一旦企业文化与地区文化、国家文化、外来文化等发生冲突时，文化差异就产生了。因此，文化差异是客观存在的，但其对企业经营的影响并不一定是负面的，只有当企业未能合理预见、控制及管理文化差异，继而让文化差异演化成了文化冲突时才会对企业的经营管理产生破坏性影响。在跨国企业经营中，所谓"知己知彼，百战不殆"，一方面企业需要深度理解自己的文化。熟知企业的文化模式，特别是要加深对企业优缺点演变的理解，以促进文化关联态度的形成。这种对自身企业文化的认识既有助于企业对自身文化的全面了解，也有助于企业自身和其他文化之间的类同和差异的参照系的建立。另一方面，企业需要全面理解其他的文化。企业需要站在超然的立场上，暂时摆脱本土文化的影响，进行"文化移情"，去认识和了解其他文化。通过对两种文化设身处地、公正开明的认识，进行自我识别和比较识别，企业才能更好地归结出本土文化与其他文化之间的差异。因此，面对文化差异这把"双刃剑"，盲目地去消除并不是最好的处理方式，相反，如果能合理地利用文化差异，企业可能取得意想不到的经营效益。例如，CocaCola 公司为了让其 CocaCola 系列产品的中文名字能够读起来朗朗上口，同时满足消费者的心理需求，煞费苦心，而今可口可乐的产品成功赢得了中国消费者的普遍欢迎。总之，不同的地区、国家文化背景，不同的社会文化风俗习惯、宗教信仰、经济发展状况、市场饱和情况、人力资源条件，在给企业经营带来威胁的同时，也有可能给企业创造丰富的市场机会，带来丰厚的利润回报。换个角度来看，这正是很多企业经营的压力与动力之所在。

### 2. 制订文化风险管理计划

企业在制订风险管理战略计划中，除了要对财务风险、市场风险、政治风险等给予充分的重视外，还要在整个风险管理战略计划中考虑文化风险。首先，应当在文化的角度寻找并建立共同的观念作为企业的核心价值观，这种价值观具有开放性、兼容性、持久性的特点，可以为全体员工认同并约束员工的语言和行为。其次，在对信息的收集、传播和共享的基础上，及时识别文化风险的"苗头"，形成破解文化风险的具体的、可以操作的预案。预案中应明确所涉及组织和人员的权利和责任以及对人员的配置。更重要的是，加强文化风险管理的培训，包括以下内容。

（1）强化员工（尤其是高管人员）的文化风险意识。

（2）提高高管人员破解文化风险的基本技能，如收集、分析、准确接收信息的方法，识别文化风险的手段，掌握跨文化的沟通技巧和跨文化冲突的解决办法。

（3）学习国外的或先进的文化风险管理实践及经验等。

### 3. 建立适合自己的企业文化

企业凝聚力是将员工组织和团结起来、一起为企业的共同目标而奋斗、让企业成为一个有机系统的关键。企业文化的产生是以当时的社会形态为背景，经特定的企业环境历练后而形成的特定文化，它不是放之四海而皆准的守则。此外，企业文化的各种类型之间存在互补性，绝对完美无缺的企业文化模式是不存在的。因此，企业应该从自身实际情况出发，大胆吸收符合自身特色的健康有益的企业文化。个性化的企业文化是企业成功的关键，也是企业的活力所在。企业文化是企业的生命，盲目照搬其他公司的企业文化无异于慢性自杀。纵观目前国内外经营业绩好的企业，无一不是在自身的生产经营过程中慢慢沉淀，最终形成适合自己的独特而先进的企业文化，并始终将优秀文化贯穿于生产经营过程之中。

### 4. 加强建设和引导优秀的企业文化

一种优秀企业文化的形成需要时间和实践的历练，非一朝一夕之功所促成。它是一个历史的、循序渐进的、不断进行自我提高和改善的过程。对于一个企业来说，需要争取健康积极向上的主导文化，积极抵抗落后沮丧的文化的诱惑和威胁。负面的文化始终是存在的，且短时间内是不可能被消除的，但仍然可以对其加以抵制和适当改造。正面向上的文化的形成需要锲而不舍的努力，需要正确地引导和培育，需要被维护和发扬光大。因此，当今企业和员工需要以继承和弘扬与时俱进的正面文化，摒弃和淘汰落后的负面文化为己任，一起欣欣向荣地发展。

### 案例讨论

#### 罗峰的领导方式为什么不奏效

十年前，罗峰拿到会计专业的学士学位，然后到上海一家大型会计事务所任职。公司执行委员会不久就发现了他的潜能，安排他到上海郊区开办了一个新的办事处，主要负责审计。这项工作要求有关人员具有高度的判断力和自我控制力，尽管罗峰原来是以任务为导向，但仍然采取了民主的领导方式。他支持工作人员相互之间直呼其名，当发现下属们对竞争和绩效持积极的态度后，他鼓励下属人员参与决策制定。对长期的目标和指标，每个人都很了解。办事处发展很迅速，五年多的时间，专业人员就达到了30名。罗峰也被认为是一位很成功的领导者和管理人员。

两年前，罗峰被提升为会计事务所的经营合伙人，并调任事务所新开发的西南地区任地区主管。

他采取了帮助他在上海取得成功时的管理方式。他马上召集成都、重庆、昆明等地的办事处主任，制订短期和长期的客户开发计划。很快，他发现从当地招聘来的专业人员无论是学历、职业素质或是专业技能都不能与当年上海的下属相提并论，但是这里的业务机会却非常多。为了确保有足够数量的员工来处理预期扩增的业务，罗峰在北京和上海招聘了十多位资深的专业人员，派驻到西南地区，为了让这些员工安心工作，他给他们提供了优厚的薪酬待遇；同时又在当地招聘了一批财会人员，这样西南地区的专业人员总数从以前的25人迅速增加至46人，对当地招聘来的员工和老员工，罗峰给予他们的薪酬待遇在西南地区而言，也属于较高水平，但比外聘来的人员还是要低。可是，这一套管理方式并没有取得预期的成效，外聘和当地的员工之间似乎总不和谐，从思维方式到工作方法频频发生冲突。当罗峰询问办事处主任具体缘由时，感觉他和那些当地的员工一样，吞吞吐吐；当罗峰让下属参与决策时，他们往往没有多少热情，但一看到那些外聘员工活跃地表达观点，又露出一些复杂的表情。不过，罗峰也察觉到，相比外聘员工的独来独往，这些土生土长的员工经常聚会，甚至相互之间帮忙照顾老人和孩子。这一年，本地区失去了最重要的两个大客户，罗峰马上认识到人员过多了，因此决定解雇才招进来不久的12名当地员工，以减少开支。在此后的几个月时间，业务量有所好转，罗峰又增加了6名专业人员，有外聘的也有当地的。可是当去年夏天，总部反映西南地区的费用预算执行不力时，10名专业人员又被解雇了。伴随着这两次裁员，留下来的员工感到工作没有保障，那些外聘人员中首先有人辞职了，其他人也开始怀疑罗峰的领导能力。

讨论题：

1. 罗峰在上海取得成功的领导行为和管理策略，为什么在西南地区失败了？
2. 在西南地区，当地员工与外聘员工之间的矛盾的实质是什么？应该如何改善这种状况？
3. 应如何对西南地区事务所面临的企业文化风险进行识别和评价？
4. 应如何针对西南地区的实际情况破解企业文化风险？

## ➤课后习题

1. 企业文化风险的表现形式有哪些？
2. 企业文化风险的特征有哪几个方面？
3. 你认为对企业文化风险有哪些预控策略？
4. 案例分析题。

### M公司问题到底出在哪里？

M公司是集整车销售、维修服务、配件供应、信息反馈为一体的四位一体专营公司（通称4S店）。公司下设五个4S店，八个销售店，遍布武汉各个区，共有两百多名员工。M公司属于合资民营企业，公司的管理层由合资双方自己的管理者共同组成，一方代表为总经理，另一方代表为副总经理，但由于各自在经营管理的理念和模式上都存在分歧，双方的管理者对于很多公司重大发展问题看法不一致，内部斗争严重，在短短三年的时间内换了两任总经理及副总经理。

M公司的内部管理存在诸多问题。例如，内部管理不够规范，管理水平滞后。来自不同地区的管理者，其价值观差异间接影响了员工的价值取向，企业内部缺乏统一的指导思想和信仰，在对公司经营管理目标的认识和理解上，个人与个人之间、部门与部门之间的看法也相去甚远，目标不一致导致部门之间摩擦不断；员工对企业文化有各自的认识，缺少共同的理解，对公司缺少归属感和安全感，对企业的忠诚度比较低，高层管理者和员工的流动性都比较大。

请认真阅读案例并回答以下问题：

（1）你认为M公司企业文化风险的根源在哪里？
（2）你认为M公司应该从哪些方面着手化解企业文化风险？

# 参 考 文 献

宝娟. 2010. 论企业文化建设与人力资源管理 [J]. 现代经济信息, (6): 59-61.

李桂霞. 2011. 企业危机管理研究 [J]. 南方论刊, (4): 31-33.

李淑华. 2009. 加强企业文化建设提升应对危机软实力 [J]. 冶金企业文化, (4): 4-5.

苏国辉. 2009. 危机中企业文化的避险功能 [J]. 市场营销导刊, (1): 72-75.

易帆. 2012. 新时期下企业文化与人力资源管理措施 [J]. 企业家天地, (11): 101-102.

张海宁. 2012. 略论企业危机文化建设 [J]. 冶金企业文化, (3): 10-11.

张丽莲. 2009. 基于企业文化功能的危机管理思考 [J]. 企业管理, (7): 72-73.

# 第十二章

# 防范员工关系风险

## MK 卷烟厂的集体罢工事件

2008年11月13日，MK卷烟厂发生了一起员工集体罢工事件，数百名员工聚集在厂大门前，就在建住宅楼一事，要求与公司进行交涉。事件的起因如下。

2007年年初，MK卷烟厂由原址搬往新厂址所在的经济开发区。近几年新建的开发区远离市区，人口稀少，交通也不便利，这给员工的吃、住、行都带来了不便。这时恰逢MK卷烟厂附近一处建筑工地招标开发，很多员工希望能由公司出面与该项目的开发商洽谈，为员工们兴建集资住房。但由于该项目五证不全，考虑到存在的诸多风险，厂领导未同意员工的要求，没有以厂方名义与开发商进行洽谈，更没有签订任何合同或契约。即便如此，员工们渴望兴建职工住宅楼的热情并没有减退，还是不断地有员工提出申请。在这种情况下，为切实帮助员工解决生活问题，MK卷烟厂政工科的几位领导以个人名义与房地产公司进行了协商，并最终决定由其承建烟厂住宅小区项目。房地产公司与MK卷烟厂职工所签的购房合同规定，该住宅楼的性质为普通商品住宅楼，于2007年12月31日之前完工交房，房屋的各项质量指标也在合同中有详细的要求。该项目如期开工，但直至罢工事发当日，即2008年11月13日，员工们仍未住进已预付了95%购房款的住宅楼，不但如此，更让员工们接受不了的是原本合同上交待好的普通商品房，现在却变成了经济适用房，而且由于房屋性质的变化，房屋质量也远远没有达到当初合同约定的标准。为此，职工们群情激愤，希望向公司讨个说法。在这一过程中，为保护大多数人的人身安全，公安机关对个别行为失控的员工进行了拘留。

这一事件发生之后，MK卷烟厂的领导们立即召开了紧急会议，讨论解决方案。在讨论中有人提出集资兴建住宅楼并非公司行为，职工们没有理由向公司讨说法，但更多的领导认为，虽然集资兴建住宅楼非公司行为，但在这一事件中受害的却是公司的员工，公司有责任也有义务帮助员工们争取合法权益。为此，领导层很快地出台了一系列的措施，并分头行动。

一是由人事部门和政工部门负责安抚罢工员工，向他们讲清事情的来龙去脉，并承诺帮助员工与开发商进行交涉。

二是由厂方出面与开发商进行交涉，尽可能地帮助员工争取合法权益。

三是安排治安人员到现场维护秩序，避免事态的进一步发展。

四是由厂方出面尽快到公安机关了解被押员工的情况，如被押员工情绪恢复正常，尽可能对他们进行保释。

在这些积极有效的措施采取之后，这场罢工得以很快平息，厂方领导层的努力也收到了很好的效果。

一是民怨得以平息。在向罢工员工讲清事情的来龙去脉，并承诺帮助员工与开发商进行协商后，员工们的情绪慢慢缓和，并同意尽快回到岗位恢复生产。

二是员工的合法权益得以维护。在公司的积极协调下，开发商对员工们所提出的质疑给出了积极的答复。在答复中，开发商解释了工期延误的原因主要有二：一是由于2007年建筑施工费用上涨，国家六部委土地大检查，停工3个月；二是部分职工未能按协议缴纳购房款，造成资金短缺，延误工期。关于房屋性质改变的问题，开发商写了一份《关于卷烟厂新建经济适用房相关问题的答复》，在答复中提到："本项目经地方政府批准同意，边施工边办理手续，若是真等到五证齐全，恐怕至今也不能开工。"厂方领导及时将开发商的答复传达给了员工，并要求开发商全额赔付因延误工期给购房者带来的经济损失。

三是避免了恶性事件的发生。因为厂方及时采取了积极的治安措施，这次卷烟厂职工罢工事件得以尽快平息，没有在社会上造成恶劣影响。

四是厂方对员工的人性关怀得以体现。在本次罢工中因为行为失控而被拘留的员工，在卷烟厂领导的积极协调下，得以尽快保释。按照公安部门的建议，对该类员工应该进行必要的惩罚，以避免类似情况的再次发生，但领导考虑到被押员工也是受害者，罢工闹事实属无奈，被公安机关拘留已是对其过失行为的惩罚，厂方本着以人为本的人力资源管理理念，决定只对其进行说服教育，免除其他处罚。

思考题：

1. 你认为MK卷烟厂的员工关系管理存在哪些风险导致了集体罢工事件？

2. 该企业处理罢工事件的措施给你带来了什么启示？

3. 企业应该如何防范员工关系风险？

# 第一节　员工关系风险的表现形式

在市场经济条件下，劳资双方存在"付出—获得"方式形成的心理契约，当双方认为付出与获得对等，则心理契约达到平衡状态，劳资关系和谐，否则劳资关系将会出现隐性甚至显性危机。

员工关系（employee relationship）又称雇员关系，由劳动关系、劳资关系发展而来，是指管理方与员工及团体之间产生的，由双方利益引起的合作、冲突、权利关系的总和。员工关系的实质是冲突与合作，企业与员工之间的矛盾是普遍存在的。员工关系风险是指企业、管理者与员工，因为各种原因产生或即将产生的隐性或显性的冲突的可能性，及冲突将会带来影响的严重性。

由于双方利益不总是一致的，许多因素如公司管理、领导者风格、工作本身等因素会导致双方关系处于微妙的变化中，这一关系有时表现为合作状态，有时表现为冲突状态，包括隐性冲突和显性冲突。隐性冲突风险对员工来讲则主要表现为生产越轨、财产越轨；对于用人单位则表现为领导谈话、隐性惩罚等。显性冲突风险对于员工来说主要表现为主动辞职、群体事件等；对于用人单位来讲表现为辞退员工、停工整顿等。

## 一、员工关系隐性冲突风险的表现形式

### （一）员工的表现形式

#### 1. 生产越轨

生产越轨是指员工为表达对企业不满，故意不遵守企业生产经营规章制度，意图破坏企业正常生产经营的行为，包括迟到、早退、没病请病假、缺勤、消极怠工等现象。

#### 2. 财产越轨

财产越轨是指员工有意损坏企业有形或无形财产，如破坏生产设备、浪费生产材料、向竞争对手泄露商业秘密、窃取公司资金等行为，达到减少企业盈利或增加个人收益的目的，实现自己认为的公平状态。

### （二）企业的表现形式

#### 1. 领导谈话

企业管理者察觉员工的不满行为，通常会由员工的直接主管或人力资源部门与其单独谈话，了解产生不满的根本原因，倾听各类抱怨，劝诫员工端正工作态度、积极努力工作，并承诺一定程度上解决职工提出的问题。这一形式通常能较为有效地将危机消灭在萌芽状态。

**2. 隐性惩罚**

企业管理者对待不满员工的另一种方式是隐性惩罚，包括布置难以完成的工作任务、调整工作岗位、扣发或少发奖金等，这一形式能一定程度威慑不满员工，但也可能会激化矛盾，促使劳资关系风险升级。

## 二、员工关系显性冲突风险的表现形式

### （一）员工的表现形式

**1. 主动辞职**

员工对企业感到失望又无法改变现状，通常会选择主动辞职。例如，某企业营销中心有一个优秀大区经理辞职到竞争对手公司里任职，辞职的原因是这个员工对报酬不满意；在数月前直线经理就要求给这个员工增加工资，但人力资源部认为加薪不符合企业工资制度，而且这个员工现在的工资水平在同行业内也是相当有竞争力的，最终这个优秀员工选择了离开。主动辞职形式比较理智，对员工和企业伤害程度较小。但值得一提的是，如果出现群体辞职现象，常会使企业管理陷入僵局。

**2. 群体事件**

从 2012 年 4 月 13 日晚间开始至 4 月 14 日，格力电器珠海空调五分厂和冷凝器珠海空调三分厂接连发生罢工事件，罢工的直接结果是空调三分厂总装车间 7 条流水线停产。停工的导火索是两分厂员工提出涨薪的要求。从格力员工的微博中得知，此次罢工事件的主要原因是由于员工抱怨工资太低，每日工作时间长达 11 个小时，每月大概需要上班 26~27 天，但是一线工人拿到手的工资却只有 2 000 元甚至更少。如果隐性劳资关系危机长期得不到解决，员工的不满情绪日积月累，且不满人员的范围逐渐扩大，可能会导致群体事件发生，包括集体静坐、上访、罢工、游行甚至武力冲突等。

### （二）企业的表现形式

**1. 辞退员工**

显性冲突一旦爆发，企业管理者为尽量减少负面影响，快速平息事端，经常重点打击带头闹事者，以各种理由将其辞退，力图起到杀一儆百的作用。

**2. 停工整顿**

当显性冲突发展到难以控制时，企业管理者为避免遭受更大程度的损失，可能会选择停工整顿，包括关闭工厂、与职工代表谈判、复工运动、雇用罢工替代者、黑名单与白名单等。

# 第二节　员工关系风险的原因

## 一、员工关系风险的外部客观原因

### （一）劳动力市场供过于求

从劳动力的供求方面来看，若劳动力供给大于需求，资方就享有更多的机会来选择劳方；若劳动力需求大于供给，劳资双方的力量就倾向于劳动方；只有当劳动力供求达到基本平衡时，劳资双方才会等价交换。

现阶段我国处于劳动力市场供远远大于求的阶段。市场作为调节劳动力资源配置的机制，已处于"部分失灵"状况。瓦解工人组织、拒绝劳动者合法权益等问题日益突出，原因主要在于就业竞争的增大，企业有了更多的劳动力选择余地。在这种状况下，劳资双方从一开始就处于不平等的地位，部分劳动者在签订劳动合同时，不得不牺牲对正当权益的追求，只为能有一份工作养家糊口。此外，已经就业的企业员工则因饱受高失业率的压力，在遇到劳资纠纷时，不敢对资方的种种侵权行为说"不"，从而错失了很多的合法权益。

### （二）劳资双方地位悬殊

企业资方拥有土地、厂房、机器设备、原料、工具等生产资料，并因此获得了扣除生产费用、税费之后的纯利润；在企业管理过程中，资方拥有绝对控制能力，尤其是在民营企业，大多实行家族制管理，许多重要岗位由企业主的亲友担任。

而企业劳动者处于相对弱势，他们不占有生产资料，只能靠出卖自己的体力、脑力劳动从企业主那里获得收入。一部分管理人员和技术人员虽然享有较高的薪水或一部分股权，但仍然不拥有对企业的控制权。民营资方的无限权力和劳方不具有企业决策权，共同导致劳动者在企业中处于弱势地位。

### （三）工会组织力量薄弱

工会是一个在劳动者遇到涉及政治、经济利益及维护合法权益等问题时，负责与劳资双方沟通的组织。在我国法律中，工会代表劳动者的合法权益，而在现代社会中，不少工会已被企业经营管理者控制和利用，特别是私人企业，导致工人实际上是无组织、无代表，不夸张地说，不少企业工会甚至成为了企业行政的附属品。工会组织的行政化和机关化的不正常倾向，使得工会逐渐成为傀儡，不能从真正意义上代表和维护劳动者的合法权益。

在国内，通过工会组织为员工赢得权益的例子比较有限。以下是一个案例：武汉市45万名餐饮行业职工，从2011年"五一"开始按新合同领取工资。合同规定，整体上武汉餐饮行业最低工资标准调整为武汉市最低工资标准的130%。工作地点不一样，最低工资标准也不一样。在7个新城区工作的职工，最低工资标准为每月975元；而对于在10个中心城区工作的职工，则为每月1 170元。合同还针对某些特定岗位的最低工资给出了标准，如厨师长、餐厅服务员、餐具清洗员等。此外，合同为确保餐饮行业员工特殊权益制定了相关条款。例如，职工患病或非因工负伤医疗期间，当月实发工资在扣除个人应缴纳的各项社保后，不得低于行业最低工资标准的80%。工人加班，一般每日不得超过1小时；因特殊原因需要延长工作时间，每日不得超过3小时，每月不得超过36小时，且保证职工每周至少休息1天。武汉餐饮工人集体谈判，很大程度上得益于当地的总工会。这也决定了此次武汉集体谈判具有"不可复制性"。

集体谈判是一项技巧性很强的具体工作，涉及不少政策问题和业务知识。目前，在我国集体谈判的实践当中，由于工会协商代表缺乏谈判的专业知识和技能，并不能完全做到真正意义上双方力量对等的谈判。武汉餐饮业工会此次谈判先有草案，再有正式合同，经过上百天的沟通，谈一点，"晒一晒"，最终获得成功。

而很多企业里工会组织都隶属于企业，工会成员甚至工会主席多数都为兼职。工会受雇于企业，谈判"硬度"自然不够，对于谈判所需资料的收集也存在很大困难。另外，谈判双方代表地位的确认、代表的产生、内容的确定、文本的拟定、合同履行的监督等环节，都要求相关人员具有劳动法律、经济等专业知识和谈判技巧及经验和技能，但很少有工会具备如此专业性。

### （四）劳动法律法规不健全或执行不到位

中山市一家拥有一万余人的特大型外资企业，面临着一场前所未有劳资纠纷，数十名员工以用人单位未支付法定节假日的工资、未足额支付休息日加班工资为由，将企业诉至中山市劳动仲裁委员会。假若请求得到支持，企业需要向包括这数十名员工在内的共一万余人补发加班工资，至少两千多万元的工资，企业将面临倒闭的可能。究其原因，是立法瑕疵给企业带来了风险。

2000年3月17日，劳动和社会保障部办公厅颁布了《关于职工全年平均工作时间和工资折算问题的通知》，该通知明确规定：职工全年月平均工作天数为20.92天，职工的日工资按此折算（全体公民的法定节假日为10天）。按照这一说法，在计算月平均工作日时，将需要支付工资的法定节假日当成"无薪日"予以减除，造成当一个员工分别以月薪计发工资和将月薪折算成日薪计发工资时，全年工资总数不相等。本例中的企业按照日薪计发工资，而员工按照月薪制诉诸法律，要求企业再一次支付法定节假日工资。

2008年1月3日，劳动和社会保障部修订了《关于职工全年平均工作时间和工资折算问题的通知》，纠正了旧法的立法瑕疵，在计算月平均工作日时，没有将需要支付工资的法定节假日当成"无薪日"予以减除，按照新法，一个员工不论是以月薪计发工资，还是用月薪折算日平均工资后按照日薪计发工资，其一年工资总额是相等的。假若当初立法是完善的，企业就不必遭遇被员工追讨法定节假日工资的困境了。

2008年1月1日实施的新劳动法，更多地考虑到弱势的劳动者的利益，能在一定程度上预防劳资关系危机发生。但是，其中有关规定还比较粗略，许多内容仅做了原则性指导，给具体案件处理带来困难，难以把握尺度，还需进一步予以细化，明确规范，使之更具可操作性。

另外，一些地方劳动行政管理部门的执法力量严重不足，部分具体办案人员素质欠佳，一方面是他们自身对法律、法规的理解认识存在不足，另一方面是他们对企业的复杂内外部情况缺乏深入了解。当劳资纠纷案件发生时，往往因相关人员缺乏深入调查研究、不能辨明真伪、不能弄清真相，而导致政府劳动行政管理部门难以有效地遏制各种劳动违法行为的发生。

## 二、员工关系风险的内部管理原因

### （一）劳动合同管理不规范

劳动合同是企业与劳动者建立劳动关系的纽带，是一份有形的契约。劳动合同管理不规范通常是产生劳资关系危机的根源。有的企业劳动合同的格式、内容不规范，关键条款信息不全；有的附带不平等约定，强化资方权力而弱化其义务；有的甚至包含与法律、法规相悖的条款；还有的劳动合同已过期，没有及时与劳动者续签；等等。

### （二）薪酬福利缺乏公平

薪酬福利关系到员工的切身利益，是劳资关系中最为敏感的因素之一。员工对薪酬福利的不公平感主要来自三方面：横向比较不公平，觉得自己收入比同行业同类型员工低；纵向比较不公平，察觉到同岗不同酬的现象存在；与期望值比较不公平，感觉自己的付出与收获不成正比，付出大于收获，且得不到企业认可。

2008年，在美国次贷危机的冲击下，中国经济出现了一定程度的收缩，大量的民营企业面临资金困难、企业亏损甚至倒闭的危机。在危机之初，中国劳资冲突的数量就大量攀升。以杭州为例，2010年，杭州共立案受理劳动争议案件4 923件，其中民营企业的劳动争议占争议总数的91.2%。劳资关系危机产生的原因主要集中于经济利益，据统计分析，2010年杭州劳动纠纷案件中，劳动报酬引起的争议高达44%；社会保险及福利引起的争议数量也达到30%；经济补偿金等引起的争议占17%。在民营企业中，由于资方往往处于强势地位，因而劳方越来越倾向于集体对抗，劳动争议逐渐向集体化转变。

### （三）劳动保护易受忽视

劳动保护包括劳动安全保护和劳动卫生保护两个方面，也称"职业安全卫生"。劳动保护是国家或者单位为保证劳动者在劳动和生产过程中的安全和身体健康而采取的法律、法规、技术措施等。当前企业劳动保护存在的问题有：不为职工办理劳动保险；没有专门的劳动保护经费，劳保用品得不到保障；专兼职企业劳动保护工作人员投入精力不够；没有完善的安全生产及劳动保护的宣传方案；没有明确的安全生产预案；等等。

# 第三节　如何防范员工关系风险

## 一、风险识别

员工关系风险的识别可以采用鱼骨图法。鱼骨图是一种透过现象看本质的分析方法，也可以称为因果分析图。这种方法的一般过程如下：首先，针对问题点，选择分析方法；其次，针对各层次类别找出所有可能的因素；再次，将找出的各要素进行归类、整理，明确所有要素之间的从属关系；最后，分析选取重要因素，检查各要素的描述方法，确保表达的意思明确。

以民营企业为例，运用鱼骨图的方法识别员工关系风险，具体如图 12-1 所示。

通过图 12-1 的鱼骨图可以看出，民营企业员工关系风险主要分为领导风格因素、薪酬福利因素、行为文化因素、企业文化因素、员工个人因素及工作本身因素六个方面，具体指标如表 12-1 所示。

## 二、风险评估

构建好员工关系风险预警指标体系后，需对其进行综合评价，以综合反映企业的员工关系风险情况。目前较为流行的综合评价方法有层次分析法、模糊综合评价法，人工神经网络法和灰色综合评价法。本书前面的章节已介绍过模糊综合评判法，本章介绍灰色评价模型在员工关系风险评估中的运用。

1. 确定 $B_i$

把从模糊综合评判中得到的综合评判集 $B$ 作为参考序列，选择肯定评判 $B_i$ 为 $(0, \cdots, 0, 1, 0, \cdots, 0)$，即第 $i$ 个分量为 1，其余分量均为 0，也就是说，该事物被评为第 $i$ 等级而评为其他等级的隶属度为 0，因此 $B_i$ 表示该事物确定地被评为第 $i$ 等级，它是一个肯定。

2. 计算 $\Delta_i(k)$

$$\Delta_i(k) = |B(k) - B_i(k)| \ (k=1, 2, \cdots, s)$$

即

$$\Delta_i = (b_1, b_2, \cdots, |b_i-1|, \cdots, b_s)$$

3. 计算 MMIN、MMAX

$$\text{MMIN} = \min_i \min_k \Delta_i(k)$$
$$\text{MMAX} = \max_i \max_k \Delta_i(k)$$

4. 计算关联系数 $\xi_i$

$$\xi_i(k) = \frac{\text{MMIN} + \rho \text{MMAX}}{\Delta_i(k) + \rho \text{MMAX}}$$

员工关
系风险

价值观的认同度

员工参与管理度

食宿安排的合理度

企业文化因素

领导个人魅力

领导者的亲和性

家族成员的影响

领导风格因素

授权程度

指导能力

对待员工的公平性

业余活动丰富度

对员工健康关怀度

人际关系融洽性

个人发展与成长

公司的发展预期

员工个人因素

员工素质水平

职业发展预期

薪酬的公平性

薪酬发放及时性

社保的规范性

薪酬福利因素

薪酬发展空间

薪酬发放足额性

考核制度的完善性

工作内容

工作强度

工作压力

工作本身因素

加班时长和频率

劳动条件与保障

规章制度的完善性

规章制度执行效率

劳动合同规范性

行为文化因素

劳动争议处理合理性

员工事故处理及时性

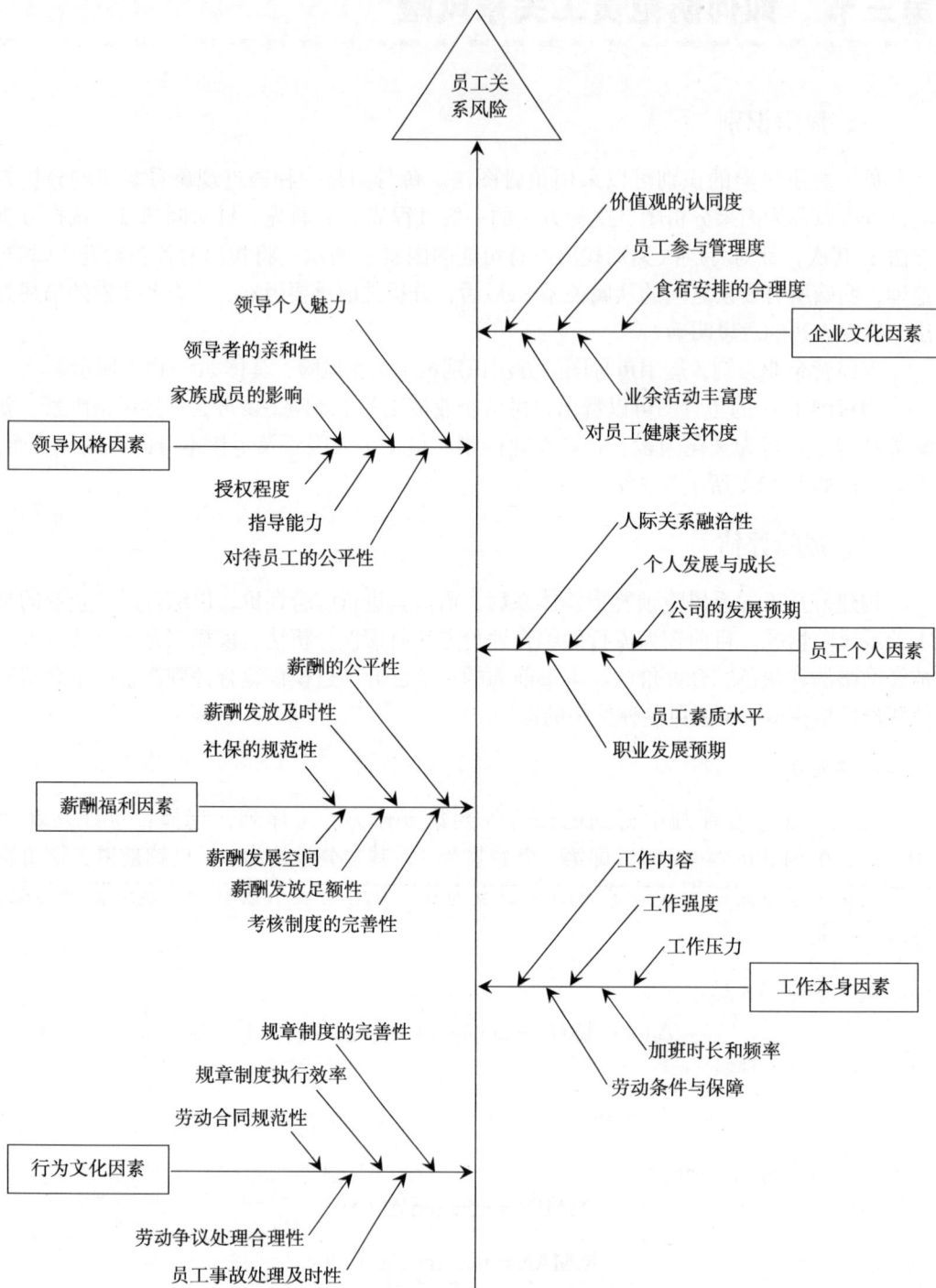

图 12-1　民营企业员工关系风险鱼骨图

表 12-1　员工关系风险评估

| 一级指标 | 二级指标 |
|---|---|
| 领导风格因素 | 领导者个人魅力 |
|  | 领导者的亲和性 |
|  | 授权程度 |
|  | 指导能力 |
|  | 家族成员的影响 |
|  | 对待员工的公平性 |
| 薪酬福利风险 | 薪酬发放及时性 |
|  | 薪酬发放足额性 |
|  | 社保的规范性 |
|  | 薪酬的公平性 |
|  | 考核制度的完善性 |
|  | 薪酬发展空间 |
| 行为文化风险 | 规章制度的完善性 |
|  | 规章制度执行效率 |
|  | 劳动争议处理合理性 |
|  | 员工事故处理及时性 |
|  | 劳动合同规范性 |
| 员工个人因素 | 人际关系融洽性 |
|  | 个人发展与成长 |
|  | 职业发展预期 |
|  | 公司的发展预期 |
|  | 员工素质水平 |
| 企业文化因素 | 价值观的认同度 |
|  | 员工参与管理度 |
|  | 食宿安排的合理度 |
|  | 业余活动丰富度 |
|  | 对员工健康关怀度 |
| 工作本身因素 | 工作内容 |
|  | 工作强度 |
|  | 工作压力 |
|  | 劳动条件与保障 |
|  | 加班时长和频率 |

资料来源：郭剑.民营企业员工关系风险成员及预警管理研究 [D].2009.武汉理工大学硕士学位论文

式中，$p$（$0<p<1$）为分辨系数，一般取值 $p=0.5$ 时，具有较高的分辨率。

5.计算关联度 $r_i$

$$r_i = \frac{1}{s}\sum_{k=1}^{s}\delta_i(k),(i=1,\ 2,\ \cdots,\ s)$$

根据隶属度最大原则，令 $r_j=\max(r_l,\ r_z,\ \cdots,\ r_s)$，则评价结果为 $j$ 等级。

根据企业员工关系风险评估的结果，可以制定相关的风险防范策略。在企业资源有限的情况下，根据企业员工关系风险影响因素的风险程度大小先后顺序，可采取不同的防范措施。对于风险大且对企业影响重大的因素可以集中资源重点防范；而对于风险较小且影响不大的因素则可以密切注意观察其发展变动情况，必要时采取一定措施防止其向较高风险等级发展。

## 三、风险防范措施

### （一）建立畅通的利益表达机制

劳动者权利得不到保障的原因主要在于保障体制本身的不完善、保障体制在实施过程中未到位，因此在我国首先需完善现有工会体制。在工会成员的选举方面，应舍弃由企业高层直接兼职或管理者直接任命，选择在公平、公正、公开的原则下由劳动者民主选举产生。在工会的管理与建设方面，应避免机关化、行政化，化被动为主动，主动地了解劳动者的愿望和要求，并将劳动者的诉求用制度来表达，传送到有关部门来执行。

以下是一个成功的例子：SQ 汽车股份有限公司是一家合资企业，其畅通的利益表达机制，确保了劳资关系的正常。该公司的工会队伍在拉近管理者与被管理者之间的距离、妥善处理管理者与被管理者之间的矛盾、创造良好的工作氛围、保证职工队伍的稳定等方面起到了积极作用。多年来，公司工会的主要工作职责在于：①履行好"中间人"的职能——维护企业和职工双方利益，不偏袒任何一方。首先，工会倾听员工的意见和要求，并积极主动地与公司行政部门沟通；其次，公司制定有关规章制度时，工会主动参与到讨论中，辅助公司进行决策，保护职工的切身利益，维护职工的权益。②履行好建设职能。工会对提高公司技术水平、增进公司经济效益，促进公司的发展责任重大。工会清楚企业各个时期的发展目标，针对企业经营活动的每个重点和难点，组织创新性强、形式多种多样的竞赛活动，积极调动员工的积极性，获取职工合理化建议，推进企业的技术改革和发展。③履行好教育职能。工会需要给员工普及正确的劳动价值观、劳动关系和利益分配观，增强员工的市场意识，提高员工对企业的忠诚度。④加强企业精神文明建设。企业精神文明建设有助于激发员工创造力和企业活力，是使企业产品增值的一种无形资产，是确保社会和谐的重要因素。工会积极探索开展精神文明建设的新路子，着重社会公德、职业道德和家庭美德方面的教育，提高员工的整体素质。

建立畅通的利益表达机制，还要改善多数单位利益表达渠道过分单一的局面，充分发挥大众传播媒介如互联网、宣传栏等的作用，使劳动者有更多可选择的表达渠道。

### （二）完善三方谈判机制

三方谈判机制是指由雇主组织、工人组织和政府或权威性的社会组织三方派出代表，在权利平等的基础上，由政府或权威性的社会组织作为中立、公正的第三方协助雇主组织与工人组织之间的协商。针对劳资双方之间的劳动报酬、职业培训、劳动争议、工作时间和休息休假、集体合同和劳动合同等方面的劳资纠纷，第三方需确保冲突化解过程的可控性和稳定性，同时可适当提供客观公正的解决方案作为参考意见，促进双方都能接受的协商方案的产生。三方谈判机制的基本功能主要是提高信息交换的效率、促进协商、达成共赢。

发达国家的三方谈判机制往往比较完善。例如，2011 年 10 月，美国 NBA 宣布取消新赛季前两周常规赛之后，劳资双方依然存在巨大分歧，短期之内很难达成一致意见。为了推动谈判，NBA 借鉴 NFL（职业橄榄球联盟）的经验，邀请美国联邦调停机构作为第三方参与会谈。美国联邦调停机构是 2009 年由奥巴马建立的一家独立政府机构，主要负责调解各种劳资纠纷。其主管乔治·科恩是全国著名的劳动法专家，拥有丰富的职业体育联盟劳资纠纷调解经验，曾经参与解决了发生在 20 世纪 90 年代的棒球大联盟罢工事件。因此，当时很多人对三方会谈充满信心，认为 NBA 也能像 NFL 那样尽快解决劳资矛盾，其结果也正是如此。

### （三）健全劳动法律法规

首先是企业和员工应共同关注、积极参与劳动法制建设，主动提供建议或配合立法部门调研完善和健全劳动者权益保障制度。其次，加强对劳动者权益保障制度的宣传，增强劳方和资方的法律意识和平等意识，引导其理性而合法地表达诉求，按照法定程序（协商、谈判、仲裁、诉讼）化解劳资矛盾和冲突。此外，适时给予法律咨询或法律援助，建立协商对话制度来帮助涉及劳动者利益的经营决策制定，切实履行劳动合同法的规定"用人单位在制定、修改或者决定有关直接涉及劳动者切身利益的规章制度或者重大事项时，应当经职工代表大会或者全体职工讨论，提出方案和意见，与工会或者职工代表平等协商确定"。

### （四）加强企业内部管理

#### 1. 规范劳动合同管理

（1）明确劳动合同的有效期限，对于有固定期限的劳动合同应注明完整的合同生效日期及合同终止日期；对于合同到达终止日期需续签的劳动合同，企业应提前通知员工做好续签工作；对于符合法律规定可以签订无固定期限劳动合同的，企业应履行职责，充分保障劳动者的合法权益。

（2）对于工作环境对劳动者的人身安全和健康有危害的工作岗位，劳动合同中必须注明相关的保护措施。

（3）对于社会保险的缴纳分配问题，应该在合同中明确注明企业与劳动者各自的法定份额。

（4）明确劳动者的收入组成、发放形式与时间。

（5）及时与合同到期人员协商，确定是否续签合同。

#### 2. 优化薪酬福利体系

（1）经常进行薪酬福利调查，了解同行业竞争对手的薪酬水平，结合本企业竞争战略，适时调整企业整体薪酬水平。

（2）从岗位分析入手，合理评价企业中每个岗位的价值，以岗定酬，确保同岗同酬。

（3）健全企业的绩效考核体系，对员工的付出进行客观评价，并以绩效薪酬这一经济杠杆激励员工。

下面是 SQ 汽车股份有限公司的经验：该公司的薪酬体系完整且令员工满意。公司将职工的薪酬直接与业绩挂钩，以此来调动员工的工作积极性，并通过公正、公平的考核制度来评价每个人的业绩。通常直属上级对员工的工作状况最为了解，因此评定主要由直接上级负责，上一级领导可通过与员工的直接上级交流了解员工的工作情况后稍做调整。上级在评定员工时，需要将其与其他工作内容相同或做类似工作的员工进行对比，最终确定其成绩在整体中的排名情况。每个职工都有参与年度总结的权利，同时在总结会上，每个职工都能和他的上级直接讨论。在工资标准的制定方面，公司会通过调查其他同行或同等级别的企业，使本企业的薪酬水平力争在同行业中保持领先地位。

### 3. 重视员工的工作满意度

工作满意度是员工关系管理和员工关系风险防范的关键，企业应该要加强与员工的沟通，通过尽可能多的途径和手段收集员工对工作满意度的反馈信息，从中提炼出潜在的风险危机。对于工作满意度低的员工，企业要认真挖掘这类人群对工作不满意的深层原因，给予重点关注并加以改善。同时，在收集员工对工作满意的反馈信息时，要从多角度、多渠道去收集多元化的信息，避免产生一家之言或信息片面的情况。如果员工认为企业愿意对他们的努力工作进行回报，不仅会提高员工满意度，还会激励员工为企业更加努力工作，帮助企业实现宏图和目标。在组织支持中，特别强调来自于高层管理者的支持，他们的支持会从更大程度上对员工产生影响，增强激励力度。

### 4. 健全劳动保护制度

首先，企业需树立正确的劳动保险观念，针对不同的工作岗位投入恰当且全面的劳动保险，如煤矿企业需给矿工购买井下职工意外伤害保险、工伤保险、雇主责任险等。同时劳动者有权知道工作岗位的安全隐患和已获得的保险，一旦事故发生，员工可以获得企业赔偿金、补偿金，企业还应该协助员工与保险公司交涉以帮助员工获得商业保险赔偿金。劳动保险不但能保障员工的安全，还能改善员工与企业的关系，降低劳资纠纷和冲突的发生。

其次，企业需要防患于未然，除遵循国家安全生产和劳动保护法规、政策，对生产设施状况进行按期检查外，企业工会组织应该根据企业设施的实际状况，培训合格的专职安全监督人员，制订专门的监督检查方案，减少自然损伤和人为损害给员工带来安全隐患。

### 案例讨论

## 机长跳槽激发劳动关系纠纷

S航空公司是一家大型国有航空公司。5年前，花费290万元高价把经验丰富的资深机长敬奎挖了过来。然而，双方合作尚不足5年，敬奎提出"分手"的要求。

2014年12月，S航空公司作为申请人，向四川省劳动人事争议仲裁委员会提出"敬奎支付索赔违约金和赔偿损失共计590万元"的请求，这成为2014年度该仲裁委员会经办的最大标的劳动争议案件。最终，四川省劳动人事争议仲裁委员会依法裁决机长向某航空公司支付违约金58万元。从590万元到58万元，违约金该怎么计算？赔偿金是否该给？竞业限制约定是否有效？这三方面成为本案双方争议的焦点。

### 一、合同未满资深机长要跳槽

2009年，S航空公司和另一家航空公司的机长敬奎"一见钟情"。敬奎身手不凡，曾当过兵，担任过飞行教员，是一级机长。1997年就已升任机长。

为了让敬奎与前东家"分手"，S航空公司向敬奎的原东家支付了赔偿金272.55万元，并向敬奎给付了17.45万元安家费后，于2009年9月9日双方签订了无固定期限劳动合同。

既然花了大价钱引进一名人才，航空公司也给敬奎制定了许多条条框框，在那份无固定期限劳动合同中，双方就约定"敬奎5年内提出辞职，则按已付补偿金和安家费总额的20%逐年递减返还"，还要求敬奎"离职两年内，不得到与被申请人生产、经营同类产品或提供同类服务的竞争行业和企业任职。如违反竞业限制条款，视情节轻重应当一次性向申请人支付违约金三万至十万元"。

2009年，敬奎成为新东家的正式员工后，被派遣到了另外一家与其有关联的航空公司当机长，并要求为那家公司服务十年。

2013年10月28日，敬奎以身体原因为由，要求解除劳动合同，并告知航空公司将于30日后离职。此时，敬奎在该航空公司上岗为时4年零2个月17天。

### 二、航空公司高价索赔起争议

引进敬奎，S航空公司花了290万元的代价。如今敬奎闹"分手"，航空公司要求他支付违约金和赔偿金共590万元。

"我们对飞行人员进行了大量的培训和训练，支付了高额的费用。敬奎擅自解除劳动关系，违反了合同的约定，给公司带来了严重损失。"这家航空公司请求四川省劳动人事争议仲裁委员会裁决"敬奎支付违约金290万元，赔偿损失300万元，共计590万元；同时，确定敬奎应当履行竞业限制义务及期限"。

对此，敬奎辩称："我已经为这家航空公司工作4年零3个月，只应返还290万元中的16%，即46万元。至于赔偿损失300万元，由于合同中并无此项约定，且他辞职并未给对方造成损失。至于竞业限制协议，由于他被派往的公司本身就与他所在的公司有竞争关系，他只负责飞行，不涉及商业秘密，不属于竞业限制要求的范围。"

### 三、仲裁裁决机长需付58万元

面对标的如此巨大的劳动争议，四川省劳动人事争议仲裁委员会非常重视，工作人员查清事实后，依法对本案作出了裁决。

该仲裁委员会认为双方签订的意向协议中"敬奎5年内提出辞职，则按已付补偿金和安家费总额的20%逐年递减返还给某航空公司"的约定对当事人双方都有约束力，敬奎为某航空公司服务四年多，与约定的 5 年尚差将近一年。因此，支持敬奎向某航空公司支付违约金 290 万的 20% 即 58 万元。

航空公司提出敬奎赔偿损失 300 万元的诉求，根据《中华人民共和国劳动争议调解仲裁法》的规定，发生劳动争议后，当事人对自己提出的主张有责任提供证据。该航空公司要求敬奎赔偿损失无事实依据，不予支持。

双方争议的竞业限制约定，四川省劳动人事争议仲裁委员会认为，敬奎自签订劳动合同之日起，就被派遣到了第三方航空公司参加飞行工作，即没有到该航空公司工作，没有掌握该航空公司商业秘密与知识产权相关的保密事项。因此，对于航空公司提出的"敬奎应当履行竞业限制义务及期限的请求"不予以支持。

## 四、机长跳槽无奈打官司

2014 年四川省劳动人事争议仲裁委员会共受理劳动人事争议案件 252 件。敬奎这一事件，是单个标的最大的案件。此外，2013 年以来，通过四川省劳动人事争议仲裁委员会仲裁的机长与航空公司之间劳动争议案件共 23 起，占了全年总体劳动人事争议案件的近 10%。值得注意的是，这 23 起"闹分手"案件，只有敬奎那件案子是由航空公司作为申请人主动申请仲裁，其他案件的申请人均为机长。

96% 的案件都是机长作为申请人请求仲裁，那他们的诉求是什么？据了解，机长一般要求解除与航空公司之间的劳动关系，同时请求拿回自己的档案。

湖北某通用航空公司一位正在与公司打官司的机长告诉华西都市报记者，每个机长的飞行记录本、飞行档案和身体健康档案等重要档案资料均由航空公司保管，并根据机长的飞行情况和身体状况发生的动态变化进行动态管理。

"这些证照对于机长来说，是重新上岗必需的档案。"这位机长说，一旦机长与航空公司之间关系搞僵，机长可能面临被老东家卡住相关档案，即使离开后也无法工作的窘境。

来自两个不同航空公司的机长向记者透露，民航机长的年收入在 100 万元至 200 万元之间。如果公司叫你停飞，可能会安排你去做地勤工作等，每个月仅发几千元工资，收入变化是天壤之别。

湖北某通用航空公司一位正在与公司打官司的机长就告诉记者，他所在的航空公司经营不善，从 2014 年 4 月以来一直就没给他发过工资，公司又不放手让他们离开。"没工资收入，又不能飞。"他只好回到昆明的家，生活全靠当年的积蓄或向朋友借钱度过。

据媒体公开报道，机长和航空公司正成为近几年打官司最为频繁的一对冤家，机长跳槽基本上意味着打官司，所激发劳动关系纠纷令人警醒。

（本案例根据《华西都市报》2015 年 2 月 13 日报道改编）

讨论题：

1. 机长跳槽为什么会激发航空公司劳动关系纠纷？
2. 四川省劳动人事争议仲裁委员会对此次劳动争议的裁决对你有什么启示？
3. S 航空公司应该如何进行员工关系风险的识别和评价？
4. S 航空公司应该如何进行员工关系风险的预警与管控？
5. 其他航空公司应该如何吸取 S 航空公司的教训？

### 阅读材料

### 烟草工业企业员工关系风险的综合评价

郑子林　罗帆

随着"大锅饭"的管理模式被打破，烟草工业企业出现了部分员工工作绩效低下、员工冲突、人员流失严重、工作倦怠等现象，影响到企业的运营，急需进行员工关系风险综合评价，以便采取有效的风险管控措施。

## 一、烟草工业企业员工关系风险的识别

根据员工关系管理理论及国内外相关研究成果，将从员工个人因素风险、企业文化风险、薪酬管理风险、工作本身风险、领导风格风险和公司管理风险六个方面对烟草工业企业员工关系风险进行识别。员工个人因素风险主要从企业员工个人的角度出发分析风险源，包括员工个人与同事的融洽度、员工对企业、工作和同事等的感受。企业文化风险主要包括企业价值、规章制度以及员工帮扶计划等方面存在的风险。薪酬管理风险是指企业薪酬政策、薪酬水平和薪酬公平感等方面存在的风险。工作本身风险则是指工作强度、压力、安全等方面可能存在的风险。领导风格风险是指企业领导方式方法存在的风险，包括个人魅力、员工参与管理与建议、公平感、决策能力、授权机制等方面存在的风险。公司管理风险则是指企业绩效考核制度、员工发展通道、沟通机制、纠纷处理与责权等方面存在的风险。在个人访谈、问卷调查的基础上，发现烟草工业企业员工关系风险具有共性，按照鱼骨图对其员工关系风险进行相应的归纳，如图12-2所示。

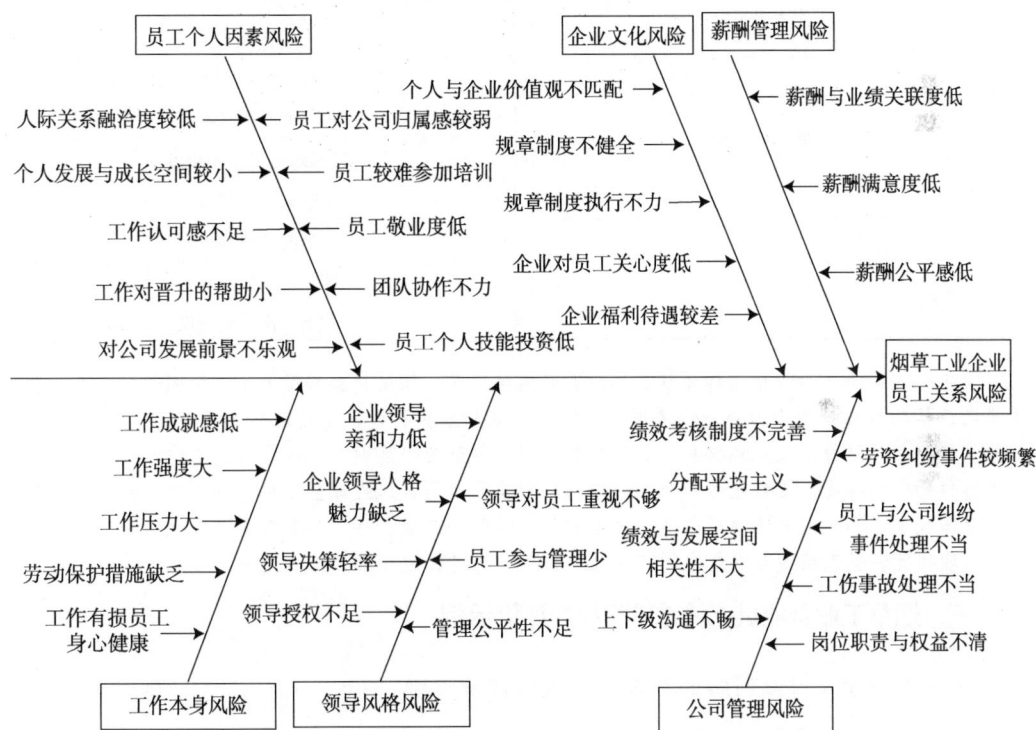

图 12-2　烟草工业企业员工关系风险识别鱼骨图

## 二、烟草工业企业员工关系风险评估指标的设计

针对烟草工业企业的实际情况，可以设计员工关系风险评估指标的共性指标，但必须在此基础上根据不同企业的具体情况设计出个性指标，才能在实践中应用。在鱼骨图进行风险分类和分层的基础上，结合问卷调查结果对上述风险指标进行筛选。以武汉卷烟厂、贵州中烟工业公司、MK烟厂等烟草工业企业为调查对象，共回收268份问卷，从中选取了238份有效问卷进行分析，对各项指标（包括6个一级指标和38个二级指标）进行样本算术平均值、满分频率、标准差和变异系数等相关统计

数据的分析，具体计算结果此处略。遵循指标体系设计原则，结合样本特征，征求专家意见，将数据统计结果中算术平均值 $N_j \leqslant 3.8$ 的指标筛选出来，构建员工关系风险评估指标体系，包括 6 个一级指标，16 个二级指标，具体如表 12-2 所示。

**表 12-2 烟草工业企业员工关系风险评估指标体系**

| 一级指标 | 二级指标 |
|---|---|
| 员工个人因素风险 | 工作对晋升的帮助度 |
| | 团队协作程度 |
| 企业文化风险 | 个人与企业价值观匹配度 |
| | 规章制度的执行力 |
| | 企业对员工关心度 |
| 薪酬管理风险 | 薪酬与绩效的关联度 |
| | 薪酬的公平感 |
| 工作本身风险 | 工作强度 |
| | 工作压力 |
| 领导风格风险 | 领导授权程度 |
| | 员工参与管理程度 |
| | 领导对员工重视程度 |
| | 管理的公平性 |
| 公司管理风险 | 分配合理程度 |
| | 员工绩效与发展空间相关性 |
| | 上下级沟通通畅度 |

员工个人因素风险评估指标包括工作对晋升的帮助度、团队协作程度两个二级因子。企业文化因素风险评估指标包括个人与企业价值观匹配度、规章制度执行力、企业对员工关心度三个二级指标。薪酬待遇因素风险评估指标包括薪酬与绩效关联度、薪酬公平感两个二级指标。工作本身因素风险评估指标包括工作强度、工作压力两个二级指标。领导风格因素风险评估指标包括领导授权程度、员工参与管理程度、领导对员工重视程度、管理的公平性四个二级指标。公司管理因素风险评估指标包括分配合理程度、员工绩效与发展空间相关性、上下级沟通畅通度三个二级因子。

### 三、烟草工业企业员工关系风险综合评价示例

#### （一）基于贝叶斯网络的员工关系风险评价模型

本着科学性、客观性、便于操作、兼顾共性与个性、兼顾过程性和阶段性等原则，在烟草企业风险管控研究的基础上，结合烟草工业企业的实际情况，建立了烟草工业企业员工关系风险评估指标体系，并构建了基于贝叶斯网络的烟草工业企业员工关系风险评价模型，其拓扑图如图 12-3 所示。

#### （二）员工关系风险综合评价算例分析

所构建的贝叶斯网络以员工个人因素风险、企业文化风险、薪酬管理风险、工作本身风险、领导风格风险和公司管理风险作为中间节点，工作对晋升的帮助度、团队协作程度、个人与企业价值观匹配度、规章制度的执行力、企业对员工关心度、薪酬与绩效的关联度、薪酬的公平感、工作强度、工作压力、领导授权程度、员工参与管理程度、领导对员工重视程度、管理的公平性、分配合理程度、

员工绩效与发展空间相关性以及上下级沟通畅通度作为父节点，员工关系风险作为子节点，把风险发生的可能性等级分为 A~E 五个等级，具体如表 12-3 所示。

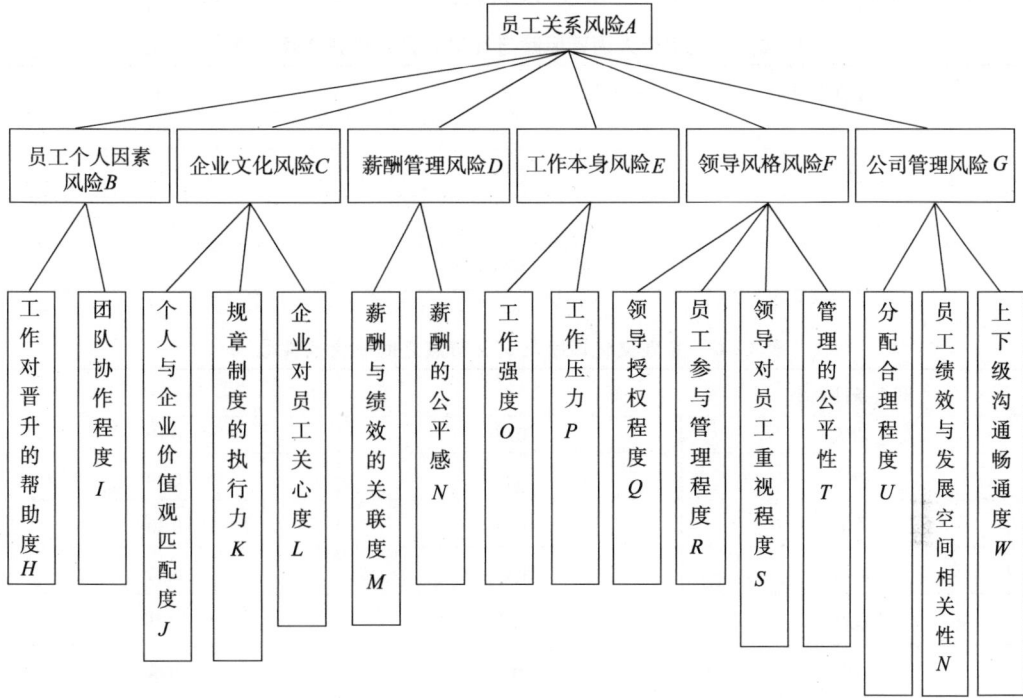

图 12-3　烟草工业企业员工关系风险的贝叶斯网络

表 12-3　风险等级表

| 等级 | 发生概率 |
| --- | --- |
| A | 几乎肯定（0.8，1] |
| B | 极可能（0.6，0.8] |
| C | 中等（0.4，0.6] |
| D | 很少（0.2，0.4] |
| E | 极少发生（0，0.2] |

首先，根据专家意见设置父节点的主观先验概率，其中 $H$ 表示工作对晋升的帮助较大，$\hat{H}$ 表示工作队晋升的帮助不大；$I$ 表示团队协作较好，$\hat{I}$ 表示团队协作不力，依次类推，如表 12-4 所示。

表 12-4　父节点先验概率

| 概率 | $H$ | $\hat{H}$ | $I$ | $\hat{I}$ | $J$ | $\hat{J}$ | $K$ | $\hat{K}$ | $L$ | $\hat{L}$ | $M$ | $\hat{M}$ | $N$ | $\hat{N}$ | $O$ | $\hat{O}$ |
| --- | --- | --- | --- | --- | --- | --- | --- | --- | --- | --- | --- | --- | --- | --- | --- | --- |
| $P$ | 0.7 | 0.3 | 0.7 | 0.3 | 0.8 | 0.2 | 0.6 | 0.4 | 0.8 | 0.2 | 0.7 | 0.3 | 0.8 | 0.2 | 0.8 | 0.2 |

| 概率 | $P$ | $\hat{P}$ | $Q$ | $\hat{Q}$ | $R$ | $\hat{R}$ | $S$ | $\hat{S}$ | $T$ | $\hat{T}$ | $U$ | $\hat{U}$ | $V$ | $\hat{V}$ | $W$ | $\hat{W}$ |
| --- | --- | --- | --- | --- | --- | --- | --- | --- | --- | --- | --- | --- | --- | --- | --- | --- |
| $P$ | 0.8 | 0.2 | 0.6 | 0.4 | 0.6 | 0.4 | 0.7 | 0.3 | 0.6 | 0.4 | 0.6 | 0.4 | 0.7 | 0.3 | 0.6 | 0.4 |

由人力资源部管理专家和烟草行业专家共同评判确定了烟草企业员工关系风险贝叶斯网络模型中各相关指标间的联合条件概率。其中，员工个人因素风险、企业文化风险、薪酬管理风险、工作本身风险、领导风格风险和公司管理风险与其父节点之间的联合条件概率分别如表 12-5~ 表 12-10 所示。

表 12-5　员工个人因素风险与其父节点之间联合条件概率

| 联合条件概率 | $B$ | $\hat{B}$ |
| --- | --- | --- |
| $HI$ | 0.95 | 0.05 |
| $\hat{H}I$ | 0.85 | 0.15 |
| $H\hat{I}$ | 0.75 | 0.25 |
| $\hat{H}\hat{I}$ | 0.55 | 0.45 |

表 12-6　企业文化风险与其父节点之间联合条件概率

| 联合条件概率 | $C$ | $\hat{C}$ |
| --- | --- | --- |
| $JKL$ | 0.90 | 0.10 |
| $\hat{J}KL$ | 0.80 | 0.20 |
| $J\hat{K}L$ | 0.70 | 0.30 |
| $JK\hat{L}$ | 0.60 | 0.40 |
| $\hat{J}\hat{K}L$ | 0.50 | 0.50 |
| $J\hat{K}\hat{L}$ | 0.40 | 0.60 |
| $\hat{J}K\hat{L}$ | 0.30 | 0.70 |
| $\hat{J}\hat{K}\hat{L}$ | 0.20 | 0.80 |

表 12-7　薪酬管理风险与其父节点之间联合条件概率

| 联合条件概率 | $D$ | $\hat{D}$ |
| --- | --- | --- |
| $MN$ | 0.83 | 0.17 |
| $\hat{M}N$ | 0.57 | 0.43 |
| $M\hat{N}$ | 0.33 | 0.67 |
| $\hat{M}\hat{N}$ | 0.25 | 0.75 |

表 12-8　工作本身风险与其父节点之间联合条件概率

| 联合条件概率 | $E$ | $\hat{E}$ |
| --- | --- | --- |
| $OP$ | 0.76 | 0.24 |
| $\hat{O}P$ | 0.68 | 0.32 |
| $O\hat{P}$ | 0.44 | 0.56 |
| $\hat{O}\hat{P}$ | 0.39 | 0.61 |

表 12-9 领导风格风险与其父节点之间联合条件概率

| 联合条件概率 | $F$ | $\hat{F}$ |
|---|---|---|
| $QRST$ | 0.90 | 0.10 |
| $\hat{Q}RST$ | 0.80 | 0.20 |
| $Q\hat{R}ST$ | 0.70 | 0.30 |
| $QR\hat{S}T$ | 0.74 | 0.26 |
| $QRS\hat{T}$ | 0.83 | 0.17 |
| $\hat{Q}\hat{R}ST$ | 0.66 | 0.34 |
| $\hat{Q}R\hat{S}T$ | 0.88 | 0.12 |
| $Q\hat{R}\hat{S}T$ | 0.74 | 0.26 |
| $Q\hat{R}S\hat{T}$ | 0.95 | 0.05 |
| $\hat{Q}RS\hat{T}$ | 0.80 | 0.20 |
| $QR\hat{S}\hat{T}$ | 0.70 | 0.30 |
| $\hat{Q}\hat{R}\hat{S}T$ | 0.60 | 0.40 |
| $\hat{Q}\hat{R}S\hat{T}$ | 0.68 | 0.32 |
| $\hat{Q}R\hat{S}\hat{T}$ | 0.57 | 0.43 |
| $Q\hat{R}\hat{S}\hat{T}$ | 0.73 | 0.27 |
| $\hat{Q}\hat{R}\hat{S}\hat{T}$ | 0.26 | 0.74 |

表 12-10 公司管理风险与其父节点间联合条件概率

| 联合条件概率 | $G$ | $\hat{G}$ |
|---|---|---|
| $UVW$ | 0.95 | 0.05 |
| $\hat{U}VW$ | 0.83 | 0.17 |
| $U\hat{V}W$ | 0.79 | 0.21 |
| $UV\hat{W}$ | 0.82 | 0.18 |
| $\hat{U}\hat{V}W$ | 0.93 | 0.07 |
| $\hat{U}V\hat{W}$ | 0.89 | 0.11 |
| $U\hat{V}\hat{W}$ | 0.79 | 0.21 |
| $\hat{U}\hat{V}\hat{W}$ | 0.67 | 0.33 |

由贝叶斯网络的特征及公式可以推算得到员工个人因素风险的条件概率为

$$P(B) = P(H)P(I)P(B|HI) + P(\hat{H})P(I)P(B|\hat{H}I) + P(H)P(\hat{I})P(B|H\hat{I}) + P(\hat{H})P(\hat{I})P(B|\hat{H}\hat{I})$$
$$= 0.7 \times 0.7 \times 0.95 + 0.3 \times 0.7 \times 0.85 + 0.7 \times 0.3 \times 0.75 + 0.3 \times 0.3 \times 0.55 = 0.851$$

所以， $P(\hat{B}) = 1 - P(B) = 1 - 0.851 = 0.149$ 。
同理，可以得出企业文化风险的条件概率为

$$P(C) = 0.727\,2$$
$$P(\hat{C}) = 1 - P(C) = 1 - 0.727\,2 = 0.272\,8$$

薪酬管理风险的条件概率为

$$P(D) = 0.662\,8$$
$$P(\hat{D}) = 1 - P(D) = 1 - 0.662\,8 = 0.337\,2$$

工作本身风险的条件概率为

$$P(E) = 0.681\,2$$
$$P(\hat{E}) = 1 - P(E) = 1 - 0.681\,2 = 0.318\,8$$

领导风格风险的条件概率为

$$P(F) = 0.789\,008$$
$$P(\hat{F}) = 1 - P(F) = 1 - 0.789\,008 = 0.210\,992$$

公司管理风险的条件概率为

$$P(G) = 0.857\,6$$
$$P(\hat{G}) = 1 - P(G) = 1 - 0.857\,6 = 0.142\,4$$

分析以上计算结果可以发现，公司管理风险、员工个人因素风险以及领导风格风险发生的概率分别处于前三位，表示发生的可能性较大，与访谈情况相吻合，应在今后的员工关系管理中重点加以防范和管控。

烟草工业企业作为烟草的卷烟生产公司，其部分管理者直接由工人晋升而来，管理者的领导技能较为薄弱，管理方式方法多从经验和实践中来，缺乏科学依据和指导，导致有些管理方式不合理，管理方面存在一定风险；工业企业一线工作人员由于整体素质参差不齐，没有明确的职业晋升通道和职业发展规划，其员工个人因素也存在一定风险；而领导风格方面的风险则是与公司管理风险紧密联系，领导者的管理水平和管理素质直接决定公司的管理水平，而公司管理制度的完善和健全则很大程度上影响着管理者管理水平的发挥和体现。由此可见，烟草工业企业员工关系的改善和员工满意度的提高应从公司管理、员工个人因素以及领导风格等方面加以完善，以防范或规避员工关系风险的发生。

## ➤课后习题

1. 员工关系风险的表现形式有哪些？
2. 请简述员工关系风险的原因？
3. 如何有效防范员工关系风险？
4. 案例分析题。

### 通钢恶性事件

2009 年 7 月 22 日，从通钢集团总部传来消息，建龙集团将持有通钢集团 66% 股份。消息传来，通钢集团部分职工就表示抗议。24 日下午，建龙集团于 2009 年 7 月 22 日委派的通钢集团总经理陈国君赶到焦化厂时，被抗议的职工围堵在办公楼内。根据数名职工的描述，当时陈国君提出工人复工的要求引起职工激愤，现场多人对他拳打脚踢，还有人向他投掷矿泉水瓶。极少数人在焦化厂找到陈国君后，继续煽动不明真相的其他职工，对宿舍及医护抢救道路进行人为封堵，妨碍公安干警对其救援。在此紧急的情况下，吉林省省委、省政府调动必要警力，强行进入焦化厂宿舍救出陈国君。24 日 23 时，陈国君抢救无效死亡。

事情的源头需要追溯到 2005 年。作为重组的一部分，吉林省政府将通钢集团 36% 的股权出售给了民营企业建龙集团。据公开报道，建龙集团在尚未对通钢集团实现控股的时候，已经在通钢集团内部开始了干部大换血，数十名副处级及以上职员被裁撤。当时通钢管理层与职工之间的矛盾，主要存在于三个方面，即薪水过低、频繁加班、职工福利。但在重组之后，通钢职工的工资不但没有上涨过，反而一降再降。2009 年年初，随着全球经济衰退，钢铁行业陷入了财务危机，职工工资从 2 000 元减到每月人均 300 元，就连一个工作了 27 年工龄的退休职工一个月只能拿到 200 块钱的收入。鉴于这一亏损的现象，建龙集团打算撤资。不久之后政府推出的经济刺激计划帮助通钢集团扭亏为盈，建龙集团随即改变了想法想要增持通钢集团股份，同时有传言建龙集团计划辞退所有在通钢工作了 25 年以上的老工人，从外面招募新员工替代。

因此，建龙重组通钢的消息无疑对通钢职工来说是"致命"的，他们不愿面临重组后可能下岗的事实，但在整个重组过程中，信息不公开、利益不均衡，导致普通职工情绪被轻易点燃，造成了最终的悲剧。

思考题：

（1）你认为此次恶性事件产生的原因是什么？请从员工关系风险的角度进行分析。

（2）依据相关的管理理论，说明通钢集团的人力资源管理有何需改进之处。

（3）你认为暴力能解决员工关系冲突风险吗？假如你是通钢集团的一名员工，面对这种情况，你会怎么办？

5. 案例分析题。

## 上海赫比家用电器厂千人罢工

赫比国际集团成立于 1980 年，总部位于新加坡，产品涉及电信、机电模具、消费电子和计算机等，全球共拥有 25 处工厂，分别位于新加坡、中国、墨西哥、波兰、泰国等地，在美国、芬兰和德国设有市场与工程支持中心，全球雇员约有 17 220 人。赫比国际集团于 20 世纪 90 年代进入中国，在中国有员工一万多人，在上海、天津、苏州、成都和厦门都设有分部。

由于欧美经济疲软，整体出口订单下滑，中国工资及原物料价格又居高不下，许多外商纷纷将工厂搬迁至成本较低的地区。2011 年年初，上海赫比公司计划将其所属的几家企业搬离金桥开发区。搬迁工作从 2011 年 7 月开始，首批 177 人因企业异地搬迁不能随迁，而选择了获得经济赔偿。2011 年 11 月，公司计划进行第二家企业搬迁，虽然只是同城同区范围内的搬迁，依旧有部分员工坚持不随企业搬迁，最终只能参照异地搬迁给相关员工相应的经济赔偿。

11 月 29 日，公司在没有事先通气的情况下向员工公布了迁厂公告。然而，由于公司在此次搬迁方案对劳资纠纷的处理准备不足、沟通不到位等，就在 11 月 30 日上午 8 时，部分职工因为没有适当补偿、被迫失业等原因，感到十分愤怒，开始通过封堵厂门等方式进行罢工。企业只能通过浦东新区人力资源保障局、公安分局、总工会负责人来进行协调、控制现场、进行疏散工作，最终在当日的 4 时 40 分左右疏散了集聚员工。

浦东新区区委、区政府对此次劳资纠纷给予了高度重视，并要求相关部门主动协调、沟通、处理。浦东新区相关部门负责人立即成立了赫比劳资纠纷协调工作小组，赶赴现场，及时开展了相关沟通、协调工作。之前，赫比公司采取的人员迁移补偿方案是安排班车、给予两个月工资奖励、安排员工跟随公司搬迁到新厂等，并表示不解除劳动合同及支付赔偿。协调后，赫比公司提出通过"将班车设置覆盖面扩大至所有员工、乘车途中半小时视为工作时间、劳务工假期政策、对涉及本次事件的员工给予保护"等措施来完善方案，但依旧表示不给予经济补偿，最终在 12 月 2 日将方案进行了公示。12 月 6 日下午，上海赫比公司终于恢复生产。

思考题：

（1）你认为上海赫比公司一开始应该采取什么措施才不会引起员工的不满？

（2）上海赫比公司后期对于员工罢工事件的处理对你有什么启发？

（3）上海赫比公司在迁厂之前应该如何进行员工关系风险的识别和评价？

（4）上海赫比公司在迁厂之前应该如何进行员工关系风险的管控？

# 参 考 文 献

陈仁涛 . 2013. 试论我国非公有制企业和谐劳资关系之构建 [J]. 学术交流，（6）54-59.

陈淑妮，陈贵壹 . 2010. 金融危机下企业劳资关系影响因素的实证研究——以珠三角地区企业员工为例 [J]. 企业经济，（11）：69-73.

郭剑 . 2009. 民营企业员工关系风险成因及预警管理研究 [D]. 武汉理工大学硕士学位论文 .

韩仙燕 . 2012. 制造业员工关系风险成因及防范研究 [D]. 华南理工大学硕士学位论文 .

刘丹丹 . 2013. 社会保障因素如何影响劳资关系：模型构建与分析 [J]. 贵州财经大学学报，（2）：92-97.

刘英为，耿帮才 . 2013. 我国当代劳资关系研究 [J]. 现代商贸工业，（9）：16-20.

马艳，邬璟璟 . 2012. 我国现阶段劳资利益关系的理论与对策分析 [J]. 上海财经大学学报，（1）：21-28.

年志远，袁野 . 2013. 企业劳资关系冲突的形成过程及其政策意义——基于产权视角 [J]. 吉林大学社会科学学报，（1）：141-145.

石颖 . 2013. 政府在构建和谐劳资关系中的角色与挑战 [J]. 人民论坛，（33）：57-58.

吴穹，张志伟 . 2009. 我国现阶段劳动关系中利益失衡问题的伦理思考 [J]. 中南大学学报（社会科学版），15（3）：334-339.

Aysit T，SaziyeG. 2013. Management-employee relations，firm size and job satisfaction[J]. IZA Discussion Paper，（6）：82-90.

Blasi J R，Kruse D L，Markowitz H M. 2010. Risk and lack of diversification under employee ownership and shared capitalism[J].Nber Working Papers，21（4）：105-136.

Claire M，Duncan C. 2007. Workplace violence：an overview of patterns of risk and the emotional[J]. Stress Consequenceson Targets，30（5）：327-339.

Karne R E. 2010. A change in business ethics：the impact on employer–employee relations[J]. Journal of Business Ethics，（87）：189-197.

Moore J E. 2000. One road to turnover：an examination of work exhaustion in technology professionals[J]. MIS Quarterly，24（1）：141-175.

Shore L M，Barksdale K. 1998. Examining degree of balance and level of obligation in the employment relationship：a social exchange approach[J]. Organiztion Behavior，（19）：731-744.

Tse H H M，Dasborough M T，Ashkanasy N M. 2008.A multi-level analysis of team climate and interpersonal exchange relationships at work[J]. Leadership Quarterly，14：195-211.

Waters R D，Bortree D S，Tindall N T J. 2013. Can public relations improve the workplace? Measuring the impact of stewardship on the employer-employee relationship[J]. Employee Relations，（35）：6-12.

# 第十三章

# 预控跨国人力资源风险

### 一位中远经理的外派经历

中远集团是全球最大的海洋运输公司之一，在全球拥有近千家成员单位、七万余名员工，拥有和控制各类现代化商船近800艘，5 600多万载重吨。同时，中远集团拥有9家海外区域公司，在50多个国家和地区拥有千余家企业和分支机构。

中远集团的主要业务是国际航运，因此中远很早就开始进行外派经理的储备培养工作。由于业务的全球化，中远曾招聘过一批"小语种"的外语人才，以应对全球化业务的需求。

陈升是中远集团储备的外派经理之一。精通西班牙语的他很快被安排到智利进行开发市场的工作。这也是陈升加入中远后就明白的必然使命。幸运的是，他的妻子对这一任命十分理解和支持。

外派前，经理专门找陈升谈过话，谈话的主要内容是要求他在适应当地文化和维护公司利益之间找到平衡。

对年仅 28 岁的陈升来说，外派是相当有吸引力的，这不仅表明公司对自己十分信任，而且外派的薪酬水平比国内同级别的岗位要高出五六倍，这让他对外派工作极为期待。同时，熟悉南美市场又精通西班牙语，陈升对自己在智利的工作期望很高，他并不认为外派工作会存在什么困难。

但是，在半年的兴奋期过去后，陈升渐渐察觉到了海外文化环境给自己带来的不适感。首先，智利工作没想象中那么好，而且，各个国家的文化不一样，在中国很正常的事，在国外就不行了。除此以外，他和家人在生活上很难适应。

"冲突还是挺大的。生活上就感觉挺困难——找不到用来做中餐的材料，智利根本没有醋！甚至没有面粉，想吃烙饼都很难！每天都到外面吃麦当劳、炸鸡，我感到很不适应。在业务方面，我是学西班牙语的，一直感觉语言上没问题，可是和当地人比，我的语言基本是小学生水平，在深层次的交流上还有障碍。"

更深层次的冲突发生在思维方式的差异上。作为习惯迂回暗示的中国人，陈升并不习惯直接对下属下达书面指示。有些工作在陈升暗示后东道国员工并不能很好地完成，即使是面对面谈工作也是如此。

在这种情况下渡过了三年的派遣合同期，陈升选择了回到中国。不仅是因为不能适应智利的工作和生活环境，也因为无法进入智利的主流社会，感到孤独。

思考题：

1. 陈升在外派智利期间遇到了哪些困难？

2. 中远集团应如何对外派人员管理风险进行识别和评价？

3. 请为中远集团出谋划策，如何预控外派人员管理风险？

# 第一节　跨国人力资源风险的表现形式

跨国人力资源风险是指在企业的国际化经营过程中，由于企业不断变化的经营环境、企业本身人力资源结构、企业发展目标与现状以及员工个人等各方面因素的影响，造成跨国人力资源管理缺乏效率，人力资源状况不断恶化等问题，不能有效满足企业跨国经营的战略需求，阻碍其目标实现的现象。

跨国人力资源风险的具体表现形式如下。

### 1. 管理制度风险

企业管理制度以生产经营为主要职能，具有合理的组织结构、财务结构、刚性的预算约束，是管理的基础。企业管理制度是否完善、运行是否正常，对企业人力资源管理有着直接的影响。薪酬福利、绩效考核、员工培训等制度是与员工利益息息相关的几个方面，对于跨国企业的员工来说更是如此。近年来，在国际人力资源管理中已将员工薪酬管理列为最为重要的管理部分。跨国企业很难掌握好薪酬管理的原因在于：不同国家的工资惯例、同级员工的报酬标准是不一样的。企业在给不同国家的工作人员分配工资时，面临着不同标准的选择，是选择差别对待还是选择企业在全球的平均标准，是值得深思的问题。东道国的工作人员少不了要将其工资与外派人员相比，不同地区的外派人员之间也少不了相互比较，尽管工资差异是可以理解的，但关系到金钱的差别，人们多少会有些觉得不公平、甚至产生不满情绪，进而容易导致风险的产生。

### 2. 员工压力风险

外派人员或从第三国招聘的人员在进入东道国工作的初期，一般都会承受几个层面的压力。首先，工作层面上，工作环境的变化对员工的能力提出了新的要求，能否短期内适应这种能力需求给员工带来了一定的压力。其次，家庭层面上，外派人员若是远离家属独自出国，可能会因思恋家人或因距离远难以维系家庭感情的稳定而承受压力；外派人员若是携带配偶、子女等家属一同在国外工作，则面临如何安顿家属、帮助家属适应新环境的压力。再次，自身职业发展层面上，跨国企业员工个人的职业生涯规划若是与企业的目标发生冲突，员工如何平衡这二者之间的矛盾可能造成另一种压力。最后，在绩效考核方面，外派经理的绩效通常是由母国总公司的经理和东道国子公司的经理共同评价的，两者在不同的文化背景下来考察可能会产生偏见，给员工带来压力。压力虽然是把双刃剑，可以成为员工迅速成长的动力；也可能让人身心俱疲，进而导致人力资源风险的发生。

### 3. 士气风险

士气是维持意志行为的具有积极主动性的动机，它由情绪、态度及意见等综合而成。企业是由一群为了塑造良好企业形象、提高企业效益的员工组成，但并不是所有的员工都能意识到这一点，这就需要管理者意志集中、力量集中，积极号召企业员工朝着目标奋斗。若企业缺乏士气，将如同一盘散沙不好管理，缺乏前进方向，企业也必将承受巨大的损失。

跨国企业出现士气风险的原因有很多，从主观方面看，如员工对工作或薪酬的期待得不到满足。从客观方面看，有员工个人的发展目标与企业的发展目标存在不一致、绩效考核带来的压力等。无论是主观因素还是客观因素，都容易使员工士气涣散、不能全力以赴地工作。跨国企业管理目前处于探究阶段，很少有管理者将员工士气纳入评价中，其实士气才是凝聚人心、带领企业快步前进最有力的工具。

### 4. 沟通风险

跨国企业的跨国经营是建立在跨文化沟通与交流的基础上的，既包括企业员工与当地客户之间的沟通交流，也包括不同文化背景的企业员工之间的沟通交流。国际经营环境中的语言及风俗习惯差异、地区文化差异、价值观差异、宗教差异等，给这个复杂的多元文化集之间的交流带来了困难。当这些差异影响到企业管理人员与下属员工或者影响到员工与当地客户之间的沟通交流时，就容易造成各种矛盾和冲突，沟通失败也就在所难免。以下给出一个企业管理人员与员工之间沟通失败的例子：从文化的角度来看，印度人认为礼貌待人、说迎合对方的话语比事实更重要；而澳大利亚人则认为精确的信息比礼貌更重要。因此，当一位澳大利亚上司问一位印度员工能否按期完成工作计划时，印度员工可能在心里很清楚地权衡能否完成，但回复一定是肯定的。当最后期限到来而印度员工未完成其工作时，澳大利亚上司可能会勃然大怒，将责任全都怪罪于印度员工身上，将自己决策的失误归结于印度员工的虚假承诺。反思若是双方清楚彼此的文化，进行深入的沟通就可以避免上述风险的发生。

### 5. 人才流失风险

人才是企业之间竞争的重要筹码，是企业成功的命脉，人才一旦流失，将增大竞争者的优势，对企业形成严重打击。例如，在瑜伽裤生产商 LULU 的首席执行官 Christine 辞职当天，其公司股价便下跌超过 15%，第二天又下跌 5%。导致人才流失风险的原因很多，对于跨国企业来说，主要包括内外两方面的因素，内部因素在于企业文化、绩效考核、薪酬制度、个人发展状况及家人意见等，外部因素则在于东道国的政治稳定性、经济发展程度、生活条件适宜度和文化特征等。

# 第二节　外派人员管理风险

跨国人力资源管理包括对外派到东道国的员工、东道国本地的员工、第三国的员工等全部人力资源的管理，因此跨国人力资源管理的风险可能来自这几个方面。其中，最受关注的是外派人员的管理风险。

## 一、企业外派人员管理风险的风险源

我们可以采用鱼骨图风险识别方法识别外派人员管理的风险源。将外派人员管理风险作为鱼头，大骨作为外派过程风险（外派前风险、外派期间风险及归国后风险），如图 13-1 所示。

### （一）外派前风险

#### 1. 选拔风险

选拔风险是指跨国公司在选拔外派人员过程中缺乏科学的标准而选拔不到合适人选的风险。由于外派的特殊性，对外派人员的招聘标准往往更强调员工的个人特质。刘桂素认为选拔外派人员应从文化适应力、专业知识技能与个人素质三方面考虑。赵曙明将外派人员的成功关键归于其环境适应力，包括文化适应力、沟通技巧、积极性等个人能力和素质。外派人员的个性、技能、适应力等个人特质是常见的选拔标准，除此之外，还应确定被选拔者动机与利益是否与组织目标不违背。同时，家庭对外派的支持度也应是外派选拔的重要标准。

#### 2. 培训风险

外派前培训风险是指在外派前针对外派人员出国后可能遇到的文化休克现象以及其他生活、工作技能等问题进行培训但效果不佳的情况。对外派人员而言，外派前培训的内容应该包括对未来工作环境的了解、公司海外战略、国际企业管理能力、国际金融知识，以及东道国的生活方式、习俗等。对外派人员家属适应力的培训也是外派培训的重要内容。

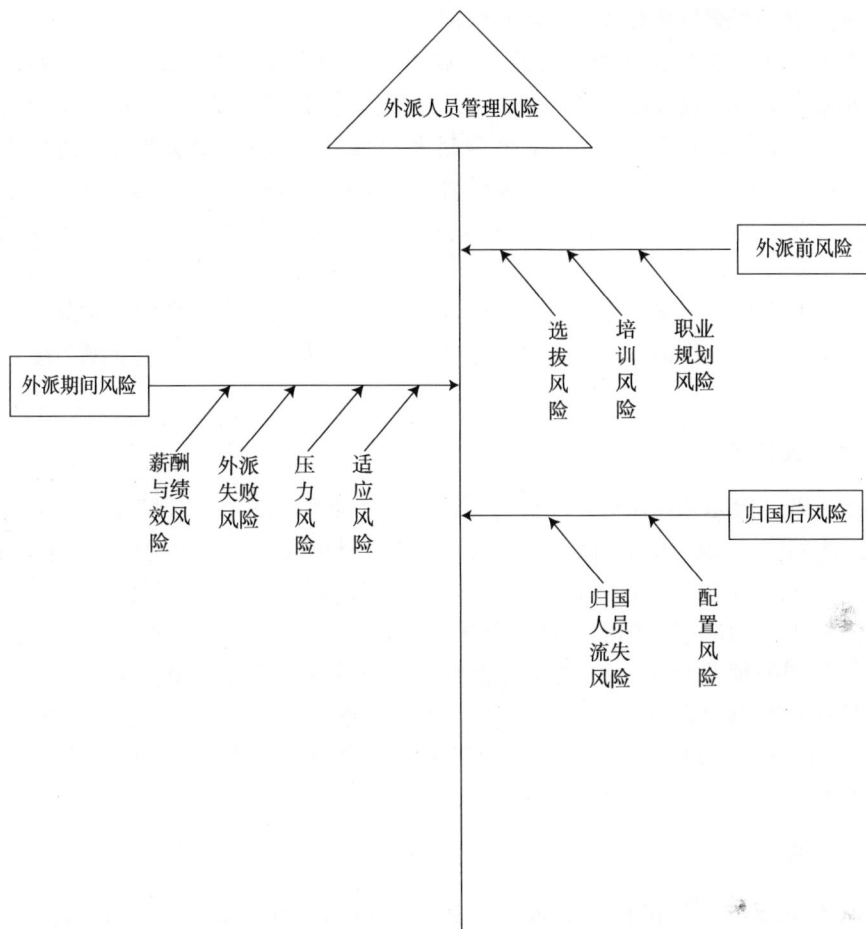

图 13-1　跨国企业外派人员管理风险识别鱼骨图

除外派前风险外，跨国公司在外派期间与外派后也应对外派人员及其家属进行培训，仍然以技能培训与适应力培训为主，可以采用和外派前培训一样的评估指标，本书不单独列出。

3. 职业规划风险

公司在外派前与外派人员一起制定职业规划实质上是双方达成心理契约的一种形式。良好的心理契约有助于激励外派人员完成海外工作，同时帮助企业合理安排外派人员归国后的工作，满足外派员工的期望。假如违背了外派人员的心理期望，则可能导致外派人员接受外派任命的动机具有消极性和投机性，甚至离职。

（二）外派期间风险

1. 薪酬与绩效风险

薪酬与绩效风险是指母国公司对外派人员在东道国子公司的工作成效缺乏合理的评

估和考核，或者薪酬与绩效考核体系不合理。

与东道国人员相比，外派人员的工作需要考虑母公司和东道国子公司两者的利益。因此，外派人员的绩效考核有三个难点：外派工作的目标与东道国公司的目标存在差异，如何在外派人员的绩效考核中将两者融合起来；地域带来的文化差异导致外派工作的特点与难度不一，如何设置多样的、准确的外派人员绩效考核指标；如何选择科学合理的绩效考核方法。同时，如何权衡外派人员与东道国人员薪酬水平之间的公平与效率，也是外派人员薪酬管理的一个难点。若外派人员的薪酬水平比东道国人员高，则可能引发东道国人员的不满；若两者薪酬水平相同，而低于外派人员在外派前的薪酬，则可能降低外派人员对外派工作的积极性。这几个问题的回答决定了外派人员薪酬与绩效风险的产生与否。

### 2. 外派失败风险

外派失败风险是指跨国公司实施外派的目的（培养人才和完成特定的任务）没有实现，如提前归国、没有达到外派工作的预期效果、外派人员的能力没有得到很好的培养。

具体地说，外派失败有三种可能：提前归国，原因可能是工作能力不够、对外派工作不满或无法适应东道国的生活以及工作环境；完成了外派工作，但工作的效果没有达到母公司的预期目标；外派人员能力的提升没有达到母公司的期望，母公司预期外派人员在执行海外任务期间可以获得市场、网络、个人技能、工作相关的管理技能以及通用的管理知识等相关知识技能，但由于种种原因，外派人员的能力可能并未得到相应的提升。

### 3. 压力风险

外派人员或从第三国招聘的人员在进入东道国工作的初期，一般都会承受工作和家庭两方面的压力。工作环境的变化对员工的能力提出了新的要求，能否短期内适应这种能力需求给员工带来了一定的压力。例如，孤独寂寞、两地分居带来的家庭危机、适应新环境下的饮食起居和交流合作等，对于在东道国工作初期的外派人员，都是一种压力。

### 4. 适应风险

外派人员无法适应东道国的生活和环境而提前回国，外派公司要付出极高的成本，影响财务绩效和个人绩效；外派人员如果不能适应东道国文化，即便继续留在海外，公司的商誉可能受损，可能丧失海外商机或市场占有率。此外，跨文化适应失败可能使外派人员自尊心受挫，在同事中间失去信誉或使外派人员对公司的承诺降低，海外工作绩效差，也不利于后来者接受外派任务。根据文化休克理论，外派人员在经历跨文化适应的蜜月期后，会因为面临陌生环境的压力和挑战，产生偏见和排斥情绪，进入危机期。与重返文化休克相似，适应风险在外派人员归国后也会产生，由于二者相近在此不再赘述。

## （三）归国后风险

### 1. 人员流失风险

人才流失风险是指外派人员完成任务回国后发现在国外获得的能力和知识用不上或与目前的职位要求不匹配、发展空间缩小，以及为了获得更好的发展和报酬等而在归国后不久离开公司。外派人员完成外派任务归国后，面临着重新适应母公司的工作环境、生活环境、组织文化、报酬变更、重新安置等各方面的问题。只有母公司关注并支持外派人员归国后的生活和工作，才能帮助外派人员尽快渡过归国后的困难时期。这一段时期的支持也能加强员工对母公司的归属感。反之，母公司忽视归国人员则可能导致归国人员因不能适应公司环境而离职，造成人才流失。

### 2. 配置风险

许多跨国公司对外派人员在国外工作期间获得的国际工作能力和工作经验并没有加以充分利用。外派人员期望任满回国后能得到公司的提拔，获得能充分发挥自己国际工作能力和经验的职位，但他们常常发现现实情况与心中的期望相距甚远。研究显示外派人员回国后的工作安排常常不到位，并且新工作的权限要比外派工作的权限小。对归国人员配置不当往往会导致外派工作经验的浪费，减少跨国企业外派投资收益，还可能使归国人员消极怠工甚至离职。

对外派人员管理不当有可能导致下面案例中的情况。

迈克作为培训专员从加拿大总公司来到西班牙。他会说西班牙语，但到了之后才发现自己的语言水平还达不到流利程度。经过磨合后，他克服了语言、工作作风等困难，后来迈克与当地一位女孩结为夫妇。但他还是抱怨当地的环境条件和风俗习惯，并不断向妻子描述在加拿大生活的优越性。几年后总公司出售了西班牙分部，他被调回总部。拿着写有"祝优秀的加拿大访问者好运"的礼物，带着自己还没有真正被当地接受的疑惑，他和妻子离开了西班牙。但在多伦多的寒冷条件中度过了几个月之后，他的妻子还是回到了西班牙。迈克在公司中的一家加拿大广告分公司工作了一段时间，但他发现一切都很困难，就好像他最初到达西班牙的时候一样。此外，他还把在海外生活的习惯带到了加拿大。例如，他避免进行业务探讨，午饭时间非常长，喜欢与客户在会议上随意聊天，并且由于懒散的工作习惯而受到同事的尖锐批评。当他与家庭和朋友讨论欧洲时，他们都表现得非常不感兴趣或厌烦。因此，迈克感到不太适应了，而他的老板很快就建议他去寻找新的工作。

从案例可以看出，该企业在选拔和训练外派经理上缺乏相应管理。应该根据公司的具体需要，对外派经理进行相应的培训，一般包括工作能力、敏感度、语言交流、生活条件等方面。同时，国际企业驻外人员经过长时间的工作后应进行工作调整，外派经理和家属因为长时间生活在另一种文化环境中，如果换一种环境，即使回到母国，对文化和环境仍然有一个适应过程。在国外生活的时间越长，这种调整过程也就越有必要。企业要帮助外派人员及其家属进行适应性再调整，不仅应在工作、学习、生活上提供帮助，而且应进行心理辅导。

## 二、跨国企业外派人员管理风险评估指标体系

根据上述风险源的分析以及文献研究，本书构建了跨国企业外派人员管理风险评估指标体系（表 13-1）。

表 13-1    跨国企业外派人员管理风险评估指标体系

| 风险因素 | 一级指标 | 二级指标 |
|---|---|---|
| 外派前风险因素 | 选拔风险 | 外派人员文化适应力测量可信度 |
| | | 外派人员绩效可信度 |
| | | 外派人员个人素质测量可信度 |
| | | 外派人员动机与外派目标一致性 |
| | | 家庭对外派的支持度 |
| | 培训风险 | 外派人员培训满意度 |
| | | 外派家属培训满意度 |
| | | 被培训者对外派的信任度 |
| | | 被培训者对培训的参与度 |
| | 职业规划风险 | 外派人员对职业规划的参与度 |
| | | 外派人员对职业规划的认可度 |
| | | 外派人员对职业规划的信任度 |
| | | 外派人员对归国政策的了解程度 |
| 外派期间风险因素 | 薪酬与绩效风险 | 外派人员薪酬满意度 |
| | | 外派人员绩效程序公平感 |
| | 外派失败风险 | 外派人员能力与岗位匹配性 |
| | | 外派人员工作有效性 |
| | | 外派人员个人能力提高程度 |
| | 压力风险 | 外派人员工作疲劳感 |
| | | 安置家庭对外派人员的压力 |
| | | 工作环境人际关系紧张程度 |
| | | 家庭与工作占外派人员时间比率 |
| | 适应风险 | 外派人员工作积极性 |
| | | 外派人员情感与家庭稳定程度 |
| | | 家属文化适应程度 |
| | | 外派人员对组织支持的感知程度 |
| | | 国外环境与母国环境的相似度 |
| 归国后风险因素 | 人才流失风险 | 归国人员薪酬满意度 |
| | | 归国人员工作积极性 |
| | | 归国人员能力与岗位匹配性 |
| | | 归国人员对组织支持的感知程度 |
| | 配置风险 | 归国人员工作重要性 |
| | | 归国人员绩效合格率 |
| | | 归国人员对职业发展的感知程度 |

# 第三节　跨国人力资源风险的原因

本节将对外派人员以外的其他跨国人力资源管理存在的风险进行剖析，并对跨国人力资源管理风险产生的根本原因——文化差异，做出深入分析。

## 一、跨国人力资源风险成因的分类

### 1. 环境因素

环境因素是指跨国企业国际化经营所在国家或地区的外部环境因素，主要包括自然环境和社会环境两个方面。

对人力资源风险产生影响的自然环境主要包括东道国的地形、气候和环境污染等。东道国的地形面貌，可能是高山、平原，也可能是沙漠、河流，如果一直生活在平原地区的员工被派到高原或者高山地区工作，员工可能会因适应不了这种工作及生活环境的变化，容易变得士气低落、产生想逃避退出等心理。此外，东道国的温度、湿度、降雨量、空气质量等气候条件，也是影响跨国企业人力资源的重要因素。若是非东道国员工适应不了东道国的气候条件或者是他们的家属不能适应，就容易造成人员的流失。同样的，若是东道国的空气质量差、空气污染比较严重，也会使非东道国员工因无法忍受污染而离开。

在社会环境方面，主要包括政治环境、经济环境、法律环境、文化环境等。政治环境包括东道国现在及未来政局的稳定性、是否具备有效的报关手续、政府所实施的制度和办事效率等。在经济方面，东道国的经济发展水平、经济政策等会对企业的人力资源产生影响。经济发达的国家或地区对非东道国的员工更具备吸引力，相反，在经济比较落后的地区，非东道国的员工可能无法适应艰苦环境而放弃工作。在法律方面，由于非东道国的员工在东道国工作将受到东道国的劳工法等法律法规的保护，若是法制不健全，员工的工作和生活很难得到保障，容易造成人才的流失。在教育方面，主要是针对于携带家属的非东道国的员工，其子女、配偶若需在东道国接受教育，东道国的教育设施、教学水平就成了员工考虑是否长住的重要因素。在文化方面，非东道国员工是否能够适应东道国的风俗习惯、宗教信仰、生活习惯、价值观等，是非东道国员工工作和生活能否顺利的重要决定因素。关于文化因素对跨国人力资源管理可能造成的风险和威胁，下文将会详细论述。

### 2. 企业因素

跨国企业作为其人力资源管理的总决策者，其人力资源政策方针的各个方面都会影响员工对企业的满意度。企业人力资源管理手段是否完善、是否能让国内外所有员工都比较满意，直接关系到人力资源风险产生的概率和危害程度。

例如，在聘用东道国的员工时，如果跨国企业的招聘制度和手段不完善，人员测评的方法和标准没有考虑到东道国的实际情况，很可能使优秀的东道国人才"擦肩而过"。又如，跨国企业在东道国的绩效和薪酬设计，与东道国劳动力市场惯常的做法有较大差异，跨国企业对东道国员工的绩效和薪酬管理，很可能因"水土不服"而失效。

### 3. 个人因素

员工工作一方面是为了得到满意的劳动报酬，另一方面则是为了实现其个人人生价值，因此，员工在选择为企业尽力时会考虑这两方面的需求是否能够得到满足，这两者之间的矛盾是否能够得到平衡。若员工的需求得不到满足，那么人力资源风险就会产生，这一点在跨国企业的经营中也不例外。

当员工是家庭经济的主要来源时，他或她对劳动报酬的要求可能比较高，同时也比较看重工作的稳定性，不太喜欢频繁流动。员工外派时，一般会携带其配偶、子女一同前往，而当其家人在东道国遇到工作、生活上的难题不能得到妥善解决时，外派员工容易分心、降低其工作效率。

人力资源风险有可能转变为下列案例中的情形：由中法合资组建的广州标致公司采用与法国标致公司一样的组织机构设置，实行层级管理。在组建之初，广州标致公司从高层的总经理、中层的各部门经理到技术监督等重要岗位都由法方人员担任。而这些被派驻中国的法方人员，个性都比较鲜明，行事作风都比较强势。中法文化存在较大差异，中国人的语言和行为习惯与法国人也是千差万别，这使得在具体的管理过程中，双方有不同的管理理念和管理行为，对管理策略的制定也有不同的意见，但最终做出让步的多数是中方人员，法方人员仍习惯采用生硬的、强制的法式管理模式，忽略中方人员的建议。最终，法方人员的强势个性和优越感引起了中方人员的强烈不满，因而爆发了较大的矛盾和冲突，甚至出现了罢工事件。

## 二、导致跨国人力资源风险的根本原因——文化因素

跨国人力资源风险的主要原因是文化差异和文化冲突。在跨国公司，员工的文化背景、文化观念、文化习俗、文化态度和文化思想等多种多样，甚至具有很大的差异。只有在承认、理解和尊重员工文化的差异性和多样性的基础上，人力资源管理者才能整合多样性文化，建立属于跨国公司自身的文化。

### （一）国家层面的文化差异

#### 1. 国家层面文化差异的表现形式

国家之间的文化差异是比较明显的，具体表现形式可分为以下四种。

##### 1）语言文化差异

国家层面的文化差异在语言方面表现得最为直接，如"teacher"在美国只是一种职业，而在中国"老师"代表着传道授业解惑，是一种尊称。"经理"在中国是代表着地位的尊称，在美国则很少在口头上用"manager"称呼别人。

##### 2）肢体语言文化差异

肢体语言是一种语言的重要表现形式，也受到国家间文化差异的影响。在不同的文化背景下，相同的行为可能代表着不同的意思。例如，点头在中国表示同意，而在印度则表示拒绝；OK 这一手势美国人的含义为"好"，在日本则代表钱。这些肢体语言往往

在无意中被使用，假如不了解之间的差异则可能导致误会和冲突。

3）思维方式差异

思维习惯是人们在社会文化的影响下形成的，因此国家之间的文化差异也会导致思维方式的不同。与欧美地区相比，亚洲地区的人的思维方式呈现"群体取向"。在中国，崇尚集体主义，表现在集体利益高于个人利益、用"我们"代替"我"等方面。而美国人更推崇个人主义，崇尚英雄。在英语中，人称代词"I"（我）是唯一在任何情况下都必须要大写的人称代词，使用频率也甚高。"I"是个人主义和自我存在的象征。

4）道德规范和价值观念差异

中国人以和为贵，讲究建立和谐的社会关系。在中国，直言批评别人的情况很少见，提出反对意见时一般要采用迂回的方式以保持礼貌。与之相反的是西方人的价值观，他们更注重自我观点的表达，在提出意见时更加直接明确。因此在中外人员交流时，很可能因为中国人迂回的表达方式而产生误会，中国人也可能因为直接的批评而感到不满。同时，在面对夸奖时，中国人往往回答"哪里，哪里，说得不好。"或者"不敢当，还差得很远。"以表示谦逊，而西方人则用"Thank you"来回答。此时西方人会认为中国人真的还存在缺陷，而中国人则会认为对方太锋芒外露。其实这些表现不同，恰恰反映了中国与西方国家之间对是非、善恶以及某些取舍标准的差异。

2. 衡量国家文化差异的四个维度

"企业的竞争说到底还是文化的竞争"，海尔集团的总裁张瑞敏将文化竞争摆在了企业竞争的第一位。文化如此重要，多年来专家学者们也越来越着重对于文化差异的研究。Hofstede 通过收集 IBM 员工的 100 000 份问卷，并对问卷采用因子分析法，提出了四个衡量不同国家文化差异的指标，即权力距离（power distance）、不确定性避免（uncertainty avoidance）、个人主义与集体主义（individualism versus collectivism）、男性度与女性度（masculine versus feminality）。

1）权力距离

权力距离是用来衡量一个社会中机构和组织内权力分配不平等的一种文化尺度，表示的是人们对一个组织中权力分配不平等情况的接受程度，一般用指数 PDI（power distance index）来衡量。权力距离应用于企业则为管理者与员工之间的社会距离。

一般东方文化影响下的权力距离指数较高，而西方文化影响下产生的权力距离指数较低。美国的权力距离较小，美国人更看重个人能力的发挥而非手中权力的大小，更乐于去学习和进步来实现个人价值；阿拉伯国家则因其国家体制的原因，无论是政府部门还是企业都会比较看重权力的大小；中国自古以来就是权力距离相对较大的国家，古代是通过帝王、将相、平民等来区分权力大小，而今在中国地位象征依旧非常重要，上级喜欢用自己的特权来统治下属。

2）不确定性避免

在任何一个社会或组织中，人们总会面临一些不确定的、含糊的威胁，并且总是试图去避免这些威胁。不确定性规避是一个组织或群体感受到的不确定性和模糊情景的威胁程度，其大小可以通过不确定性避免指数来衡量。对于不同的国家或地区，人们对不确定性的感知是不一样的，防止不确定性的迫切程度也不一样。当人们生活在不确定性避免程度高的社会中时，他们会时常有时间紧迫感和强烈的进取心、似乎一放松警惕就容易被社会淘汰，因而能够更加努力地去工作；当人们生活在不确定性避免程度低的社会中时，他们时常会觉得很轻松、很安全、一切不紧不慢全在控制中，因而能够放松自在地去生活、尝试着去冒险。例如，美国是不确定性避免程度低的社会，而日本是不确定性避免程度高的社会，因此"全面质量管理"在日本取得了巨大的成功而在美国几乎没有成效。此外，在不确定性避免程度高的社会，人们很难面对生活中固有的不确定性，一旦遇到不确定性情况容易感觉恐慌、乱了分寸，因此，在工作上上级必须给下级明确的指示，在工作进展过程中上级对下级需进行严格的控制。在不确定性避免程度低的社会，下级更倾向于独立自主地去完成工作。

3）个人主义与集体主义

"个人主义"与"集体主义"是衡量社会中个人与群体关系的，"个人主义"是一种松散的社会结构而"集体主义"是一种紧密的社会结构。"个人主义"中的每个人重视个人权利与自由，自尊心强，希望依靠个人的努力为谋取个人利益。而"集体主义"中的人以"在群体之内"和"在群体之外"来区分，"在群体之内"的人强调群体的和谐与互助，并将对群体保持绝对的忠诚。例如，中国和日本强调"集体主义"，将"枪打出头鸟"奉为至理名言，因而推崇管理者与员工相互依赖、和谐共处。而美国则强调"个人主义"，强调自由发展和个人价值，因而推崇员工之间的个人竞争。

4）男性度与女性度

男性度与女性度是基于社会性角色分工的，是评判社会上居于统治地位的两种价值标准。对于女性社会，居于统治地位的是女性气概，如温柔贤淑，讲究平和，处事偏向于感性。而对于男性社会，居于统治地位的是男性气概，如自信阳刚，争强好胜，处事偏向于理性。在男性度强的国家，社会强调竞争意识，突出个人成就，鼓励人人都成为工作狂，在女性度强的国家，社会强调以和为贵，突出集体团结，鼓励团体和谐共同发展。例如，美国是男性度较强的国家，注重竞争和个人价值的实现，因此员工不会积极地参与管理而是更注重个人的成长，重大决策通常是由高层来做；中国是女性度较高的国家，注重和谐共处、共同发展，员工很乐意参与到集体决策中，为集体贡献自己的力量。

## （二）企业层面的文化冲突

文化的多样性和差异性渗透并影响到企业管理的各个方面。若不能识别与控制，将使交际双方因各自观点不同或违背预期而产生冲突。因此，文化差异是导致跨国经营过程中文化冲突的客观原因，而对于异国文化的不理解、不包容、不尊重则是主观原因。实践表明，在失败的跨国企业案例中，30%由技术、资金或政策方面的原因所致，而70%则归咎于文化差异所引起的文化冲突。

文化冲突的具体表现如下。

### 1.人力资源管理方面

企业层面人力资源管理的文化冲突从员工管理的侧重点、对人才素质的评价、决策权力、奖励方式等方面都能体现出来。例如，中国企业比较重视员工资历和服务年限，"论资排辈、按部就班"现象比较严重，注重员工的学历背景、资历深浅、德才兼备等。西方企业强调个人价值、能力、个性发展、物质奖励、结局等，并不重视资历、学历、精神激励和过程表现等。

即使西方企业之间，民族文化的差异使得来自不同国家的管理者对跨国或合资企业内部如何进行人力资源管理，也有不同的理解和看法。以下是一个德美合资企业内部在人力资源管理中文化冲突的例子。

德国戴姆勒奔驰和美国克莱斯勒公司合并后建立了戴姆勒-克莱斯勒汽车公司，然而合并后公司的情况并不好：股价暴跌、管理人员跳槽。合并的双方都是全球汽车业的领先者，合并的目的是满足全球竞争的需要。为什么共同的愿景达不到预期的成果？双方企业文化的差异也许是原因之一。

与美国的个人主义相比，德国人更崇尚集体的力量，集体主义是德国企业的重要组成部分。例如，德国企业的决策由不同的管理者经讨论后做出，美国企业的经理在职权范围内可独立做出决策，两者的决策速度存在差异。同时，德国与美国企业对经理与员工之间薪酬差异的看法不同。德国企业的经理与员工之间的工资相对平等，没有较大的工资差距。而美国企业的经理可根据自身做出决策的成果获取回报，工资与员工差距较大。

德国戴姆勒奔驰公司和美国克莱斯勒公司之间的企业文化差异较大，因此各公司的特征、管理者的思维定势和惯用的管理方式也各不相同。当合并后的管理层无法正确认识并面对这一文化差异时，冲突是不可避免的。

### 2.组织沟通方面

来自不同文化背景下的管理者在语言文化、生活习惯、表达方式、宗教信仰、人生观、世界观、价值观等方面存在着巨大差异，容易导致误会甚至冲突。组织沟通上的差异表现在是否含蓄和直率。例如，中国管理者比较含蓄，处处体现中庸之道，无法接受公开点名批评和指出错误倾向，同时缺乏一定的规划性。西方管理者比较喜欢直截了当和直率，往往通过如面部表情、语言文字、身体姿势等表达出来，他们对工作要进行规划和计划。

例如，一家英国公司和一家瑞典公司合并了，合并后的新公司产品主要面向美国市场，公司把研发、生产和销售中心分别设在了英国、瑞典和美国。为了解决一个全公司范围内的问题，英国的工作人员拟订了一个方案，发给瑞典和美国的公司征求意见，过了许多天，没有收到任何反馈，于是就分别向他们询问情况。瑞典的同事说，我们根本就没有看这份建议书！而美国人则回答说，你们拟的这个方案很好，我们已经采取了相应的措施，问题解决了。瑞典人之所以根本不去看那个方案，是因为他们觉得自己被冒犯了：瑞典公司的人喜欢从一开始就参与其中，这既与瑞典的民族文化有关，也与瑞典公司的做事风格有关。他们作为相关人员，在这份方案拟订时竟然没有获邀参与讨论，最后仅仅让他们就一份已经落在纸面上的东西"提供反馈",愤怒可想而知。而美国人的做法则让英国人觉得自己被冒犯了,他们竟然没有经过反馈和达成一致意见就直接付诸行动了。其实,美国人天性积极主动,愿意尝试,"我们总是喜欢先试一下,如果有好结果,就与别人分享"。这些组织沟通中的冒犯都是在不经意间发生的。

### 3. 管理方式方面

中国企业比较看重人际关系,习惯于管理者分配任务和绝对服从领导,习惯于去执行任务;在管理过程中注重用个人经验去判断和分析,不善于把某些分析得出的数据运用于企业管理中,缺乏制度和程序上的规范化,随意性大。西方企业通过规章制度来实施科学化管理,很注重企业的法制,比较强调程序化、制度化、数字化的管理方式,企业活动的各个方面都按照特定的程序和流程运作。他们提倡民主化的管理方式,强调以制度和法律规定等来管理,强调个人自由主义和个人能力的自由发挥。

### 4. 经营理念方面

中国企业经营理念表现出一种感性的人本思想,强调通过人本关怀思想来达到个人工作的自觉性和良好的行为表现,从而促使员工形成"爱企业如家"的境界和对企业的无比忠诚,促进企业的规章制度在无形中得到遵守,最终实现企业的经营目标。西方企业经营理念处处体现着科学管理的精髓,表现出科学性的特点。他们强调员工要适应企业的发展,要遵从企业各种约束。这种企业管理自始至终表现出理性特征。

## 第四节  如何预控跨国人力资源风险

### 一、建立跨国人力资源风险预警机制

人力资源风险管理不仅是事后采取应对措施,事前更要做好预警预控工作,在信息收集的基础上寻找、分析、预报风险信息,根据风险状态设定预控方案。对于跨国企业而言,其面临的社会环境和经营环境较之一国之内的企业更加复杂、多变,所以跨国企业更需要有战略思维和预防意识。因此,在人力资源管理中,有必要构建人力资源风险预警机制。跨国企业要对本企业处于不同地区、不同国度的分子公司或分支机构所拥有的人力资源状况,详尽掌握,根据企业发展总体战略构想,对可能的人力资源供需状况进行动态科学预测,从而预防人力资源过剩或短缺风险。及时对一些风险征兆分析判断,如员工工作热情降低意味着人力资源效率风险可能出现;人员流失率、工资不满意度等指标不断增长则意味着可能出现薪酬调整需求和人才短缺等问题。

### 二、完善外派人员管理体系

完善的外派人员管理体系主要包括精心招募和选拔外派人员、帮助外派人员制定职业规划、保持与外派人员的联系等。

### 1. 精心招募和选拔外派人员

对于外派候选员工来说，能否在东道国顺利完成外派任务，除了知识技能以外，主要受以下因素的影响：去国外工作的动机、熟练运用语言的能力、社会人际交往能力、适应新环境的能力和家庭支持程度等。在一般情况下，跨国企业会考虑外派员工五个方面的能力，即公司可从五个方面对外派人员进行考察：专业／技术能力（技术技能、领导技能等）、交际能力（交流能力、文化容忍度、适应性及灵活性等）、跨国工作的动机（接受外派职位的意愿、对国际任务的承诺等）、家庭状况（配偶的意愿、配偶的综合能力、子女的教育需求等）、语言技能。

### 2. 帮助外派人员制定职业规划

规划内容除外派期间的工作外，还应包括外派人员归国后的政策。前者可以帮助外派人员了解外派任务，保持个人利益与公司利益的一致性。后者是解决外派人员后顾之忧，形成心理契约的关键。清晰明确的职业规划有助于激发外派人员的工作积极性，并帮助企业确定归国人员的位置，留住人才。

### 3. 保持与外派人员的联系

在外派期间与外派人员保持联系，其实质是让外派人员体会公司的重视。可以采取定期向外派人员提供母公司信息或者安排外派人员回国访问的方式。当外派人员能了解母公司的动态、关注母公司的变化时，才不会产生被孤立于东道国的感觉。定期安排外派人员及其家属回母公司参观访问或者休假，则可以为外派人员归国后的适应阶段打好基础。总而言之，外派过程中的联系不仅有助于疏导员工外派时的各种心理压力，还可以增强外派人员对母公司的组织支持感和归属感，有利于归国后继续为母公司服务。

## 三、建立动态的培训开发系统

### 1. 对跨国公司所有员工开展跨文化培训

对于外派员工、东道国的本土员工以及第三国的员工，都应进行跨文化的培训，帮助他们更好地与来自不同国家的同事进行交流，预防员工间跨文化冲突的发生。跨文化培训的内容包括但不限于东道国的语言、价值观念、风土人情、生活习惯、行为特征、交流技巧、管理模式、本土的经营环境、可能遇到的困难、可以寻求帮助的人脉等。

### 2. 对相关的家属进行跨文化培训

当家人不能适应国外的环境时，外派人员或第三国招聘人员可能专注于外派工作吗？知道答案的人力资源管理者必须重视外派人员或第三国招聘人员家属的跨文化培训。只有通过培训才能让家属们更好更快地适应国外的物质文化环境，从而帮助外派人员或第三国招聘人员集中精力工作。据美国的专门研究人员估计，四分之三的家庭到国外后都会遇到环境适应问题。家庭问题往往会影响外派人员的工作，如婚姻出现裂痕。外派人员或第三国招聘人员在承担挽救婚姻的巨大压力时，基本无法完成在东道国的任务。

### 3. 对驻外人员或第三国人员进行后期培训

一般我国跨国企业对母公司派出的驻外人员或从第三国招聘的人员的任职培训都会给予一定的重视，但是却往往忽略了对他们在东道国进行后期培训的需要。在当今世界，知识更新的速度在逐渐加快，仅凭给驻外人员和第三国招聘人员在进入东道国前提供的任职培训是不能满足员工对知识的需求。人力资源缺少培训机会，知识不能及时更新，不仅影响他们在东道国的工作效率，更可能造成他们的工作满意度降低。

### 4. 对外派人员归国后实行适应性培训

归国人员回国后可能从事与之前在国内工作相同或相关工作，但因长时间未接触国内事务，难免会产生技术不娴熟或者技术缺失等情况，需要适当的接受技能培训。另外，归国人员长期在国外生活，可能需要面对逆文化冲击等引起的适应问题，因此可以为其开展角色扮演技术、组织变革技术等培训。

## 四、优化绩效及薪酬管理制度

企业自身的管理制度如绩效管理、薪酬福利等因素，是造成跨国人力资源风险的重要诱因。跨国公司应该进一步优化绩效及薪酬福利制度。

对于外派人员，要建立弹性的绩效管理体系。跨国公司应以原有绩效管理体系为基础，制定出适合外派人员的弹性的绩效管理机制。首先，公司人力资源部应将外派人员的工作环境考虑在内，调整绩效指标的权重与分布。在绩效标准调节和实施过程中都应加强与外派人员的沟通，确保标准是适合的，同时可加强对绩效的监督。要对外派人员的工作给予充分支持，为其高绩效完成任务提供力所能及的帮助。其次，要充分信任外派人员的能力，适当放宽外派人员的工作权限。

此外，还要顺应实际情况的变化，适当调整和优化外派人员的薪酬和福利制度。在薪酬方面，应该保证外派人员能够享受与母国同样或者以上的生活水平。一般情况下，外派人员都想去经济发达的国家，而当他们被派去环境恶劣的国家时就需要高的薪酬和好的福利制度激励。现阶段，常见的外派人员薪酬方案主要有以下三种：第一是以国内基本薪酬为基础加东道国生活及住房补贴；第二种是直接采用东道国员工的基本薪酬制度再给予一定的补贴；第三种是采用公平性比较高的区域统一薪酬制度。

对于东道国的员工，要了解其需求层次和优势需要，实行公平合理的薪酬制度，构建畅通的沟通机制，激发当地员工的工作积极性。

## 五、落实归国后的工作安排

外派人员在国外工作一段时间后，之前的工作位置可能已经被其他人员所代替，因此，外派人员归国后的安排也是一件棘手的事情。企业一般在外派人员归国前六个月就开始着手外派人员的工作安排，人事部门应多与外派人员沟通，了解外派人员自身的想法，为其落实合适的职位，帮助其制订下一步的职业发展计划。此外，对于外派人员的安排还应包括对其家属的帮助，如帮助其家属应对回国后的逆文化冲击等。

## ➤案例讨论与角色扮演

### 菲利浦为什么要离开秘鲁

当海达公司决定在秘鲁开设一家分公司时，高层领导认为有两条可选择的基本方案：一是在当地设定直接销售的分支机构；二则是选择当地的代理机构代为销售机器。

经过慎重的考虑，公司决定委派一名员工去海外市场工作。几经筛选，菲利浦因其出色的销售经验及对该项工作的浓厚兴趣而被选中。考虑到菲利普缺乏对南美洲地区事务的处理经验，公司给了他一周时间完成交接及外出准备工作。

公司雇用罗拉其负责筹建海外办公室，当菲利浦到达秘鲁时，罗拉其热情地接待了他，作为帮助菲利浦熟悉环境的当地人，罗拉其给予了他很多帮助，帮菲利浦完成了筹备工作，如租借公寓和车子等。菲利浦迅速安定了下来，并开始与罗拉其一起全身心地投入了工作。

大约半年后，菲利浦用极其疲惫的声音打电话给营销部副总裁，请求调回来，虽然生意还不错但他再也不想呆那边了，并给予公司三个月的期限来解决这个问题，否则他就辞职。

菲利浦在报告中这样写道：这里的人实在是太懒惰了，从来没想过努力工作，虽然我们目前销售额超过了预计的5%，但如果员工能有些责任感，我们至少可以超过预计额的30%。上班的时候每个人都是迟到早退，下午甚至还要午休2小时。这里的人根本不懂职业道德，就连看起来工作较出色的罗拉其，也和其他人一样懒惰。我再也不想待下去了，我怕长期下去会被他们同化。因此，在我尚且能够把持住自己时，我请求离开。

小组讨论题：
1. 秘鲁文化与美国文化有哪些差异？
2. 菲利浦被外派到秘鲁任职之后面临哪些困难？
3. 案例中海达公司存在哪些跨国人力资源风险？原因是什么？
4. 假如你是营销部副总裁，应该如何对外派人员管理风险进行评价及预先控制？

角色扮演题：
请分成两个小组，分别进行角色扮演。
1. 选一位同学扮演菲利浦，另外一位同学扮演罗拉其，将他们的沟通过程表演出来。
2. 选一位同学扮演菲利浦，另外一位同学扮演营销部副总裁，将他们的沟通过程表演出来。

（其他同学要注意观察每组的表演，提出问题并进行讨论，任课教师进行对比分析、点评和总结。）

### 阅读材料

### 如何化解跨国公司归国人员离职风险

#### 罗 帆　李映雪

随着全球经济一体化进程的加速，中国企业和各种经济组织跨国经营步伐的加快，外派就职现象逐渐增多，归国的外派人员也开始增多。大量的事实证明，跨国公司在对归国的外派人员利用上常常是失败的。咨询公司普华永道和克兰菲尔德管理学院共同研究发现，外派工作的人员从境外工作岗位归来后，第一年内辞职的可能性是国内同事的3倍，平均约有15%的外派员工在回国后一年内辞职。在某些情况下，离职率可能高达40%，而相比之下，正常员工的离职率仅为3%~5%。

#### 一、归国人员离职的消极影响

归国人才作为跨国公司获取有关东道国知识的一种重要途径，在执行海外任务期间可以获得市场、网络、个人技能、工作相关的管理技能以及通用的管理知识等相关知识技能。这些知识不仅可以用于将来对新的外派人才进行培训，在制定有关该国家市场战略时，还具有重大的参考价值。另外，他们在以前的外派经历中得到的丰富的国际管理经验，有助于他们成为新的外派任务的候选人。基于外派人员自身的各种价值，归国的外派人员离职将会给公司带来不同程度的损失。

首先，是经济上的直接损失。跨国公司在外派工作上投入了大量的财力、物力和人力，当这些拥有宝贵经验的外派人员离开公司时，企业曾经的巨额投资将无法获得回报。而且，这种离职对后续的外派行为也具有极大的影响性，无形中增加了后续外派工作的成本。

其次，竞争上的间接损失。归国人员离职后更有可能加入竞争对手的企业，除了给本企业带来直接的经济损失外，还有可能因为去东道国的业务市场，间接地加强了对方的实力，降低了自己的竞争优势，使企业在全球范围的竞争面临巨大挑战。

最后，给公司其他员工带来不良影响。外派人员的高流失率无形中向公司中的其他同事传递了这样一种信号——国际任职可能对个人的职业生涯发展产生不利影响，而这也将削弱公司将来雇用外派人员的能力。

企业普遍更重视外派前和外派过程中的管理，对于外派人员圆满归国后的管理相对较少，对归国人员选择离职的现象研究也相对薄弱。介于归国外派人员的高流失率，和其离职后带给企业带来的各种损失，我们应该对跨国公司外派人员归国后的离职风险进行控制，化解跨国公司归国人员离职风险。

## 二、归国人员离职风险的成因

对外派人员归国后流失的影响因素应该从外派之前、外派之中以及外派之后三个方面来分析。相比较归国后的各种影响因素而言，外派前和外派中对归国后离职的影响因素更加隐蔽，也更容易被忽视，如图 13-2 所示。

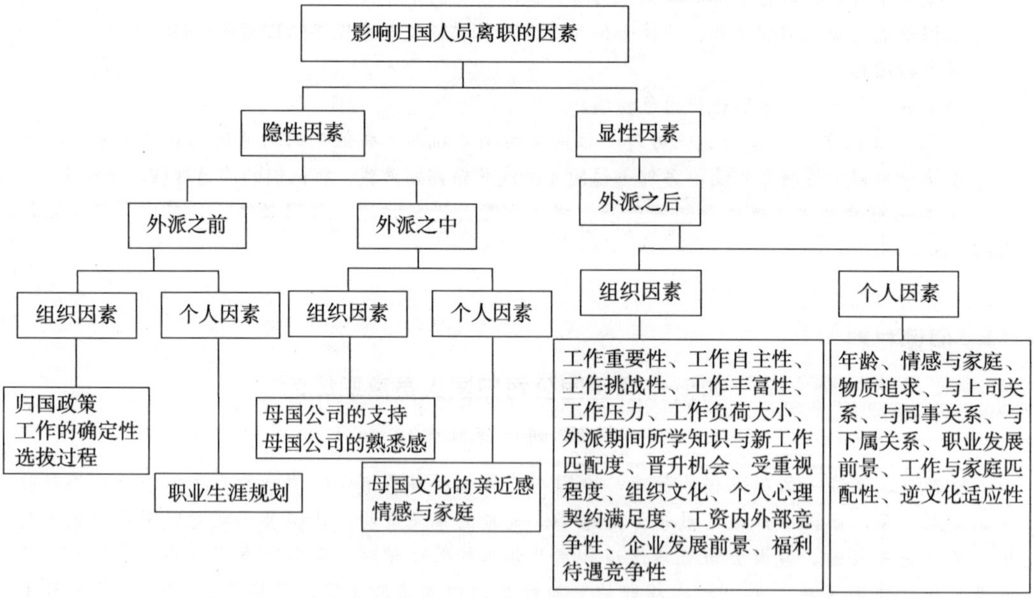

图 13-2  影响归国人员离职的因素

### （一）外派之前缺乏职业规划

外派之前的规划有助于外派人员对跨国公司形成良好的期望，归国后员工在这种期望作用下产生激励作用。反之，如果没有事先的合理规划，跨国公司在外派人员归国后所作安排具有随意性，容易违背外派人员的心理契约，加大了离职风险。除此之外，对于公司来说，不同的外派任务性质决定了外派人员的选择，以及其归国后的发展状况，选拔过程的正式与否影响着外派人员归国后的发展。那些总体上最好的人员往往寻求长期升迁机会，对于以任务为导向的外派并非都能保证外派者归国后的晋升，这无形中增加了外派归国后离职的风险。相反，由那些有着个人技能的临时组合来完成发展性的外派任务，其离职风险同样较大，正式合理的选拔过程就显得尤为重要了。

### （二）外派期间缺乏支持和交流

外派人员外派期间所处环境、文化都和母国大不相同，当外派人员适应了所在国的环境后，就会淡忘母国的行为习惯，逐渐与母国以及母公司疏远。如果跨国公司不能保证与外派人员有足够的联系和沟通，帮助其了解母国公司的日常动态，并使之融入国内公司的运作中，外派人员在归国后很可能因为不了解公司的各种变化，难以融入新的企业环境中，最终导致被闲置，被迫选择离开。另外，对跨国公司来说，如果没有持续的沟通和交流，在岗位设置和人员编制时往往忽略归国的外派人员的安置问题，导致归国人员被"架空"，从而最终被闲置。

### （三）归国后缺乏适应性管理措施

外派人员完成外派任务归国后，面临着重新适应母公司的工作环境、生活环境、组织文化、报酬变更、重新安置等各方面的问题。作为拥有丰富知识技能的知识性人才，外派人员在外派任职期间常常会主动提高其自身与职业相关的技能，归国后，他们自然将这种技能视为对公司是有价值的，对个人职业发展也是有帮助的。然而，很多外派人员归国后发现，自己似乎早被总部遗忘了，失去了在母国发展的位置，难以获得升迁、重用。例如，虽然华为公司新的外派补助制度给予外派人员离家补助，同时按照员工派驻地区"艰苦程度"的不同设立"艰苦地区补助"，被派驻艰苦地区的华为员工，一年至少可以获得 30 万元人民币的收入。但外派人员回国后，公司未能帮助他们适应各种不确定性，其组织支持感就会逐渐降低。当他们发现当前的组织环境不适合自己的发展或难以适应时，便会产生自谋出路的想法，导致外派归国人员的离职率偏高。

## 三、化解外派归国人员离职风险的管理对策

### （一）外派前与员工共同制定职业规划

清晰明确的规划除了可以减轻外派过程中各种不确定性对外派人员的影响外，对他们归国后的发展也至关重要。与员工共同制定的规划，可以帮助外派人员形成良好的愿景，有助于员工心理契约的形成。避免管理部门在外派员工归国后忽略晋升，而外派员工认为因为接受了外派任务而牺牲了自己正常职业晋级以及全家的舒适而应该晋升的冲突。预先制订易于理解、透明的归国政策，一方面能减少外派人员回到母国时所面对的不确定性，有利于外派归国人员适应企业；另一方面，为企业日后合理安置归国人才奠定了基础。

外派人才归国后，跨国公司将对他们业绩给予相应的认可，并参照事先的规划进行安置。合理的职务任用、工资福利等这些针对外派人才所制定的政策部署，既有助于激发那些已经完成外派任务归国的人才的积极性，又对即将外派出国，以及正在执行外派任务的人员形成一个良好的预期，够增强外派人员前往海外执行任务以及成功归国就职的信心。

### （二）外派过程中与员工保持密切联系

外派过程中的联系不仅有助于疏导员工外派时的各种心理压力，还可以增强外派人员对母公司的组织支持感和归属感，有利于外派人员归国后继续为母公司服务。另外，及时有效地向外派人员提供母国及母公司的信息，定期安排外派人员参加总部管理会议或回母国参观访问，通过专门的邮递服

务，从总公司给外派人员及时寄去公司简报、期刊、邮件、新闻报纸或礼物等，都可以让外派员工了解国内公司的最新动向，让员工感觉自己虽远在海外，但公司始终与他们同在，与他们息息相关，无形中增强外派人员对母公司的信任感，从而激发他们的斗志，增强他们归国后继续效力的信心。除此之外，还可以安排外派人员及其家庭定期回母国和母公司访问、度假等各种方法，加强外派人员对母国文化和母公司的亲近感，以促进他们归国后的适应速度。

### （三）归国后实行适应性管理措施

向归国人员提供针对归国后可能面临的相关问题开展的培训活动，如敏感性培训、角色扮演技术、组织变革以及处理归国适应问题的方式等，能够帮助归国人员及其家庭克服逆文化冲击、降低不确定性程度，有助于外派人员形成与回国后必须面对的实际情况相一致的心理期望，帮助他们在母公司中快速的重新定位。尤其是逆文化培训，企业如果不能在归国人员调整第二次文化冲突方面提供有力的帮助，归国人才就很可能离开企业，转而为竞争者工作。

另外，让归国人员明确工作信息，提供新的职务选择，让他们准确了解并清楚认识到自己所任新工作的要求，甚至可能遇到的限制。中远集团重视归国人员的适应性管理，尽可能给予他们一个可接受并有利于自身职业发展的工作，提供能够发挥其外派期间获得的知识、技能的职位或机会。当公司给予归国人员适合的安排来迎接新工作的挑战时，他们接受并肯定新工作与企业对他们的期望，从而有利于降低工作忧虑。统计数据表明，中远集团外派人员归国后的离职率低于5%，有效地化解了离职风险。

外派人员在整个外派过程中都面临着较大的不确定性，具有强烈的被认同和被尊重的需求。企业的信任和认可是对外派人员所做工作的肯定，更是对外派人员的一种激励。归国后，外派人员渴望将外派期间所接收到的各种新的知识理念应用到企业中。为了解决归国人员离职的问题，华为公司专门设置了内部专家体系，对那些归国并等待安排合适职位的海外归国人才，即使暂时没有合适职位，也让他们享受比较高的岗位级别，维持相对不变的待遇。这样无形中向外派回国人员传达了一个信息，那就是公司对他们的信任和认可。短暂的空缺只是因为没有合适的职位，只要有合适的机会一定让他们上，这种认可能有效降低归国人员离职的风险。

由于工作和生活的不确定性会随着时间的增长而增加，外派人员在国外任职时间越长，对归国适应就越不利，所以除了上述方法外，公司还可以通过合理安排，尽可能地缩短外派期限来降低员工归国后的离职风险。

资料来源：罗帆，李映雪. 跨国公司归国人员离职风险预防及控制[J]. 中国人力资源开发，2009，（12）：42-44

## ➤课后习题

1. 跨国人力资源管理会遇到哪些挑战？如何有效应对这些挑战？
2. 请简述如何对跨国人力资源风险进行预控？
3. 试论述文化因素是引起跨国人力资源风险的重要原因，并举例说明。
4. 什么是人力资源本土化战略？实施人力资源本土化战略会带来哪些风险？
5. 案例分析题。

### 跨国公司的"同工不同酬"之痒

韩国某在华大型企业长期以来实行中外员工"同工不同酬"的薪酬制度。长期积累的矛盾使得2013年年末公司调整绩效和薪酬制度时，企业部分中国管理管理骨干集体辞职。

相似的事发生在2012年，日本某企业中国人力资源部无意间将企业"同工不同酬"的情况泄露了。当内地员工发现在同一岗位做同样工作的港台、新加坡员工的基本工资比自己高10 000元时，内地员工一片哗然。

随着内地员工与母公司员工素质差距的不断缩小，以前在中国司空见惯的跨国公司"同工不同酬"越来越容易引发内地员工的不满。由此导致的劳资纠纷也越来越频繁和激烈。

思考题：

（1）跨国公司的"同工不同酬"薪酬制度会引发哪些风险？

（2）跨国公司应如何对"同工不同酬"进行风险评估？

（3）跨国公司应如何缓解或管控薪酬管理风险？

## 参 考 文 献

陈艳红，姜启军. 2012. 跨国经营企业人力资源本土化的问题与对策 [J]. 上海海洋大学学报，（5）：923-928.

符绍丽. 2012. 我国跨国公司的跨文化人力资源管理研究 [D]. 重庆工商大学硕士学位论文.

胡萃鑫. 2012. 基于文化差异的中资跨国公司外派员工人力资源管理研究 [D]. 重庆师范大学硕士学位论文.

李平祎，张萍. 2008. 企业外派归国人才的管理 [J]. 人力资源开发，（1）：43-44.

刘新荣. 2008. 跨国公司外派人员归国适应研究 [J]. 中国人力资源开发，（4）：96-98.

罗帆，李映雪. 2009. 跨国公司归国人员离职风险预防及控制 [J]. 中国人力资源开发，（12）：42-44.

戚小波，张楠. 2005. 企业外派人员成功归国研究 [J]. 四川经济管理学院学报，（3）：51-52.

唐甜甜，王维成. 2012. 在华跨国公司人力资源本土化研究 [J]. 中共四川省委省级机关党校学报，（4）：123-128.

王妍. 2012. 国际化背景下跨国企业人力资源管理问题研究 [J]. 中国商贸，（1）：141-142.

张念. 2012. 资源型企业的跨国人力资源管理风险规避策略 [J]. 铜业工程，（4）：75-81，89.

Black J S, Gregersen H B. 1999. The right way to manage expats[J]. Harvard Business Review，（4）：52-62.

Dwyer J. 2008. Whatever happened to the brain drain? [J]. Engineering and Technology，（3）：82-83.